禮俗之間──敦煌書儀散論
上冊

吳麗娛 著

總序

　　浙江，我國「自古繁華」的「東南形勝」之區，名聞遐邇的中國絲綢故鄉；敦煌，從漢武帝時張騫鑿空西域之後，便成為絲綢之路的「咽喉之地」，世界四大文明交融的「大都會」。自唐代始，浙江又因絲綢經海上運輸日本，成為海上絲路的起點之一。浙江與敦煌、浙江與絲綢之路因絲綢結緣，更由於近代一大批浙江學人對敦煌文化與絲綢之路的研究、傳播、弘揚而令學界矚目。

　　近代浙江，文化繁榮昌盛，學術底蘊深厚，在時代進步的大潮流中，湧現出眾多追求舊學新知、西學中用的「弄潮兒」。二十世紀初因敦煌莫高窟藏經洞文獻流散而興起的「敦煌學」，成為「世界學術之新潮流」；中國學者首先「預流」者，即是浙江的羅振玉與王國維。兩位國學大師「導夫先路」，幾代浙江學人（包括浙江籍及在浙工作生活者）奮隨其後，薪火相傳，從趙萬里、姜亮夫、夏鼐、張其昀、常書鴻等前輩大家，到王仲犖、潘絜茲、蔣禮鴻、王伯敏、常沙娜、樊錦詩、郭在貽、項楚、黃時鑒、施萍婷、齊陳駿、黃永武、朱雷等著名專家，再到徐文堪、柴劍虹、盧向前、吳麗娛、張涌泉、王勇、黃征、劉進寶、趙豐、王惠民、許建平以及馮培紅、余欣、竇懷永等一批更年輕的研究者，既有共同的學術追求，也有各自的學術傳承與治學品格，在不同的分支學科園地辛勤耕耘，為國際「顯學」敦煌學的發展

與絲路文化的發揚光大作出了巨大貢獻。浙江的絲綢之路、敦煌學研究者，成為國際敦煌學與絲路文化研究領域舉世矚目的富有生命力的學術群體。這在近代中國的學術史上，也是一個值得關注的現象。

　　始創於一八九七年的浙江大學，不僅是浙江百年人文之淵藪，也是近代中國社會科學與自然科學英才輩出的名校。其百年一貫的求是精神，培育了一代又一代腳踏實地而又敢於創新的學者專家。即以上述研治敦煌學與絲路文化的浙江學人而言，不僅相當一部分人的學習、工作與浙江大學關係緊密，而且每每成為浙江大學和全國乃至國外其他高校、研究機構連結之紐帶、橋梁。如姜亮夫教授創辦的浙江大學古籍研究所（原杭州大學古籍研究所），一九八四年受教育部委託，即在全國率先舉辦敦煌學講習班，培養了一批敦煌學研究骨幹；本校三代學者對敦煌寫本語言文字的研究及敦煌文獻的分類整理，在全世界居於領先地位。浙江大學與敦煌研究院精誠合作，在運用當代信息技術為敦煌石窟藝術的鑑賞、保護、修復、研究及再創造上，不斷攻堅克難，取得了舉世矚目的成就，拓展了敦煌學的研究領域。在中國敦煌吐魯番學會原語言文學分會基礎上成立的浙江省敦煌學研究會，也已經成為與甘肅敦煌學學會、新疆吐魯番學會鼎足而立的重要學術平臺。由浙大學者參與主編，同浙江圖書館、浙江教育出版社合作編撰的《浙藏敦煌文獻》於二十一世紀伊始出版，則在國內散藏敦煌寫本的整理出版中起到了領跑與促進的作用。浙江學者倡導的中日韓「書籍之路」研究，大大豐富了海上絲路的文化內涵，也拓展了絲路文化研究的視野。位於西子湖畔的中國絲綢博物館，則因其獨特的

絲綢文物考析及工藝史、交流史等方面的研究優勢，並以它與國內外眾多高校及收藏、研究機構進行實質性合作取得的豐碩成果而享譽學界。

現在，我國正處於實施「一帶一路」偉大戰略的起步階段，加大研究、傳播絲綢之路、敦煌文化的力度是其中的應有之義。這對於今天的浙江學人和浙江大學而言，是在原有深厚的學術積累基礎上如何進一步傳承、發揚學術優勢的問題，也是以更開闊的胸懷與長遠的眼光承擔的系統工程，而決非「應景」、「趕時髦」之舉。近期，浙江大學創建「一帶一路」合作與發展協同創新中心，舉辦「絲路文明傳承與發展國際學術研討會」，都是在新的歷史條件下邁出的堅實步伐。現在，浙江大學組織出版這一套學術書系，正是為了珍惜與把握歷史機遇，更好地回顧浙江學人的絲綢之路、敦煌學研究歷程，奉獻資料，追本溯源，檢閱成果，總結經驗，推進交流，加強互鑑，認清歷史使命，展現燦爛前景。

浙江學者絲路敦煌學術書系編委會

2015 年 9 月 3 日

說 出
明 版

　　本書系所選輯的論著寫作時間跨度較長，涉及學科範圍較廣，引述歷史典籍版本較複雜，作者行文風格各異，部分著作人亦已去世，依照尊重歷史、尊敬作者、遵循學術規範、倡導文化多元化的原則，經與浙江大學出版社協商，書系編委會對本書系的文字編輯加工處理特做以下說明：

　　一、因內容需要，書系中若干卷採用繁體字排印；簡體字各卷中某些引文為避免產生歧義或詮釋之必須，保留個別繁體字、異體字。

　　二、編輯在審讀加工中，只對原著中明確的訛誤錯漏做改動補正，對具有時代風貌、作者遣詞造句習慣等特徵的文句，一律不改，包括原有一些歷史地名、族名等稱呼，只要不存在原則性錯誤，一般不予改動。

　　三、對著作中引述的歷史典籍或他人著作原文，只要所注版本出處明確，核對無誤，原則上不比照其他版本做文字改動。原著沒有註明版本出處的，根據學術規範要求請作者或選編者盡量予以補註。

　　四、對著作中涉及的敦煌、吐魯番所出古寫本，一般均改用通行的規範簡體字或繁體字，如因論述需要，也適當保留了一些原寫本中的通假字、俗寫字、異體字、借字等。

　　五、對著作中涉及的書名、地名、敦煌吐魯番寫本編號、石窟名

稱與序次、研究機構名稱及人名，原則上要求全卷統一，因撰著年代
不同或需要體現時代特色或學術變遷的，可括注説明；無法做到全卷
統一的則要求做到全篇一致。

書系編委會

目次

1　　我與敦煌吐魯番文書研究

上編　　**書儀的書式與儀體**

9　　一　關於 S.078v 和 S.1725v 兩件敦煌寫本書儀的
　　　　　一些看法

41　　二　關於敦煌 S.5566 書儀的研究
　　　　　——兼論書儀中的「狀」

71　　三　從敦煌吐魯番文書看唐代地方機構行用的狀

131　　四　唐代書儀中單、覆書形式簡析

171　　五　再論覆書與別紙

中編　　**禮法與制度**

197　　六　試論敦煌書儀中的官場起居儀

223　　七　晚唐五代中央地方的禮儀交接
　　　　　——以節度刺史的拜官中謝、上事為中心

267　八　試論晚唐五代的客司、客將與客省

295　九　再論 S.1725v 卷祭文與敦煌官方祭祀

下編　**禮儀與民俗**

319　一〇　敦煌寫本書儀中的行第之稱
　　　　　　──兼論行第普及的庶民影響

365　一一　關於「斂髮」與「散髮」
　　　　　　──論少數民族風俗對喪禮影響之一例

383　一二　「中祥」考
　　　　　　──兼論中古喪制的祥忌遇閏與齋祭合一

421　一三　正禮與時俗
　　　　　　──論民間書儀與唐朝禮制的同期互動

449　一四　關於敦煌《朋友書儀》的研究回顧與問題展說

477　**後記**

我與敦煌吐魯番文書研究

　　第一次知道什麼是敦煌吐魯番文書，是在業師王永興先生的文書課上。記得王先生在上課之前，就拿著幾份複印的吐魯番文書抄件底稿分發給我們——上他課的幾個研究生，我和張小舟分到的是關於高昌縣車坊的文書。由於事前完全一無所知，更沒有見過類似的東西，所以我們根本不知先生口中一再重複的「做」文書為何物。但是先生說，你們不但要「做」出來，而且還要在北大新辦的《敦煌吐魯番文獻研究論集》上發表。所以「做」自然就是要研究，要寫出文章來。老師說做文書比寫畢業論文更重要，如果學會了，論文也就不難了。這在當時聽了，都是似懂非懂，其中的用意是在後來才得以領會。

　　先生的話令大家都很興奮，於是各自動起手來。但是真正做起來，卻是犯了難。對著前後殘缺、沒頭沒腦的文書，可以說根本讀不懂。八〇年代初，敦煌知識沒有普及，不要說做，就是知道有文書的人也不多。而我們的訓練，就是從認字、解詞、蒐集相關材料開始。根據王先生教導的程序，文書先是要錄文，然後認字、標點、校勘（結

合其他文書和史料），再挑出不懂的詞（尤其是制度方面的）作註釋，然後才是全卷的說明和問題研究。我和楊寶玉先生直到後來做歸義軍研究，還是採取這樣的做法。這種做法是一種基礎性訓練，寶玉那樣做，應當也是她的導師白化文先生教導的。

對於我一個未經本科而直接讀研究生的學生來說，這些在當時都不是輕而易舉的。由於唐史知識有限，往往不知道應當向哪個方面努力。就以註釋而言，費盡千辛萬苦才搞懂的詞彙往往是前人不屑一顧的常識，或者早由前人解釋過了。但就是在這樣的過程中，我開始對專業熟悉起來，不但熟悉了文書，而且熟悉了唐史，逐漸分清了自己應當掌握的知識和問題。

那個時候沒有電腦，資料的蒐集既少且慢。就車坊這個問題而言，史料不多，研究者更少，只有日本的加藤繁、日野開三郎等一二人進行過一些探討，可參考的不多。吐魯番文書資料的出現，可說對研究車坊乃至於唐代的廄牧制度和交通都有很大的補充。不過我在當時並沒意識到車坊資料的珍貴性，只是在老師指導下逐漸進入狀態，將寫出的文本不斷修改。也許是這些修改都沒有抓住要害，當改到八九遍之際終由老師幫助重新調整提綱，決定論述重點，才將論文完成——當然今天看來還是很淺薄，發表在《敦煌吐魯番文獻研究論集》第三集上，可以說這是我在研究生期間為之努力最多也耗時最長的一件事。

現在回憶第一次「做」文書真是痛苦的過程，但我由此知道如何發現問題並圍繞問題研究進而寫出論文。之後果然像先生所說，一旦進入碩士論文的寫作，我並沒有費太大的勁就為自己找到了當時在國內尚無人關注過的題目，並完全獨立完成。說也奇怪，先生並沒有像文書那樣要我一遍遍改，甚至也沒有提出太多不同意見。寫成後我只

改了一遍就過關，並且順利地通過答辯，其中的主要內容，後來還在《中華文史論叢》發表了。毫無疑問這完全是拜先生所賜，試想如果沒有文書課的訓練和實習，我是不可能順利找到研究對象和路徑的。

　　儘管如此，我在很長一段時間中仍然對文書有畏難情緒，雖然又已寫了一二篇，但多是為應付開會，也完全不成氣候，沒能繼續深入，後來的一些年更是幾乎完全脫離了文書。想起來，還是當時對文書沒有感覺，也沒有體會到其中的樂趣。我的師兄、師弟在多年的努力之後，於敦煌文書上都取得了成就，且差不多都成了執掌方面的一流專家。我執意脫離文書做唐史，這就錯過了研究文書的最佳時機。結果唐史和文書都一文莫名，現在想起來也許那時的放棄是最大的失誤。

　　直到一九九八年張弓先生主持的「敦煌典籍與唐五代歷史文化」課題啟動，我分工書儀部分，這才有了重新與文書打交道的機會。而在我之先，由於趙和平師兄已經將大部分文書做了分類整理，且借給我很多他用過的資料和前人論著，這使我能夠比較輕易地瞭解了各類書儀的現存狀態及內容特色，也從中找到了對文書的感覺。總之，經過多年以後，這一次的印象完全不同。也許是趙師兄將最難做的開發工作做完了，而將一座存有各種寶物的富礦留給了我，當那五光十色的藏室在眼前突然被打開後，我確實被其中的豐富內容深深吸引了。這之後的事情，自然是緊緊抓住書儀中的那些瑰寶，一個個認識、解剖。而理解、追蹤它們的過程，也就像在海邊撿拾美麗的貝殼，當你的發現越來越多時，你對大海的深邃和博大也會有著越來越難以描摹的感覺。

　　總之，也許是書儀本身距離當時的社會生活和人的思想感情最近，其豐富的內容使我接收到諸多鮮活的信息，感受到其中特殊的魅

力。並且可以説，書儀與以前我見到的那些文書不同，所反映的層次和內容是多重的，它們確實為我們打開了一扇可以洞察世界的窗扉。不斷的觀察和發現也使我找到了研究的方向和出口，我感到問題基本上可以分做兩方面，即一方面是對各類書儀分類和內容、事件的理解，從這方面你可以感受到書儀自身的製作變化與社會生活、歷史沿革之間的緊密連繫；而另一方面，就是書儀層次、方面不同而無處不在的禮法和制度。當發現禮儀這一造就書儀的核心內容，也就認識到了書儀的主體和靈魂。從這裡開始，我發現了足以開拓思路、走向中國民眾社會生活和思想觀念深處的一條路徑，那就是通過作為中國國家形成基礎的禮。禮的研究可以從小到大，從書儀擴充到中古禮制的諸多方面，使你對中國的歷史發展及特色有一深刻全面的認識。可以説，對敦煌書儀的研究，拓展了我研究學問的格局和境界，改變了我的人生。

　　對於書儀的研究，無疑增加了我的自信。我想就做學問而言，我是幸運的。而我個人的經歷，也證明了敦煌吐魯番文書對於認識歷史的寶貴。但不可否認的是，研究文書需要一定的基礎，而唐史就是我研究文書的另一臂膀。值得慶幸的是，王先生當年在開設文書課的同時，也開設了唐史與唐朝制度史，而我多年在唐史方面的努力也不能説是白費。之前成果少，是因為沒有將兩者溝通。而在進行書儀和禮儀研究的同時，我發現如果結合唐史，就會有不一樣的理解，不一樣的視野及結論。例如在《朋友書儀》的研究中，以前的研究都指出書儀的所在地域是甘肅、寧夏，而作者是長期滯留邊州、遠戍從役的官員或者藩鎮掌書記一類。但我是依據經濟史中西北六城水運使的建立及水運路線在唐五代延續的歷史進一步解決了書儀的來源問題，認為書儀的描寫實際上是代表水運官吏或運卒（官健）的身分和立場。過

去多認為曹氏歸義軍始次朝貢成功是在後梁，且已形成定論。而我和楊寶玉先生重新解讀書儀「別紙」的內涵，結合後梁自身的政治形勢、統治地域以及梁廷的開國政策，得出的結論是曹議金的通使成功絕不是在後梁而是在後唐。至於後來我對《新集雜別紙》的研究更是建立在對河北藩鎮及梁唐地緣政治分析的基礎上，由此證明了後唐明宗時期的統治格局與書儀製作傳播的關係。這樣不僅文書研究得益於唐史，唐史研究也因文書而深入。以我個人的經驗，這樣的結合是不可少的。

　　當前，敦煌吐魯番研究仍在吸引著年輕的學子，研究的方式和途徑多種多樣，不是這裡所能涵蓋的。本書旨在提供個人的一些心得，其中也大都是我結合文書和唐史的實踐，相信今後的研究會有更為廣闊的前景。而文書研究作為敦煌吐魯番研究的一部分，始終期待著人們更多的發現，也始終是值得學者為之奉獻一生的事業。

上編

書儀的書式與儀體

　　書儀最初的一個任務，是教人寫信，因此書信的格式、用語、書體乃至應用類型等應是其中的一部分。故南朝人指代書儀，有「書翰儀體」的説法，論者認為應解作書札體式與典禮儀注的合成[1]。由於篇幅問題，本書對此不作全面的論述，而是以表狀箋啟書儀為主，通過討論其具體文書的來源、製作和構成，以及公文申狀的傳遞和使用、官場酬應的賀謝私書的通行、單覆書的書體變革、別紙在官場的應用和流行等問題，透視書儀體例形式的變化與社會發展需要之間的互動關係。

1　《宋書》卷四二《王弘傳》，中華書局 1974 年版，第 1322 頁。參見陳靜：《書儀的名與實》，載《中國典籍與文化》2000 年第 1 期，第 102-106 頁；張小豔：《敦煌書儀語言研究·緒論》，商務印書館 2007 年版，第 6-12 頁。

一　關於 S.078v 和 S.1725v 兩件敦煌寫本書儀的一些看法*

　　敦煌世俗社會所用書儀品種豐富，但按類型大致可以分為三類：朋友書儀、吉凶書儀和表狀箋啟書儀。表狀箋啟書儀是一種官文性質的書儀，通行於官場，是官員往還、酬應須臾不可得離的工具。S.078v 和 S.1725v 就是這樣的兩件書儀，它們或反映晚唐時期的官場史事，或以規範的書儀形式表現官場社會新的禮儀風範。這裡一方面考證它們的年代，提出一些和過去研究者不同的看法；另一方面也對官場酬應書儀的相關類型和製作進行一些介紹，以對它們的內容性質有更深入的理解。

---

*　本文原發表於段文傑、茂木雅博主編《敦煌學與中國史研究論集——紀念孫修身先生逝世一週年》，甘肅人民出版社 2001 年版。收入本集有較大修改。

（一）兩件敦煌寫本書儀的史事和年代

S.078v 被趙和平判斷為後唐時代書儀，但是，書儀中不約而同地出現了「力副梁王，並掌繁難於四鎮」、「重驅斧鉞於堯都，再受絲綸於晉國」和「竚見追還龍節，入拜鳳池」這樣晚唐特定的人物和史事。S.1725v 被趙和平判定為唐前期書儀，然而內中以地方長官為謝賀中心，以及「晷運推移，日南長至」的特定冬至節賀用語，也透露了不同的時代特色。

1. S.078v

敦煌 S.078v 寫卷的背面，是一件失名書儀。殘存文字共九十一行。楷書，字體小而工整清晰。計有書札二十二通，均屬官場拜賀起居節候、求官求薦等內容。收書人有長官、僕射、著作、司馬、判官、司空、太保、元帥、令公、老丈、厶官、大夫等。此卷《敦煌遺書總目索引》僅定名曰「書牘規範」，趙和平《敦煌表狀箋啟書儀輯校》一書有錄文[1]。其題解據書札內「厶謬叨宰邑」、「厶忝居宰宇」、「厶忝命官於宰邑」、「遂忝微官於宰邑」等語，推測作者身分是某縣縣令，其地在河東太原府屬下。至於年代，根據文中僅避「民」字缺筆，但不避虎、治、顯、龍（隆）等唐代諸帝諱的情況，認為屬後唐通例（後唐莊宗同光元年閏四月立宗廟，定「（唐）高祖、太宗、懿宗、昭宗洎（後唐）懿祖以下為七室」[2]，故太宗於後唐當避諱）；又據書儀錄文第五十一至六十行文字有致書某「老丈」求薦，提到「厶前年中已隨常

1　參見商務印書館編：《敦煌遺書總目索引》，中華書局 1983 年版，第 110 頁；趙和平：《敦煌表狀箋啟書儀輯校》，江蘇古籍出版社 1997 年版，第 213-222 頁；下引題解見 223-336 頁。

2　《資治通鑑》卷二七二後唐莊宗同光元年閏四月條，中華書局 1956 年版，第 8884 頁。

調，尋致參差……去冬又之京洛，重下文書，首尾三年，當始判就」，認為後唐十五代唯一定都洛陽的汪超，「洛京」、「京洛」都是後唐人稱洛陽的習語，故判定此卷作於後唐時。此外，其題解還提出錄文四十三至四十七行內「厶蒙恩旨授，伏蒙元帥令公臺造，已賜指撝赴任」語中的「元帥令公」是後唐秦王李從榮。因李從榮「充天下兵馬大元帥」在長興四年八月辛未，本官是「守尚書令兼侍中」，同年十一月李即遇害，故書儀年代可定為後唐長興中，其全名為「後唐河東某縣令書儀」。

關於趙書所定書儀作者身分，筆者無更多意見。可以補充的只是從書儀屢見作者自言「右厶啟丘下士，魯國小儒」、「蹣跚莫進〔於宦〕途，轗軻尚拘於塵土」、「及第多年，未離一尉」、「厶棄耕鄭國，嗜學鄒鄉」、「卑吏爰從苦學，得繼弓裘」、「出身已近廿年，入仕才經一兩仕」、「偶隨常調於銓衡，遂忝微官於宰邑」，知作者可能曾是在山東孔孟之鄉求過學的儒生，進士或明經及第，但多年來仕途不順，只做過縣尉一類的小官。因此他對仕宦之道看得極重，對上級長官也極盡哀求逢迎之能事。就書儀所道，其身分僅為地方一縣令是可以無疑的。

但是，關於書儀的年代如核諸其中史事卻無疑問。該件錄文第七十一至七十四行有：

伏惟　厶官風雲間氣，鸞鳳殊姿，謙謙有君子之歲寒，耿耿稟大賢人（大或人衍？）之節操。分憂元市，能禆　政事於萬機；力副梁王，並掌繁難於四鎮。尚留藩屏，未駕朱輪，終期作（坐）　鎮山河，豈止〔竹〕符治郡。[3]

3　《英藏敦煌文獻》（1）（本書以下各篇均簡稱《英藏》），四川人民出版社 1990 年版，第 32 頁；並參趙和平：《敦煌表狀箋啟書儀輯校》，第220-221 頁。

「竹符治郡」是指身任州刺史，而「坐鎮山河」則意味其仕途目標是位居方面的節度使大員。也就是說，這位受書的「厶官」現僅以州刺史的身分，「力副梁王，並掌繁難於四鎮」。而依據五代史料，這個「梁王」和「四鎮」，則非朱全忠莫屬。

《資治通鑑》卷二六二昭宗天復元年（901）五月：

　　朱全忠奏乞除河東節度使，而諷吏民請己為帥；癸卯，以全忠為宣武、宣義、天平、護國四鎮節度使。

同書卷二六四天復三年：

　　〔二月〕庚辰，加全忠守太尉，充副元帥，進爵梁王。[4]

朱全忠進封梁王的時間，《舊唐書・昭宗紀》和《舊五代史・梁太祖紀》或記作天復元年二月[5]。又《舊五代史》同卷記天祐二年（905）十一月辛巳，復改封魏王。所以朱全忠以梁王領四鎮，不早於天復元年或三年，而在天祐二年以前。此皆在唐朝。朱、梁是李克用、李存勗政敵，作者編書儀若在後唐，應有避忌而刪去，此處不但仍稱梁王用平闕示敬，且有如此宣頌之詞，顯然是不合理的。

更應予以分析的是書儀錄文第三十五行下致太保的一封書信。

　　右厶今月厶日得狀探史佶狀報，伏審　太保　天使到州，榮加寵

4　《資治通鑑》卷二六二、卷二六四，第 8553、8603 頁。

5　參見《舊唐書》卷二〇上《昭宗紀》天復元年二月條，中華書局 1975 年版，第 772頁；《舊五代史》卷二《太祖紀》二，中華書局 1976 年版，第 27 頁。

命，伏惟慶慰。卑吏忝伏事階墀，下情無任抃躍。

太保官榮二品，位重　三公，赤心匡輔於　吾君，竭節保持於宗社。左擒右縱，勳高於漢代陳平；拓土盡壃（疆），功蓋於秦朝白起。故得編加　渥澤，曲被　皇恩；重驅斧鉞於　堯都，再受　絲綸於　晉國。奸豪攝（懾）懼，推心稟廉藺（藺）之威；疲瘵謳歌，鼓腹賀　龔黃之化。竚見追還　龍節，入拜鳳池，長為棟梁之才，永作股肱之任。[6]

此書狀，趙和平據「堯都」、「晉國」等詞，認為「太保」是「唐代河東道轄區的太原府做節度使的」。此推斷應無問題。但是，這位太保是哪一位節度使呢？從書中得知，他其時不但「官榮二品，位重三公」，而且還是「追還龍節，入拜鳳池，長為棟梁之才，永作股肱之任」了。鳳池者，是唐朝襲南朝故事對中書省的美稱；「入拜鳳池」，等於說已拜為中書令了。所說「官榮二品」，指的並非榮銜一品的太保，而是二品的中書令，因為中書令遠比太保官職重要。那麼，誰是這位太保兼中書令呢？連繫書中「左擒右縱，勳高於漢代陳平；拓土盡疆，功蓋於秦朝白起」，則知此人勢必是創有非凡業績者。

而如將「竚見追還龍節」與「故得編加渥澤，曲被皇恩；重驅斧鉞於堯都，再受絲綸於晉國」等語相對研之，便可發現其中還另有深意。首先，斧鉞是武人象徵，「重驅」、「再受」都是指兩次重複而非一次，所以「追還龍節」者，只能是指節度官職罷而復歸。其次據《禮記・緇衣》曰：「王言如絲，其出如綸。」孔穎達疏稱：「王言初出，

6　《英藏》（1），第 32 頁。

微細如絲，及其出行於外，言更漸大，如似綸也。」是「絲綸」乃王言即帝王詔書[7]。「堯都」在今山西臨汾，與「晉國」合觀，唐代無疑指河東地方。則合而觀之，是指受書的太保再次獲得了河東節度使的任命。

那麼這位節度使是誰呢？查閱晚唐五代史料，發現與此事有關者不出二人，其一即統帥唐朝軍隊鎮壓黃巢的王鐸，其二則是身為後唐開國之父的李克用。

查《新唐書·王鐸傳》，「會河南盜起，天下跂鐸入輔，又鄭畋數言其賢，復拜門下侍郎、平章事。乾符六年（879），賊破江陵，宋威無功，諸將觀望不進，天下大震。朝廷議置統帥，鐸因請自帥諸將督群盜。帝即以鐸為侍中、荊南節度使、諸道行營都統，封晉國公」。王鐸後因敗貶太子賓客，分司東都。從僖宗入蜀，拜司徒、門下侍郎、平章事，加侍中，復以太子太保平章事。至中和二年（882），乃以檢校司徒、中書令再為義成節度使、諸道行營都統，至三年以無功，再罷都統[8]。《唐大詔令集》即載有任命他以中書令和都統兼義成節度使的制書[9]。王鐸雖然曾任太子太保，封晉國公，復拜中書令，並兩拜都統，似乎也可與「再受絲綸於晉國」對得上。但晉國公在初任之際已封，並不與「重驅斧鉞」同時；且第二次是以宰相任都統，也不能說成是「追還龍節」。又據《舊唐書》卷一九下《僖宗紀》下，王鐸前次

7　《禮記正義》卷五五，《十三經註疏》，中華書局 1980 年版，第 1648 頁。按：筆者原文中認為「絲綸」乃官爵而非官告，並認為「再受絲綸於晉國」是指封為晉國公，是理解有誤；並以為王鐸、李克用都曾封晉國公（李封爵乃隴西郡公及隴西郡王，乾寧二年十二月又晉封晉王），是未細察之失。特此改正並說明。

8　《新唐書》卷一八五《王鐸傳》，中華書局 1975 年版，第 5406-5407 頁。

9　《唐大詔令集》卷五二《王鐸中書令諸道行營都統權知義成軍節度使制》、卷五四《王鐸義成軍節度兼中書令制》，商務印書館 1959 年版，第 276、286 頁。

以荊南節度使、後次以義成節度兼滑州刺史，職與「堯都」、「晉國」都無關，且他率軍征討的對象是黃巢，沒有「拓土盡疆」的問題，故作為受書人的可能性似不大。

　　但李克用則不同。李克用率沙陀軍攻打黃巢。《舊五代史‧武皇紀》上稱：「中和三年正月，晉國公王鐸承制授武皇東北面行營都統」，進收京師。「七月，天子授武皇金紫光祿大夫，檢校左僕射，河東節度使」，並封隴西郡公[10]。《舊唐書‧僖宗紀》也記同年五月，以李克用「檢校司空，同平章事兼太原尹、北都留守，充河東節度、管內觀察處置等使」。李克用以平黃巢功封河東節度使，河東正在今山西省，以太原為治所，這可以認為是他一入「堯都」。

　　此後朝廷因宰相張濬之謀討李克用，史載大順元年（890）六月，「天子削奪武皇官爵」，並削屬籍[11]。同年十二月，李克用上表訴冤，左僕射韋昭度等議「克用在身官爵，並請卻還，依前編入屬籍」，制從之。二年「二月辛巳，李克用復檢校太師、中書令、太原尹、北都留守、河東節度觀察處置等使」[12]，此可稱是二入「堯都」。且官爵皆復，說得上是「再受絲綸於晉國」。《資治通鑑》特別說明「加李克用守中書令」[13]，所謂「追還龍節，入拜鳳池」正其事也。李克用本為世居唐朝代北邊陲的沙陀族人，曾與土渾赫連鐸爭奪蔚朔之地，後率沙陀及韃靼降唐，並助唐剿滅黃巢。故如說其「拓土盡疆」、「赤心匡輔」並不算過譽。又「編加渥澤，取被皇恩」不是一般地給予恩惠，編乃編

10　《舊五代史》卷二五《武皇紀》上，第 336-337 頁；並參《新唐書》卷二一八《沙陀傳》，第 6159 頁。

11　《舊五代史》卷二五《武皇紀》上，第 343 頁；並參《新唐書》卷二一八《沙陀傳》，第 6160 頁。

12　《舊唐書》卷二〇上《昭宗紀》，第 742-745 頁。

13　《資治通鑑》卷二五八大順二年二月條，第 8412 頁。

入、編屬之意。李克用祖先曾以朱邪（或稱朱耶）為姓。朝廷曾賜克用父國昌姓李氏，故復官爵後又有「依前編入屬籍」之說。可以認為兩者之「編」正復相合。

唯一不符的是信中稱「太保」，而史料記載其復官時是檢校太師。然這裡並不能排除史料有失記或誤記。《宋會要輯稿・職官》有曰：「五代之制，司徒遷太保、太保遷太傅、太傅遷太尉，太尉遷太師，檢校者亦如之。國朝因之。」[14]出土李克用墓誌也稱，「自司空加司徒平章事，歷太保、太傅」[15]，可以知道李克用也是任過太保的，不過這些官職時間不甚明了，姑存疑以待考。又李克用復官爵後，乾寧二年（895）更「進太師，兼中書令，邠寧四面行營都統」[16]。都統即元帥職，連繫另一書有「元帥令公」之稱，書儀作者既是太原節度下的屬官，則此元帥令公不是李從榮而是李克用也是說得通的。

故此王鐸與李克用相比，李克用更符合受書者的身分。如所推不誤，則此通書狀的年代應在李克用恢復官爵的大順二年（891）之後，這與前述「力副梁王，並掌繁難於四鎮」時間也是相近的。就是說，此件書儀所載書狀，應當是唐末而非後唐。唐末是強藩爭霸的亂世，儒士若求做官，不能不紛紛投靠諸雄以尋求庇護，這之中也無所謂立場問題。唯其如此，才可以解釋為什麼給朱梁和李克用不同人員方面的信會混同於一件書儀中。

然如書儀所涉事若多為唐末，則如何解釋前所云「去冬又之京洛」

14　《宋會要輯稿》一之一〇《職官・三師三公雜錄》，中華書局 1957 年版，第 2334 頁。

15　《唐故河東節度觀察處置等使開府儀同三司守太師兼中書令晉王墓誌銘並序》，載《全唐文補遺》（七），三秦出版社 2000 年版，第 165 頁。

16　《新唐書》卷二一八《沙陀傳》，第 6162 頁；《舊五代史》卷二六《武皇紀》下乾寧二年八月辛亥條「中書令」上有「守」字，第 352 頁。

之「京洛」語呢？《新唐書・昭宗紀》略曰：

〔天祐元年正月〕戊午，全忠遷唐都於洛陽。（下略）

〔閏四月〕甲辰，至自西都，享於太廟。……乙巳，大赦，改元。[17]

　　《舊唐書》卷二〇上《昭宗紀》、《舊五代史》卷二五《武皇紀》下同記此事，由是知自天祐元年至四年（904-907）朱全忠迫唐帝禪位之前，唐都應在洛陽，故稱「京洛」，未必是指在後唐。

　　不易解釋的只是此書儀中的避諱問題。避諱與立宗廟有關。唐代後期宗廟常為九世十一室，凡有皇帝去世新主祔廟，則廟中神主便依昭穆相次祧遷，以保留此一常數。根據「親盡則毀」的原則，凡遷出之主例不再諱，但是太祖（虎）、高祖（淵）、太宗（世民）三代為永祧不遷之主，虎、淵、世民等字終唐之世始終不諱。由於書儀中書信的時間已到唐末，那麼治、顯、龍（隆）等字不諱是沒有問題的，但此卷僅避民字不避虎字還是不合唐法，而比較符合後唐。我認為一種可能是作者整理和彙集這些書信仍當唐末，故保留了信件的史事風貌，只是由於太祖屬於遠祖，加上作者或編者不在政治中心，習慣上也有所忽略。這樣說並不僅僅是推測。因為敦煌 S.6537v 鄭餘慶《大唐新定吉凶書儀》「祠部新式第四」在列及在廟諸帝后的忌日時，就遺漏了太祖。這或者只是抄者的疏忽，卻足以反映（至少是民間的）一種習慣或常態。另一種可能是原作與抄件不是一個時代，原作是唐末，而抄件則在後唐，故避諱的情況與後唐相符。然此兩種解釋或均未穩

17　《新唐書》卷一〇《昭宗紀》，第 301-302 頁。

妥，故僅提及於此，以待有識者正之。

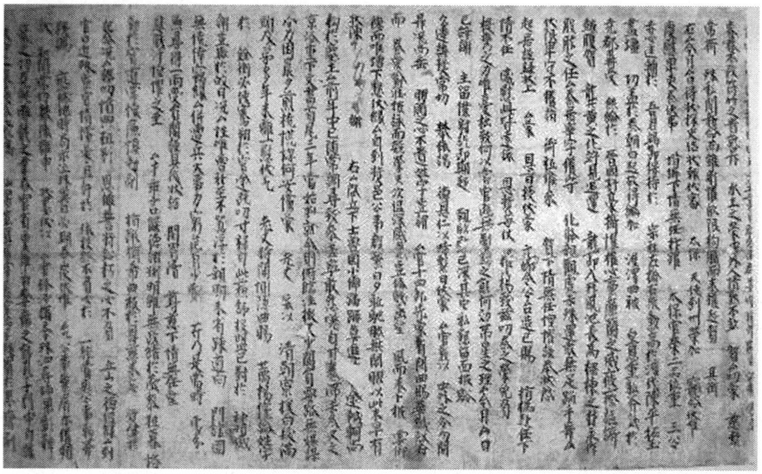

▲ 圖 1　S.078v書儀

2. S.1725v

敦煌 S.1725 殘卷的正面，是一件綜合性的吉凶書儀，內有較詳細的婚喪禮俗制度。趙和平《敦煌寫本書儀研究》據其中「禮及令」部分所載《假寧令》與開元《假寧令》相同，而卷中「期」字不諱的情況，斷此卷應撰成於玄宗當皇帝的開元年代以前[18]。譚蟬雪認為，其中喪服制度反映的是初唐舊禮，姜伯勤也提出，該卷的「禮及令」體現了高宗《顯慶禮》「其文雜以式令」的特色，從而肯定了此卷在開元以前[19]。

S.1725 的背面有兩部分內容，前部為《釋奠文》、《祭社文》、《祭雨師文》、《祭風伯文》的幾件祭祀文和祭祀所用器物、人夫，以及一件對祭祀器物加以說明的「劉志剛牒」。另一部分則是倒書的書啟。現

18　趙和平：《敦煌寫本書儀研究》，臺北：新文豐出版公司 1993 年版，第 471-472 頁。

19　參見譚蟬雪：《敦煌婚姻文化》，甘肅人民出版社 1993 年版，第 133-134 頁；姜伯勤：《敦煌藝術宗教與禮樂文明》，中國社會科學出版社 1996 年版，第 431-433 頁。

存八首，共三十五行。題目為《諸起居啟》、《賀加官啟》、《賀至歲啟》、《賀破賊啟》、《蒙奏改官及與上考不許謝啟》、《蒙與物謝啟》、《牧宰初授百姓故舊及名位相亞者起居啟》、《有疾及馬墜損起居啟》等。從內容及字體看不出與前部祭文及卷子正面書儀有何關係。但自第一手書啟第一行「名啟」下有「至萬福，與前啟」同的註文知道，這首書啟前原來還有其他書札。趙和平認為，「從八首啟文的內容來看，似表現了唐安史亂前中央政府對各地官吏有絕對影響的事實。如《賀加官啟》云『伏承天恩加榮命』；《賀破賊啟》云『伏承奏宣聖德，克震戎威』；《蒙奏改官及與上考不許謝啟》云『伏奉某月日　敕，改授某官』等，均顯示了皇帝對臣下的影響」。因此他提出此件書儀「反映的是八世紀中期以前的情況，即可能撰成於八世紀中期，約略和杜友晉書儀同時或略早」。此外，還根據寫本有省略語較多的情況，認為它可能是屬於《書儀鏡》一類的簡本[20]。

　　按照趙和平的說法，這件書儀應當在安史之亂以前。但書儀的年代與性質是否如其所說呢？仔細分析這個寫卷的內容，可以發現，八首書啟中，雖然有幾首提到「天恩」、「聖德」，但是致書的對象沒有一首是皇帝或朝廷，而是全部上於上司、長官。例如第一首《諸起居啟》原文如下：

　　名啟：（至萬福，與前啟同。）**與名卑守有限，未由拜伏，下情無任馳戀。謹因**（已下依前啟。[21]）

內「名卑守有限」、「下情無任馳戀」，明顯是下級給上級信中表示恭敬

20　趙和平：《敦煌寫本書儀研究》，第 430 頁。

21　《英藏》（3），1990 年，第 305 頁。下引同。

和想念的習用語。第二首《賀加官啟》所說「天恩加榮命，下情無任慶躍。名卑守有限，不獲隨例拜賀，伏增戰懼」，清楚地說明是賀長官官職被皇帝提升。第三首《賀至歲啟》的「伏惟某官公膺時納祐」一語，同樣是向官職地位遠高於自己的人拜節。第四首《賀破賊啟》是慶祝長官在「奉宣聖德」之下「克震戎威」，取得了打擊或剿滅外敵的勝利。第五首《蒙奏改官與上考不許謝啟》雖說明是奉敕改授或在任官考核中得到上考，但感戴的同樣不是皇帝和朝廷，而是「推薦」、「超獎」自己的「恩造」，即薦拔自己、於己有恩的上司長官。至於第六至第八首的《蒙與物謝啟》、《牧宰初授百姓故舊及名位相亞者起居啟》及《有疾及馬墜損起居啟》，也從書體到用語，無一不透露了「下級擁戴上級」這樣一種關係和面貌。

　　由此可見，書儀所推崇和宣揚的主要不是皇帝和朝廷的天威聖德，而是長官對屬下的恩惠，和屬下對長官的恭順、懼服、諂敬。特別是所謂破賊、牧守初授，至少是指節度使、州刺史等地方官員，而「蒙奏改官」、「超次上考」也是只有節度觀察等使才能有的權力。所以，與其說書儀反映了地方對中央的臣服，不如說是表現出地方長官的職權之盛，而這種情況，顯然不會出現於安史之亂以前。我們將在下面部分說明，本件書儀的內容所具，事實上是晚唐五代官場往來書儀的共同特點。

　　可以對書儀年代做補充說明的還有書儀所用的賀節習語。該件書儀第三首《賀至歲啟》云：

　　　名啟：晷運推移，日南長至。歲云，元正啟祚，萬物唯新。伏惟某官公膺時納祐，馨無不宜。名卑守有限，不獲隨例拜慶，下情無任戰懼。無職任云，名不獲拜慶，下情無任馳戀。已下與賀官啟同。

注文中的「以下與賀官啟同」，是指下面還要附上「謹遣某官姓名位，謹附啟不宣，謹啟」一類的結語。

　　對照趙和平同書錄 S.6537v 鄭餘慶元和六年前後所作《大唐新定吉凶書儀》內《僚屬起居第六・賀正冬啟》云：

　　某啟：元正啟祚，萬物惟新，冬至云晷運推移，日南長至。伏惟官位膺時納祐，馨無不宜。某乙限以卑守，不獲隨例拜賀，下情無任惶懼。謹奉啟不宣，謹啟。某月日具官銜姓名啟。

　　可知它們在內容、形式及文字用語方面同出一轍。而更重要的是鄭氏《書儀》在其序言中曾提到：

　　又觀夫，冬至云〔晷〕運環周，今改云晷運推移也。[22]

　　也就是説，將冬至賀語的「晷運環周」改作「晷運推移」是自鄭餘慶作書儀始。這一點是比較可靠的，趙和平在《敦煌寫本書以研究》一書中曾指出武則天時代的 P.3900 書儀即出現「晷運環周」語，而無論是大中時期的張敖《新集吉凶書儀》還是五代佚名的《新集書儀》，冬至用語都是「晷運推移」，與鄭餘慶元和新定《書儀》一脈相承。那麼，我們是不是也可以認為，S.1725v 書儀是作於元和以後的唐後期五代呢？我想這一點應當是沒有疑問的。

22　以上見《英藏》（11），1994年，第 104、99 頁。

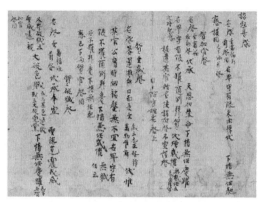

▲ 圖 2　S.1725v 書儀

（二）官場酬應書儀的擴大及相關類型與製作

　　以上兩件書儀時代皆屬唐後期甚或晚唐，然製作方式卻顯然並不完全一致。S.078v 看得出是將實寄過的書信彙集而成，只不過隱去了作者及收書人的真實姓名。而 S.1725v 則是完全規範、抽象的書儀製作，是無具體收書人和致書人而符合書信使用格式要求的範文。相比之下，前者更像是文集，而後者才更符合書儀製作的本來用意。但就內容而言，兩者頗為相似，即均不出官場中求官求遷、問候起居寒溫及謝賀啟狀等範圍，因此 S.1725v 與 S.078v 同樣都應歸入「表狀箋啟類書儀」。

1. 吉凶書儀中的官場往來文範

　　表狀箋啟類書儀是周一良先生和趙和平總結的敦煌典籍中三大類書儀之一。此類書儀歸類得名正是因其所用官文形式。據趙和平指出，它們「既包含公務往來的表、狀、箋、啟，也包含朋友往來的書、啟，又增加了牓子、朝見及公務往來的口頭用語等，略去了吉凶書儀中門風禮教、節慶儀規等內容，是一種專門適用於公私往來應酬的文

範或手冊」[23]。但筆者以為，此類書儀既是以公文形式，又是按照官場等級、儀制操作、演示的公私信函，所以若稱之為表狀箋啟類書儀固無不可，而如從其內容出發，此處姑將之稱為官場酬應、官場往來書儀，或簡名為「官場書儀」似乎更能切合本質。

官場往來或官場酬應書儀在唐五代並不都是單獨存在的，特別是在唐前期。敦煌所見《朋友書儀》與之並無共性。《朋友書儀》從月儀發展而來，重在寫情物景緻、風花雪月、離愁別苦、游子思鄉，其意不在官場職事。但是在開元、天寶以後的《吉凶書儀》中，這類內容卻已逐漸出現。如見敦煌寫本書儀中題為杜友晉撰的《吉凶書儀》（P.3422）、《新定書儀鏡》（P.3637 等）和不知撰人名的《書儀鏡》（S.329+S.361）三件書儀相比，便可發現其中內容特點的變化。

按照書儀的書體規格，《吉凶書儀》年代在另兩件書儀之前是可以推斷的，這一點前人也已有定論[24]。趙和平斷《吉凶書儀》成書於開元末，但內中菁（期）字完全不避，從年代來看，也有可能在開元以前。從今存殘卷來看，《吉凶書儀》的主要對象是內外族親屬，如其內有《四海吉書儀》五首：《與極尊書》、《與稍尊書》、《與平懷書》、《與卑者書》等等。《與極尊書》註致書對象是「同居繼父、父之摯友、疏居屬長、見藝師、姑夫姨夫、族祖族叔」。《與稍尊書》註對象是「謂己所事、或官位若高、姊夫妻兄」[25]，其中並無長官及親友尊長的特殊區別。可見其「四海」者並非特別注重官場關係。唯一和朝廷有關的

23　趙和平：《敦煌表狀箋啟書儀輯校·前言》，第 2-3 頁。

24　見周一良：《敦煌寫本書儀考（之二）》，北大中古史中心編：《敦煌吐魯番文獻研究論集》第 4 輯，北京大學出版社 1987 年版，第 20-37 頁。

25　P.3442，《法藏敦煌西域文獻》（24）（本書以下各篇均簡稱《法藏》），上海古籍出版社 2002 年版，第 217 頁；下凶儀箋表見第 218-220 頁。

是此書儀殘存有《表凶儀一十一首》及《啟凶儀四首》。表名為《國哀奉慰嗣皇帝表》、《山陵畢卒哭祔廟奉慰表》、《國哀大小祥除奉慰表》、《皇后喪奉慰表》、《皇太子喪奉慰表》、《皇后遭父母喪奉慰表》、《皇期親喪奉慰表》、《百官遭憂奉答敕慰表》、《百官期親喪奉答敕慰表》、《百官謝父母喪蒙贈表》、《百官謝期親喪蒙贈表》。其內容皆為皇帝與群臣遭喪相互慰問及群臣謝慰贈表儀，此類箋表當屬凶禮喪服規定應弔慰的內容，是專給皇帝的；啟名《皇后喪慰皇太子啟》、《皇太子有期親喪奉慰啟》、《百官遭憂奉答令啟》、《百官有期親喪奉答令啟》，是百官與太子親人喪事弔慰往還的書儀，亦屬朝廷儀制，非屬官場往來性質。見於唐前期書儀的還有 P.3900 中《箋表第二》，名為《慶正冬表》、《慶平賊表》、《慶封禪表》、《慶赦表》等，亦屬專上皇帝的吉儀箋表，可見唐前期的官儀主要是針對皇帝和皇家。

　　但是年代略後的《新定書儀鏡》即有所不同了。此書儀雖似乎仍以內外族吉凶書儀為主，並包括一定數量的朋友間往來書儀，如《屈譙書》、《借馬書》、《遺物書》、《問馬墜書》、《問疾書》、《霖雨書》、《雪中書》、《召蹴鞠書》等；但除此外，此卷還出現了諸如《重賀官書》、《賀正冬啟》、《賀平賊書》、《賀及第書》、《賀加官表（書）》、《賀雨書》、《喜晴書》等一類總題為「四海慶賀書題」的吉書儀[26]。其雖註明「內外族同」，但明顯已以官場生活和往來為主。與此相應，凶書儀中也出現了「弔起服從政」（即喪中奪情復官）之類的名目。

　　變化更大的是《書儀鏡》，這件書儀作者不詳，其內容雖有部分（主要是內外族吉凶書儀）同於《新定書儀鏡》，卻增加了許多後者沒有的東西。誠如論者已注意到的，此件書儀中稱為「四海」者最多。

26　P.3637，《法藏》（26），第 179-181 頁；下弔書見第 182 頁。

如《賀四海加官秩書題》、《賀四海婚嫁書》、《賀四海男女婚姻書》、《囑四海求事意書》、《弔四海遭兄弟喪書》、《弔四海遭妻子喪書》、《四海奴婢亡書》、《四海平蕃破國慶賀書》和《四海書題》等[27]。這個「四海」的表面含義雖然還包含朋友親屬，但不可否認的是，內中如《賀四海加官秩書題》等已是完全的官場迎賀慰問。更值得注意的是《四海平蕃破國慶賀書》全部是征戰和戍邊的軍將的往來書信。由於其中有「馬麟」及平勃律事出現，故榮新江曾推斷它是一件「安西書儀」，且時代應在天寶中、後期[28]。而與此相應，是《四海書儀》中有「重書」、「次重書」兩種書信的不同規格。「重書」的對象指明是「相國、左右丞相、御史大夫、中丞、侍御、六尚書、三公九卿、節度使、太守」，也即是給官位隆重者，「次重書」的收書人和授書人也同樣說明是在官吏之間。因此。「四海」的真正含義已從主要是朋友（包括各地親屬長輩）向著官場的範圍過渡，它所體現的已經是官本位之下，具有一定政治利益的社會關係。

唐代後期，在吉凶書儀中所反映的這些官場往還痕跡仍然十分明顯。可以注意到的是，杜友晉《吉凶書儀》凶儀中出現的大臣上皇帝的奉慰表、答敕慰表在後二件書儀中已經不見，但是在鄭餘慶《大唐新定吉凶書儀》中，朝廷儀制重又被突出。如就吉儀而言，其書儀序目內有《年序凡例第一》、《節候賞物第二》、《公移（私？）平闕〔式〕第三》、《祠部新式第四》、《諸色箋表第五》，其內容顯然都是以朝廷令式和皇帝為中心的。但與此同時，這件書儀也有《僚屬起居第六》

27　S.327 和 S.361，《英藏》（1），第 130-132、151 頁。

28　榮新江：《敦煌本〈書儀鏡〉為安西書儀考》，載《潘石禪先生九秩華誕敦煌學特刊》，文津出版社 1996 年版，第 267-273 頁。

及《典吏（史？）起居第七》一類儀目[29]，說明一方面朝廷威望得到推崇，另一方面僚屬對長官的禮儀也得到明確規定。元和之際朝廷有著裁抑藩鎮和加強中央集權的種種努力，但藩鎮體制和地方勢力的強大又是不能不面對的事實。書儀的兩種規定正是應和上述政治現實的需要。

晚唐五代吉凶書儀在表現官場酬應方面繼承發展了上述書儀的特點。P.2646 等卷唐大中張敖《新集吉凶書儀》自稱是在《元和新定書儀》基礎上「采其要，編其吉凶」而成，但他編撰的書儀已無上於皇帝的箋表，而只保留了僚屬上於長官的啟狀部分。並且，這部分也從鄭氏《書儀》原來只有《起居啟》、《賀正冬啟》、《賀人改官及如（加）階〔啟〕》等增加為《起居啟　僚屬起居啟狀等》、《賀正冬啟》、《賀改官啟》、《起居狀》、《賀正獻物狀》、《賀端午獻物狀》、《謝賜物狀》、《謝蒙問疾並賜藥物狀》、《邊城職事遇疾乞替狀》、《天使及宣慰使並敕書到賀語》等大量啟狀，及《賀四海朝友加官語》、《四海平懷參慰語並書跋》等類似前揭《書儀鏡》的「四海」書題[30]。同樣，時代更晚些的 P.3691 等卷《新集書儀》也有諸如《官僚起居啟狀》、《賀正獻物狀》、《端午獻物狀》、《〔冬至〕獻物狀》、《邊鎮獻土儀物狀》、《相亞之類謝狀》及《邊城職事遇疾乞替〔狀〕》等大同小異的名目[31]。這類啟狀對象由於是從上司、長官到「四海朝友」，並且是以前者為主，所以明顯地脫離了「朋友」氛圍，而充滿著下屬恭禮上級和官場內相互逢迎的特色。這除了說明圍繞求官求職，官場往來已成為唐人生活主

29　S.6537v，《英藏》（11），1994 年，第 99 頁。

30　P.2646，《法藏》（16），2001 年，第 86-87 頁。

31　P.3691，《法藏》（26），第 318-319 頁，並參趙和平：《敦煌寫本書儀研究》，第 641-646 頁。

導之外，更說明唐後期在中央日弱、藩鎮權力日強形勢下，地方長官對僚屬的任用、支配增強，而地方的政治生活也以節度使府為中心而展開。這不但是邊鎮敦煌一地的特色，也是唐後期五代地方官吏生活的一個共同點。

2. 專門的官場往來文儀及其實用性

在吉凶書儀中已出現大量官場往來文範的同時，有一個趨勢是值得注意的，這便是此類官文書範已被逐漸集中而獨立化，如 S.078v 和 S.1725v 便是其中範例，當然 S.1725v 也有可能是從綜合性書儀中單獨抽出，但它的出現本身就證明這類文範是可以也是需要獨立的。

業已發現的此類書儀年代均在晚唐五代，趙和平《敦煌表狀箋啟書儀輯校》收錄有多件。如前所述，此類書儀的製作方式不盡相同，有些是使用過的書信集成，有些則是依照某種模式和習語製作的標準書範。其規模大小、具體對象、場合亦不一致（有些甚至僅是口頭用語而非書寫形式），但作為官場酬應、交往及應對各種官儀程式、處理各種政務關係的性質則萬變不離其宗。因此，它們與主要以家族為中心，以婚喪禮儀為重點的吉凶書儀及表現朋友情誼的朋友書儀主旨有別。而從某些具體事例看，即使此類書儀間有吸收吉凶書儀與朋友書儀特點者，也只是作為陪襯。如趙和平定名為後唐《靈武節度使表狀集》的 P.3931 書儀，內有朋友書儀所用十二月景緻用語，然而細研其中「伏惟尚書，德冠標時，功名間代」、「伏惟厶官，望美官常，德光聖廿（世）」一類語句，便知不過是按月起居的賀官儀[32]。又如 S.4374 書儀分兩部分，第一部分稱為「封題樣」，內有上大官的「大人書啟」和給父、父母、賤者的書啟封題；第二部分則完全是賀冬、賀正、賀

32　《法藏》（30），2003 年，第 217-219 頁。

端午上大官的「別紙本」[33]，其以官場實用為主的性質也與前述吉凶書儀完全不是一回事。

與綜合性的吉凶書儀相比，此類專門的官場書儀針對性更強。由於某些書儀本身就是使用過的表狀書啟合集，所以取材現成，真實生動，便於模仿。而如果說我們從前揭《書儀鏡》「四海平蕃破國慶賀書」中已看到開元、天寶之際因邊境戰爭頻繁劇增的將士來往書信及書儀製作趨勢，那麼後來的這類專集便更加證明了唐五代藩鎮體制下對此種書儀形制的追求。並且與前期吉凶書儀、朋友書儀製作者多為大族名士不同，此類文集往往出自幕僚之手。這是因為中唐以後，隨著中央、地方關係的複雜化及彼此間政務往來的需要，所謂「朝廷章奏，臨道書檄」[34]之作不但應運而生，也成為節鎮「掌書記」的專職。韓愈《徐泗濠三州節度掌書記廳石記》曾就此而論曰：

> 書記之任亦難矣。元戎整齊三軍之士，統理所部之氓，以鎮守邦國，贊天子施教化，而又外與賓客四鄰交。其朝覲、聘問、慰薦、祭祀、祈祝之文，與所部之政，三軍之號令升黜，凡文辭之事，皆出書記，非閎辨通敏兼人之才，莫宜居之。[35]

掌書記之文辭涉及藩鎮內政外交，故亦被視為「節度使之喉

33　《英藏》（6），1992 年，第 50-51 頁。

34　語出（五代）孫光憲撰，賈二強點校《北夢瑣言》卷一五《韓建賣李巨川》，中華書局 2002 年版，第 292 頁。

35　（唐）韓愈《韓昌黎集》卷一三《雜著》，《國學基本叢書》本第 4 冊，商務印書館 1958 年版，第 10 頁。

舌」³⁶。而唐後期的文才之士便多有任掌書記的歷史，且自地方升至中央，由掌書記而任中書舍人、翰林學士知制誥，以至執掌中朝重權。唐後期宰相如楊炎、令狐楚、李德裕等即是其中的代表³⁷。這種情況發展至晚唐五代，就不僅是中央人才多自藩鎮出，而且藩鎮競相延聘、爭奪人才的情況亦日趨激烈，尤其是唐末動亂以後。其如《舊五代史·李襲吉傳》所説：

> 　　自廣明大亂之後，諸侯割據方面，競延名士，以掌書檄。是時梁有敬翔，燕有馬郁，華州有李巨川，荊南有鄭准，鳳翔有王超，錢塘有羅隱，魏博有李山甫，皆有文稱，與襲吉齊名于時。³⁸

形成以上狀況雖有過程，但箋表書檄製作及相關掌記人才為時勢所需卻可見一斑。如此便不難理解為何這類表狀箋啟書儀文集都產生於晚唐五代。敦煌所見表狀文集亦不例外。其中如著名的 P.4093 劉鄴《甘棠集》便是這類「唐季掌書記家之遺文」之一³⁹。劉鄴任官自藩鎮掌書記至朝廷宰相，該書儀文集的前三卷便多是他在辟為攝陝州參軍充觀

36　（五代）王定保撰，黃壽成點校《唐摭言》卷六《顧薦齊秀才書》，三秦出版社 2011 年版，第 91 頁；《全唐文》卷五四三作令狐楚《薦齊孝若書》，中華書局 1983 年版，第 5506 頁。按崔顥乃開、天中人，令狐楚立朝則至少在憲宗以降，據文當依後者。

37　參見《舊唐書》卷一一八《楊炎傳》、卷一七二《令狐楚傳》、卷一七四《李德裕傳》，第 3419、4459-4460、4509 頁；並參筆者《略論表狀箋啟書儀文集與晚唐五代政治》，載《中國社會科學院歷史研究所學刊》第 2 集，商務印書館 2004 年版，第 339-359 頁。

38　《舊五代史》卷六〇《李襲吉傳》，第 805 頁。

39　饒宗頤主編，趙和平著：《敦煌本〈甘棠集〉研究》饒序，新文豐出版公司 2000 年版，第 1-2 頁；並見《敦煌吐魯番研究》第 4 卷，北京大學出版社 1999 年版，第 561-562 頁。

察巡官後，代陝虢觀察使所作上皇帝及中書門下表狀，及給宰相、使相、僕射、御史大夫、翰林承旨、中書舍人、中尉、樞密等朝廷權要和藩鎮節察的書啟。第四卷為其本人大中四年（850）自左拾遺充翰林學士後，給皇帝、宰相和朝廷僚友的表狀書啟等。因此劉鄴《甘棠集》較多地反映了藩鎮（陝虢）所極力維持的內外關係，某種程度正是所謂「朝廷章奏，臨道書檄」的代表。

　　類似性質的又如 P.3723「鄉貢進士郁之言」的《記室備要》與 P.4092「相州馬判官本」的《新集雜別紙》，前者是為「護軍常侍太原王公」所作[40]，由於「護軍常侍」即宦官節度監軍，所以書儀的致書對象也是為了應和監軍的需要及社會關係。其中既有屬於南衙系統的太師、宰相乃至諸司要職及節度刺史以下的文武百官，也有屬於北司系統而為其他書儀很少反映的宦官諸司諸使。後者的收書人是圍繞相州節度使及後唐統治區域洛京、魏府及鎮、磁、邢、洺、齊等州的官員，它所針對的是後唐時代河北節鎮刺史及高級僚屬所要應對的地域範圍及官場往還圈。

　　在這兩件書儀之外，致書對象比較明確而值得提到的還有 P.2539v 擬名為《靈武節度使書狀集》的一件書儀。這件書儀的收書人除了「沙州令公」外，又有如「前袁州司徒」、「西京太傅」、「青州侍中」一類給諸道節度觀察及「朝要」的名目[41]。

　　以上書儀文集在反映唐五代朝廷和藩鎮彼此間政務、交往關係方面可以說是最具代表性的，但藩鎮體制下的政治關係畢竟是錯綜複雜而多元化的。正像韓愈所指出的，藩鎮除了「贊天子施教化」和「外

40　P.3723，《法藏》（27），2002 年，第 128 頁。

41　P.2539v，《法藏》（15），2001 年，第 234-238 頁。

與賓客四鄰交」之外，又有「所部之政，三軍號令升黜」之事。這就涉及藩鎮內部乃至所屬州、縣各級機構之中僚屬與長吏的關係問題。在上述一些書儀中已有此方面的內容，例如《甘棠集》中，即有劉鄴作為觀察判官給使主高少逸及同院僚屬的幾件書啟。《新集雜別紙》中亦不乏見到如《不赴打獵狀》、《打獵〔迎〕司空狀》、《冬節司徒請不到銜》、《出孝送物》、《私忌回書》等明顯屬於僚屬給長官（使主）的書狀。以《私忌回書》為例：

　　伏奉榮示，以月旦合申陳慰，不令專候門牆。既承雅懷，〔敢〕不遵稟，謹伏狀陳謝。[42]

書狀的意思是謝「月旦」逢私忌日，獲得允許不必祗候官銜參稟長官，反映了衙署內一般不得以私妨公的規矩，完全是下屬服從上司的口吻。可見下屬對上司自應執一份恭敬之儀。

　　當然就不同級別的管理而言也有不同的面向和需要，所以敦煌表狀箋啟書儀之中，也不乏另有專為各級地方官吏製作的部分。如 S.078v 書儀作者身分僅為一縣令，所面向者是作為上司的節度長官和「四海」朝友，所以適用於藩鎮低級幕僚或令、尉之類的下層官吏。更為典型的是一件周一良先生在《敦煌寫本書儀考（之一）》中已做過研究的 P.3449 和 P.3864《刺史書儀》，內容專以應付刺史之需。其中既有刺史進京和得官後，面向皇帝和朝廷的謝恩牓子、進朝見馬、正衙謝狀辭狀、到任後謝官表等；又有赴任過程中面對上司長官和藩鎮同僚的謝

42　P.4092，《法藏》（31），2005 年，第 107 頁。按：關於 P.4092，參見趙和平《敦煌表狀箋啟書儀輯校》，第 153-159 頁。

狀和《送土宜物色〔與〕本道官員〔書〕》、《與前使君交代書》等。
特別是對本道節度使，不但離京、至境、到任、卸任皆有狀，且亦有
獻馬諸儀。所以周先生在文中特別指出此類書儀反映的是藩鎮割據局
面下，州刺史一切聽命於節度觀察使及支郡刺史受藩鎮控制的特點。

　　不應遺落的還有歸義軍時代的一些書狀稿與謝賀儀，它們同樣適
用於不同的對象、場合與層次。即有些是代表敦煌歸義軍節度使與中
原朝廷或周邊藩鎮、蕃族政權交涉往來的信函；有些則僅用於歸義軍
衙署內部長官與僚屬之間。如 P.2945 是一件歸義軍節度兵馬留後給朔
方節度使的書信底稿，筆者和楊寶玉考證認為是曹議金致送朔方節度
使韓洙的書狀草稿，反映了歸義軍意圖通使中原的一些情況[43]。又如
P.4065 草是歸義軍時代的一件表狀集，也記載了歸義軍節度使曹元德上
後晉朝廷的表狀。但是有一些如 S.3399 題為《雜相賀〔語〕》、P.2652
題為《諸雜謝賀》的一些書儀卻明顯屬於後者。這些謝賀語的書題註
明是給「本使」，或作為歸義軍節度使官稱的「尚書」、「司空」、「阿郎」
以及中原朝廷使者之稱的「天使」，表明他們都是歸義軍內部官吏參
見、謝賀應用的書範或儀節。

　　以上專門的官場儀範在使用層次、場合的不同，說明其製作的具
體方面和使用範圍本有一些差別。但是，這卻進一步證明了此類書儀
在處理複雜政務和應對藩鎮體制下各種政治關係所體現出的實用性。
無論如何官文書範為官場所用的性質和總體目的是一致的，因此它們
的實用性也是極為突出的。

43　楊寶玉、吳麗娛：《P.2945 書狀與曹氏歸義軍政權首次成功的朝貢活動》，載《敦煌
　　吐魯番研究》第 11 卷，上海古籍出版社 2009 年版，第 269-296 頁。

（三）官場酬應書儀的禮儀名目及其意義

　　書儀作為禮書的一種，反映和代表的常常是流行於社會的禮俗，在這方面，表狀箋啟書儀也不例外。只不過這些官儀必須適應官文所須，它們所表現的，也就是官僚社會的禮儀了。

　　事實上，敦煌所見表狀箋啟書儀正是以禮儀性的書狀為主的。而根據我們前面的介紹，這類文範仍可以分作兩大類，即一類為給皇帝和中書門下的表狀，這類內容仍可以《甘棠集》為代表，集中給皇帝的和謝表狀公十六首，包含內容如下：1. 賀表（《〈賀瑞蓮表〉、《賀元日御殿表》、《賀除濮王充成德軍節度使表》》）；2. 謝表（狀）（〈謝賜春衣表〉、〈謝冬衣表〉、〈謝端午衣表〉、〈謝恩賜曆日狀〉、《謝召試並進文五首狀》、《謝充學士》、《謝進士及第讓狀》、《謝不許讓兼賜告身〔狀〕》、《謝設狀並絹、轎、馬等》）；3. 奉慰表（《奉慰西華公主薨表》）；4. 進獻狀（《端午進馬並鞍轡狀》、《壽昌節進馬並鞍轡狀》、《進鸚子狀》）。如與傳世文獻相對照，知此類賀、謝、奉慰、進獻表狀是極常見的，特別是賀表中的賀祥瑞（瑞蓮一類）、賀節日（正、冬、端午）、賀除官，謝表中的謝賜官、賜物最多。另外還有諸如賀赦、賀起居、賀平賊之類的賀表與讓官、薦官等表狀，在傳世文獻也多見，有些已見於前揭吉凶書儀。這些箋表，顯然是唐五代之際對於皇帝必須行的禮儀節目。《甘棠集》中還另有三件給中書門下的表狀，皆是代表陝虢觀察使高少逸所作。前兩件內容分別是慶賀「德音」——「釋降寬徭之詔」及禁中「芙蓉」祥瑞——「上玄降鑒，聖祚垂休」，後一件是申報「事關風化」的孝子割股之事，也可算作賀文。「中書門下」即代表朝廷，所以與給皇帝的表狀相似，規格也是比較高的[44]。

44　以上見趙和平：《敦煌表狀箋啟書儀輯校‧附錄》一《甘棠集目錄》，第54-60頁。

　　另一類是各級官吏給長官（宰相以下）個人或互相問候、酬應的書狀箋啟。在敦煌表狀箋啟書儀中，此類書範相比前類數量要多得多，且占主要成分，它們的內容也以賀、謝儀居多。而賀儀中，最普遍、最常見的就是賀升遷、任職的賀「官」儀了。劉鄴《甘棠集》中給宰相、朝廷人士及節度使相的這類賀儀有約二十餘首。《記室備要》賀朝官與宦官的也大多是這類賀儀，共約六十餘首，占全部書範的四分之一以上。至於上面提到的 P.4092《新集雜別紙》、P.2539v《靈武節度使書狀集》等其他敦煌表狀箋啟書儀中此類內容均屢見不鮮。而在 S.078v 中給「元帥令公」、「太保」、「司空」的賀信也包括在其中。

　　對長官的賀儀中，常見又有賀節與賀起居儀。賀起居儀在本書的其他篇章還將提到。賀節儀則在《甘棠集》中有近三十首，包括賀正、冬等，占全部書儀的三分之一。P.3723《記室備要》有賀正、賀冬及賀重陽書題。P.3931 中有《賀端午》及《賀端午別紙》。正、冬、端午與重陽即唐後期「四節」[45]。賀起居即上面已經提到的按十二個月的不同節氣候問起居的賀儀，又稱為「十二月賀」或「月旦賀官」，P.3931《靈武節度使表狀集》、P.4092《新集雜別紙》、S.078v《縣令書儀》中都有此類專門的書題或內容，P.2539v《靈武節度使書狀集》內一首題為《延州汝州鳳翔陝府侍衛左衛月旦書》也是同樣性質。

　　謝儀中，常見的仍是謝官謝物，不過對象大多也是長官，如《甘棠集》中即有劉鄴本人謝高少逸辟署及薦官的《上高尚書啟》及《謝賜上白令公及三相公狀》，前揭《縣令書儀》中四十三至四十七行中

45　按唐代四節見《唐會要》卷二六《箋表例》會昌五年八月條，上海古籍出版社 1991 年版，第 589 頁。五代四節重陽無，改皇帝誕日，見《資治通鑑》卷二七五明宗天成元年四月甲寅，「節度防禦等使正、至、端午、降誕四節聽供奉」並胡註，中華書局 1956 年版，第 8983-8984 頁。

「厶蒙恩旨授，狀蒙元帥令公臺造，已賜指撝」的一件書啟，也是寫節度使授官。

　　當然，賀、謝官儀的名目並不止上面所述。如《記室備要》卷上，除賀朝官升遷之儀外另有《賀冊徽號》、《賀冊南郊》、《賀冊太后》、《賀冊皇太子》、《賀赦》、《賀破賊》六首。僅舉《賀冊太后》一首為例：

　　伏奉厶月日製書，皇太后弘膺冊命，伏惟　同增歡抃。伏以　厶官道讚昌晨（辰），功扶　寶曆，正三綱之道體，明六禮之威儀。今者冊命弘宣，　國風遐布，化傳黎庶，禮備宮廷。厶謬守厶官，獲承明制，歡抃之至。[46]

　　冊命皇太后是朝廷的大禮重儀，但是致書的直接對象卻不是太后、皇帝而是「厶官」。朝廷大禮竟與「厶官」的功績拉扯在一起，其餘的幾件也是同樣。又《記室備要》卷中，除了賀官升遷外，又有賀賜紫、賜緋、賜綠、立戟、追贈母妻邑號甚至賀雨、賀雪之類名目，對象也無一例外是某官。

　　在賀官儀方面應提到的還有一件張氏歸義軍時期的僧官書儀（P.3715+P.2729），內書題為《賀破賊　賀將軍亦〔同？〕》、《賀破賊　恩賜裏瘡帛》、《賀賜衣甲槍旗》、《賀立德政碑》、《賀畫影麟臺》、《賀賜防秋兵馬》、《賀賜征馬》、《謝改授僧官》、《謝得衣服匹段》、《謝奏紫》、《勿（忽）有賀（加）官有人來相賀卻答云》、《司空賀（加）官有人相賀卻答云》、《郎君加官有人卻答云》等，論者已指出內容與

46　《法藏》（27），2002 年，第 129 頁。

張議潮攻打涼州取得勝利有關[47]。S.3399 曹氏歸義軍時期的《雜相賀（語）》，有《賀本使語》、《謝天使土毛》、《賀本使加官》、《賀赦文》、《賜物謝語》、《城中有祥瑞賀語》、《賀雨》、《賀雪》、《賀分散例物》、《賀加指揮使謝語》、《賀天公主語》、《諸親眷謝來答語》等[48]，謝、賀的名目、對象主要圍繞節度使。如其中《賀立德政碑》、《賀畫影麟臺》皆來自朝廷的「恩命」，《賜物謝語》、《賀分散例物》，也是因得到中原朝廷所頒賞賜，但賀謝和歌頌的對象都是節度使。

　　賀、謝儀名目的豐富，說明這種禮儀是官場酬應的一種主要內容。唐朝社會一切以「官」為核心，圍繞著任職、升遷，官員之間，特別是僚屬對長官，通過一切可能的機會用賀、謝方式加強連繫、表達敬意是非常自然的，這也是唐朝官僚社會中相當醒目的一個特徵。不過，仔細比較這些賀謝儀，我們也會發現，它們的內容名目與給皇帝的賀謝儀有不少相似之處。例如賀節日、賀起居甚至賀祥瑞（包括雨、雪）、賀破賊等一些原來只見於皇帝箋表的內容唐後期卻大量見於給長官的啟狀[49]，不能不說是其中一個十分突出的現象。並且這種現象事實上也不止於賀、謝儀。例如《記室備要》下卷從薦官到多種人才的舉薦書，收書人也是「厶官」，對於宦官監軍而言應當是節度使或其他有關的朝廷高級人士。另外，相對於給皇帝的進獻，《記室備要》也

47　《法藏》（27），第 66 頁；《法藏》（18），2001 年，第 1 頁。並參李軍《敦煌寫本歸義軍僧官書儀拼接綴合及相關問題研究》，載《敦煌學輯刊》2006 年第 3 期，第 41-50 頁。按：李軍將 P.5015 也拼接到這件文書中。

48　《英藏》（5），1992 年，第 77 頁。

49　關於皇帝箋表內容規定，參見陳仲夫點校《唐六典》卷四《禮部》，中華書局 1992 年版，第 113-115 頁；《唐會要》卷二六《箋表例》，第 587-590 頁。並參見吳麗娛《從敦煌書儀中的表狀箋啟看唐五代官場禮儀的轉移變遷》，載《中國社會歷史評論》第 3 卷，中華書局 2001 年版，第 355-365 頁。下文引《唐六典》同。

有對官員從《送書籍》、《送古董》直到《送茶酒》的幾十種送物儀。
P.3449 和 P.3864《刺史書儀》中有《送土宜物色〔與〕本道官員〔書〕》、
《交代送土宜　色件》等，P.3931 也有專門的《送物》、《送謝物》、《送
馬書》等相關禮物的書狀，説明關於官員或者藩鎮間也是通過送、謝
禮物進行溝通的。至於官吏間遇喪事，也有類似對朝廷奉慰表的「弔
儀」（《刺史書儀》）可説明一切。

　　最後，應當提到的還有韓愈所説「其朝覲、聘問、慰薦、祭祀、
祈祝之文」中的「祭祀祈祝」之儀。所謂「祭祀祈祝」唐前期已有規
範。《唐六典》卷四所記開元五禮中吉禮「其儀五十有五」，既包含朝
廷的郊廟大典及祀風伯、雨師、靈星等神祇，祭五岳、四瀆的祠祀內
容，還規定了諸州諸縣祭社稷、釋奠諸禮[50]。這些禮的名目和儀注在
《大唐開元禮》都有具體的説明。雖然這些禮大都以朝廷為中心，但不
少祭祀禮在地方也是有的，如風、雨、岳瀆、釋奠等。唐後期地方祠
祀也有發展，反映在存世文獻如李商隱《樊南文集》就有許多齋文、
祭神文，崔致遠《桂苑筆耕集》也有不少祭文與齋詞，還有羅隱《湘
南應用集序》也提到所作文集「分為三卷，而舉牒祠祭者亦與焉」[51]。
李、崔、羅三人文集皆為掌書記之作。文集中此類內容不僅關係到以
往學者已經論述過的地方宗教信仰，也關係到藩鎮對此類活動的參與
和主持。它們同樣是涉及地方禮儀的重要方面。與 S.1725v 書儀排列在
一起，但文字方向不同的四件祭祀文就是這樣的內容。不過關於它們
的歸屬性還很難判定，且由於對其內容、來源還將另文探討，此處即
不再詳論了。

50　《唐六典》卷四《禮部》，第 111 頁。

51　《全唐文》卷八九五，第 9345 頁。

　　總之，敦煌表狀箋啟書儀中禮儀名目的豐富及面面俱到，反映所謂官場之禮已經非常深入地滲透到唐朝官僚社會的各個層次和環節，並被整個社會所採用和接受，從而成為官場政務活動和日常生活中不可須臾分離的一部分。而從皇帝箋表到官員書儀名目的類同，也說明許多禮儀和相同儀節已被從朝廷向藩鎮，中央到地方，由內而外、自上而下地普及和程式化、固定化，這正是唐朝整個官僚制社會成熟化的表現。官員們因此在其任職過程中，就必須小心翼翼地注意這些刻板的儀節，不失時機地表達對於皇帝和長官的敬意，處理、協調與同僚間的事務，構建官場內彼此相互提攜的關係，從而維護其個人在其中的地位及升遷，這也是他們政治生涯中不可或缺的內容。

　　但是與此同時，禮儀書範名目內容的某些相似之處也使我們注意到另外的問題，這就是唐朝官場的禮儀在普及過程中已經發生了由皇帝為中心的一元化向藩鎮體制的多元化轉移的變化。須知在表狀箋啟書儀中，不僅「官」儀的數量大大超過給皇帝的箋表，且在名目上也可以「上僭」於給皇帝的箋表而發生十分一致的現象。這對唐後期社會而言，不能僅看作是一種簡單的模仿或上行下效。正如我們已見到的，一方面朝廷的某些重大禮儀活動，如前揭賀冊太后、賀冊南郊等實際上已被當作了官員向長官表敬意和歌功頌德的機會；另一方面，原來作為顯示國家昌盛的賀祥瑞等禮儀內容，也被用於「城中有祥瑞賀語」這樣的儀目，堂而皇之地搬到了歸義軍節度使統治的邊隅小朝廷中。而諸如賀立德政碑、賀畫影麟臺、賜物謝語、謝分散例物等，更是將中原王朝的種種恩賞，一律轉化為吹捧歸義軍節度使的德政。這說明由於唐後期五代政治的多元化及禮儀的級級遞行，對於某些官員來說，已經造成了皇禮不如官儀切身來得重要的效果。而在藩鎮體制之下，僚吏們就更是只知有長官而不知有皇帝了。既然包括地方政

務及官吏的任免、升遷、賜賞等一切完全決定於節度使，那麼官員禮敬的中心也就自然而然地更偏重於節度長官而不是皇帝了。在他們而言，歌頌「天恩」是虛，唯有吹捧長官才是實，這就是本文前面分析 S.1725v 的情況，也是唐後期五代官場文範所反映的普遍特點。

以上，我們僅從書儀的名目對敦煌表狀箋啟書儀——晚唐五代官場往來文範做了簡單的剖析和介紹。限於篇幅，尚未來得及對書儀具體內容加以更細緻的對比和分析。但是，僅從以上的討論，已不難發現這類書儀的共同特徵。總之，表狀箋啟書儀作為新的書儀形式出現，所代表的是晚唐五代官場社會需要的新的禮儀風範。這些風範充斥了唐代官員的生活。不論是諸如 S.078v 那樣的書信集還是在此基礎上已形成的 S.1725v 那樣的標準官牘文範都是如此——因此書儀總體上是時代的產物。而這一點，也是我們認識它們的出發點及其價值所在。

二　關於敦煌 S.5566 書儀的研究
——兼論書儀中的「狀」*

　　今年是王重民先生誕辰一百週年。王重民先生是二十世紀敦煌學研究的先驅者之一，他在敦煌文獻輯錄、整理及古籍版本、目錄學等多方面的學術造詣和貢獻，不僅嘉惠學人，也為後來者指明了方向。其中對於敦煌書儀的發現和研究即是如此。關於這一方面，王重民先生除了在《敦煌書儀總目索引》中對一些書儀的定名和內容加以標註和說明外，其《敦煌古籍敘錄》的經部和子部中也從文獻的角度，對幾件書儀作了專門介紹。這幾件書儀就是 P.4024 題名《喪服儀》、P.3442 杜友晉《（吉凶）書儀》、P.3723 郁知言撰的《記室備要》三卷和 P.2646、P.2556、P.3246、P.3249 等張敖撰的《新集吉凶書儀》二卷等，都是最具典型意義的書儀，而後三種之書儀性質已被其明確認

*　本文原發表於國家圖書館善本特藏部、蘭州大學敦煌學研究所、中國敦煌吐魯番學會主辦「紀念王重民先生誕辰 100 週年暨敦煌文獻保護會議」（2001 年 9 月），收入國家圖書館善本特藏部敦煌吐魯番學資料研究中心編《敦煌學國際研討會論文集》，北京圖書館出版社 2005 年版。收入本書略有刪節。

定。其中，他關於 P.3442 杜友晉《（吉凶）書儀》的看法是，「書儀隨時代禮俗而變遷，故諸家纂述，不能行之久遠」，深刻地指明了書儀作為禮書隨時代需要更換內容因而種類繁多的原因。而關於「《記室備要》三卷」，他在根據這件書儀序言對其內容形式及咸通中作者曾游於護軍常侍太原王公幕府的時間背景略作介紹外，又稱：「考《新唐書‧藝文志》文史類，有李太華《掌記略》十五卷，《新掌記略》九卷，林逢《續掌記略》十卷，《宋志》同，惟林書作十五卷，又增張鉶《管記苑》，均當與知言書最近。今諸書並佚，而知言書反出于石室，允當寶貴，以存唐代記室格式於萬一。」[1]清楚地點明了這件文書作為「唐代記室格式」遺存的性質、寶貴價值和同類書籍在歷史文獻中的定位。這一點，給後來者以極大的啟迪。八〇年代以後，周一良先生對書儀進行系統研究，將之分為朋友書儀、吉凶書儀和表狀箋啟書儀三大類，而與《記室備要》同類的書儀便被正式判定為第三類。此後，趙和平又有《敦煌表狀箋啟書儀輯校》一書出版[2]，收錄此類書儀三十餘件，進行歸類整理，使之作為記室文學和「官」文書儀的面貌更清晰地呈現在讀者面前。與此同時，他與周先生所作的其他論述研究也使包括《記室備要》（P.3723）、《甘棠集》（P.4093）、《刺史書儀》（P.3449+3864）、《新集雜別紙》（P.4092）等一批表狀箋啟書儀的內容形式開始為世人所認知，而表狀箋啟書儀的性質及其繁榮於晚唐五代社會中的事實也得到了愈來愈清楚的體現。以下筆者將通過 S.5566 書儀進一步證明這類書儀的價值，以為王重民先生開創的敦煌書儀研究作些許補遺的工作。

1　見王重民：《敦煌古籍敘錄》，商務印書館 1958 年版，第 224-225 頁。

2　趙和平：《敦煌表狀箋啟書儀輯校》，江蘇古籍出版社 1997 年版。

（一）S.5566 書儀的現存形態和錄文

　　S.5566 是一件較為典型的表狀箋啟書儀。這件書儀文書為雙頁對折的冊頁形式，裝訂頗有些像《晚唐時代（河北）吉凶書儀》（P.4050+S.5613 等）或《刺史書儀》。書儀字用行楷，兼有草書和異體字。現存七頁，每頁十二至十四行，最後一頁僅四行，全部共八十二行，每行約十四至十六字上下，至多十七字。內含數件寫狀，首尾完整。文書的第一行有題名「雜謝賀表狀　上中書門下狀」，由於類似形式內容的書儀在趙和平書中收入多件，所以文書的性質很易確定。對於這件書儀，劉銘恕編《敦煌遺書總目索引》斯坦因劫經錄部分除了照錄書儀原文題目外，只説明「凡存上中書門下五狀」，沒有具體介紹。中國社會科學院歷史所等編《英藏敦煌文獻》收有這件文書的圖版，日本學者中村裕一《唐代制敕研究》一書中也有出示[3]。他並在《唐代官文書研究》一書的「序説」部分介紹狀的用途時提到這件文書中的第一狀，説它是「官府上呈的對中書門下除官謝狀的書儀」[4]。筆者以往也注意到這件文書，但只收入拙著《唐禮摭遺》一書中的附錄——敦煌書儀寫卷目錄部分[5]，並說明是晚唐作品，而仍未作具體介紹。由於此件書儀中，真、草書寫及俗字混淆，不易辨識，現先依照文書原來格式，加標點整理錄文如下：

　　1. 雜謝賀表狀　上中書門下狀

3　〔日〕中村裕一：《唐代制敕研究》第三章「敕書」第二節之四「狀の用途」，汲古書院 1991 年版，第 411 頁。

4　〔日〕中村裕一：《唐代官文書研究・序説》第二節「唐代官文書の種類」，汲古書院 1991 年版，第 13 頁。

5　吳麗娛：《唐禮摭遺——中古書儀研究》，商務印書館 2002 年版，第 644 頁。

2. 上中〔書〕門下狀

3. 右厶蒙恩除前件官，已於某月日到任

4. 上訖。厶器惟凡品，才匪通人，業常曠於

5. 弓裘，政實昧於襦袴；授大藩之符節，

6. 建上將之旌旗，灼慮（？）冰心，形神飛越。伏惟

7. 相公推誠無間，于物不私，輪轅方駕於

8. 通途，瓶甃宜致于散地。豈謂輒加名器，

9. 叨污典章，循省庸微，若寘冰谷。況滄州

10. 南並齊地，北接燕郊，俗多詐閭，人尚氣

11. 質，未知將何術用，裨益化源。唯期夙夜

12. 勵精，冰霜砥節，庶將薄效，上達　洪鈞。

13. 戍守有限，不獲奔走拜謝，無任感恩戰扸（以上第一頁）

14. 屏營之至。謹錄狀上。

15. 上中書門下狀

16. 右厶當道齊德兩州，並年災沴，百姓飢貧，

17. 兩稅逋懸，計數十萬。厶到任之日，親訪疾苦，

18. 皆稱急切最是逋懸簿書，雖掛空文，

19. 府庫終無所入。在軍儲褊（遍）用農藏，箕斂

20. 鄉村。方　聖上憂人，難施朴作膚體。伏

21. 以相公代天行化，助日揚明，九野無楚痛之

22. 聲，田人有康濟之望。厶謬提廉印，叨按戎

23. 麾，思有以安輯黎元，撫綏士卒，下期陰騭，

24. 上答臺階。其齊德兩州逋懸，厶已於月日允

25. 牒下州，並令放訖，不敢不具狀上。謹錄狀上。（以上第二頁）

26. 上中書門下狀

27. 右伏奉今年正月五日　中書門下牒，緣厶當

28. 管齊州榷酒錢物，勒依元征絹價送納者。

29. 當道數年水旱，百姓流亡，就中齊州尤不

30. 支濟。厶自去秋到任後，得便申奏，請放逋

31. 懸。近來人惟稍安，兵未足食，況榷酒先無

32. 本額，只于兩稅均融，至于抬估高低，亦是

33. 從前流例。近蒙省牒，頻有指撝，在奉

34. 上之心，豈敢容易。方至公之日，或許諮聞。

35. 前件榷酒錢，言下施行，交無出處。若容三

36. 二年內，賦稅稍登，此時百計圓融，必不關

37. 其經費。厶已具狀重奏，乞降哀矜。伏惟（以上第三頁）

38. 相公道濟群生，恩沾庶類，伏望俯垂聽

39. 允，特賜商量，恩不唯於生成，事亦關于功

40. 德。輒將肝膈，庶鑑　臺階，無任懇迫

41. 戰越之至。謹錄狀上。

42. 謝幕府轉職狀　　　滄州

43. 右臣先請與前件官轉職改銜，伏蒙

44. 聖恩特賜　允許。臣伏以構廈必選于長

45. 材，騁路莫先於遞足，前件官皆推楨乾，

46. 盡有前途，佐臣緝綏，必效裨益。昨緣有

47. 闕，固請敘遷，　聖慈曲垂，　明命旋

48. 降，璆琳升次第之列，杞梓均高下之陰。

49. 臣實庸虛，安能獎善，　天恩庇假，得以

50. 用人，無任感戴踴躍惶惕屏營之至。謹奉

51. 狀陳謝。（以上第四頁）

52. 銜恨二年，瀝誠千里，不任惶汗悚蹐之至

53. 伏惟　聖鑑，謹狀。

54. 上魏相公狀

55. 伏以相公五丈，德冠人傑，道弘聖猷，暫優

56. 藩置，已轉（？）親聽。既茂文翁之化，果聞黃

57. 霸之征。蒼生再蘇，有識相賀。厶一辭恩撫，

58. 久困澄蒙，唯瞻佳光，長寄丹懇。人之所藏（？），

59. 天且不違，積望方深，有期上謁，下情無任

60. 感涕欣躍之至。不意遠冒蒸暑，尊體何

61. 似？伏惟特安福履，下情懇望。厶伏自承追

62. 詔兼授今職，已兩于遞中附狀啟起居。前日請

63. 假涇陽，般挈幼累，遇涇渭泛溢，津梁不

64. 通，昨方到上京，專冀迎候起居，頗為遲

65. 緩，下情伏增惶汗之至。伏惟照悉，謹狀。（以上第五頁）

66. 又上魏相公狀

67. 四月乙巳於遞中附狀啟起居，伏計上達。厶

68. 拙于進取，辱及恩獎，徬徨惕息，無地容身。

69. 斥罷之說，伏計必賜知悉。厶在逐中，多是

70. 勉之言（？）。所聞（？）慮不真，實不敢輕有諸啟。

71. 厶伏蒙相公五丈監修之初，首賜選擢，職

72. 清任重，榮敕輩流。常謂指（？）躬，無酬厚德，

73. 每自刻勵，不敢因循職業。惟當時所修

74. 是非，終無代方元。出入週歲，專勤敢誇，

75. 猶望升遷，忽蒙屏（？）黜（？）。惟撫躬自省，或

76. 免愧心，而指事興嗟，實憂累德，下情伏

77. 增慚懼之至。厶官因職奏，今既免職，便當

78. 屏跡深山，不合猶守微袟（秩），但以制命初行，（以上第六頁）

79. 體須遵奉，兼以家事飄寓，交無所歸，忍

80. 恥強顏，猶麋本任。更三數日，茲歸涇陽縣，

81. 終期解（？）免，專候起居陳謝。未申懇激，血淚

82. 空悵。伏惟俯賜恩鑑，謹狀。[6]（以上第七頁）

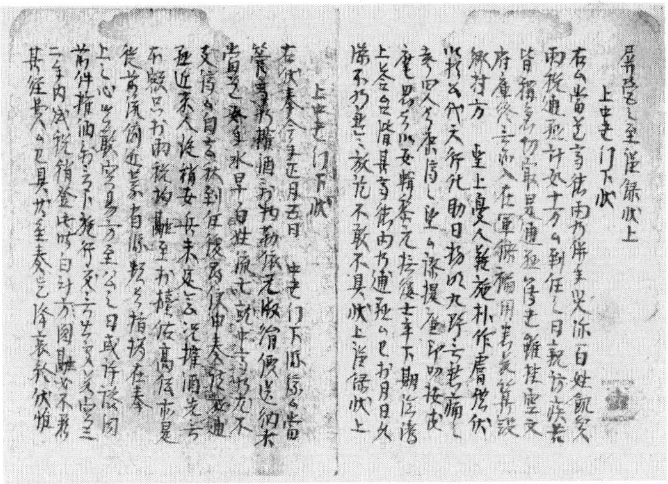

▲ 圖 3　S.5566《上中書門下狀》

（二）書儀內容來源和年代考證

由以上錄文可知，S.5566 書儀所含完整的狀文實為六件而非五件，具體有致中書門下狀三件、上魏相公狀兩件和《謝幕府轉職狀》一件。內五件從名稱已知是給宰相的，但《謝幕府轉職狀》中致書者

6　錄自《英藏》（8），四川人民出版社 1992 年版，第 36-38 頁。

自稱不是「厶」而是臣，並有聖恩、聖慈、天恩、聖鑑等用語，一望而知是上謝皇帝的，與其他狀不同，所以稱之為「雜」者恰如其分。不過文書原名表狀集而未見表，推測本來或許還有其他的表狀存在。據趙和平書所收錄，晚唐五代稱名為「雜謝賀」或「雜謝賀語」之類的書儀很多，但大多屬於較簡單的口頭用語性質，內容針對歸義軍官員參見節度使或中原朝廷派來的使者等各種對象場合，似乎可以隨身攜帶，以備不時之需。但是 S.5566 卻不同，它由正式的書狀組成，涉及內容十分複雜。筆者曾經撰文說明，敦煌的表狀書儀製作有兩種，一種是預先設計對象和場合用語的真正書儀，另一種則是以實用過的表狀書信纂集而成的文集。歸義軍時期的謝賀語多屬前者，S.5566 則屬於後者，其名稱和內容說明它的來源是實際政治生活中曾經使用過的真實書狀。

那麼，這些書狀的作者或者致書人是誰呢？如稍加留意，可發現第一狀有「況滄州南並齊地，北接燕郊」，已明確所授「大藩」是指滄州。第二狀有「右厶當道齊德兩州，並年災沴」，第三狀稱「緣厶當管齊州榷酒錢物，勒依元征絹價送納者」，由於齊、德兩州曾並隸於滄州（詳下），所以這裡的當道、當管也指滄州。第四狀「謝幕府轉職狀」名下更有「滄州」二字。由於地方官中只有節度觀察使才有資格辟舉僚屬並為「幕府轉職」謝皇帝，因此這裡的滄州自指滄州節鎮治下，這樣至少前四狀的致書者都是滄州節度使本人無疑。

另外要具體判定致書者還涉及書狀的年代問題，察齊、德二州並隸於滄州是在文宗太和以後，在此之前，滄州曾隸屬橫海軍，元和長

慶中，橫海軍最壯大之際都曾「合滄景德棣為一鎮」[7]，但無齊州在內。
寶曆二年（826）四月橫海軍節度使李全略死，大和元年（827）七月其
子李同捷勾結幽州、成德二鎮叛變[8]，滄州管內始有變化。《舊唐書・文
宗紀》上記載同年十一月「庚辰，以保義軍節度、晉慈等州觀察處置
等使李寰為橫海軍節度使」；《新唐書・方鎮表》三於其年有「橫海節
度增領齊州」的說明[9]。此後朝廷使李佑平滄景，而《舊紀》載大和三
年（829）七月「癸丑，以衛尉卿殷侑檢校工部尚書，為齊德滄節度
使」。《新唐書・方鎮表》亦稱：「罷橫海節度，更置齊德節度使，治德
州，尋廢，復置，更號齊滄德節度使。」滄州亦改置義昌軍。這時，不
僅棣州早已割隸淄青[10]，而且據《唐會要》，景州也在大和四年（830）
十二月，因殷侑奏廢為景平縣[11]。因此齊、德、滄三州並為一體，應當
是在文宗大和三至四年（829-830）殷侑任節度使後。這是書儀中書狀
年代的上限。而史載昭宗景福元年（892），義昌軍節度所領又加景州，
齊州亦在乾寧二年（895 年）另置武肅軍節制[12]。五代則沿其名，並領

7　分見《舊唐書》卷一五《憲宗紀》下，元和十三年三月庚辰條、同年十一月壬寅條，
　　卷一六《穆宗紀》長慶二年三月己未條；中華書局 1975 年版，第 463、465、496-497
　　頁。並參見吳廷燮：《唐方鎮年表》卷四，中華書局 1980 年版，第 528-529 頁。

8　《舊唐書》卷一七上《敬宗紀》、《文宗紀》上，第 519、527 頁。

9　《舊唐書》卷一七上《文宗紀》上，第 527 頁；《新唐書》卷六六《方鎮表》三，中
　　華書局 1975 年版，第 1851 頁。

10　《舊唐書》卷一四三《李同捷傳》：「大和二年九月，（王）智興收棣州，因割隸淄
　　青。」第 3907 頁。

11　《唐會要》卷七一《州縣改置》下《河北道》，上海古籍出版社 1991 年版，第 1497
　　頁。

12　《新唐書》卷《方鎮表》三，第 1858 頁；《文苑英華》卷四〇九《授齊州刺史充武肅
　　軍防禦使朱泚加檢校司空制》，中華書局 1966 年版，第 2074 頁。並參見吳廷燮：《唐
　　方鎮年表》卷四，第 540 頁。

滄景德三州。後周顯德二年（955）六月廢景州，以後只領二州[13]，這樣齊、德、滄三州並隸只能到景福元年（892），由是決定了書狀年代的下限。

進而言之，卷子因兩件《上魏相公狀》又給了我們一些啟示。兩狀的語氣委婉曲折，但內容表明其作者或曰致書人是一位受到魏相公照拂，與他有著特殊關係，曾被他選拔參加過修史，卻因此遭「斥罷」而仕途上遇到坎坷的官員。狀中關於魏相公有「暫優藩置，已轉（？）親聽」，及對其任職「蒼生再蘇，有識相賀」語，並說自請假搬家後「昨方到京，專冀迎候起居」，則魏相公應當是宰相或剛到京的使相。據《新唐書‧宰相世系表》，魏氏宰相六人，而中唐以後只有魏扶、魏謩二人[14]。同書《宰相表下》記大中三年（849）四月乙酉以「兵部侍郎、判戶部事魏扶守本官、同中書門下平章事」，至次年（850）六月戊申薨[15]。而魏謩則於大中五年（851）十月戊辰（《舊唐書》卷一八下《宣宗紀》在五月）以戶部侍郎判戶部「守本官，同中書門下平章事」始任宰相，至大中十一年（857）二月辛巳，方以檢校戶部尚書、平章事罷為西川節度使。[16]也即兩位宰相的任職都是在宣宗大中一朝，並且任相前都是中央官。但是書狀「暫優藩置」一語卻似乎是指魏相公在到中央前任過節度使。而且不僅有「遠冒蒸暑，尊體何似」的慰問，致書者還要「專冀迎候」，說明是在夏季返京。據《舊唐書》本傳，魏

13　朱玉龍：《五代十國方鎮年表》，中華書局 1997 年版，第 304 頁。

14　《新唐書》卷七二《宰相世系表》，第 2660 頁。

15　《新唐書》卷六三《宰相表》下，第 1730 頁。

16　按魏謩罷為西川節度使的時間，《舊唐書》卷一七六《魏謩傳》記在大中十年。此據《舊唐書》卷一八下《宣宗紀》（第 636 頁）、《新唐書》卷六三《宰相表》下（第 1731-1733 頁）；及嚴耕望《唐僕尚丞郎表》卷九《輯考四上‧戶部尚書》考證，中華書局 1986 年版，第 661 頁。

謩在出為西川節度使的大中十一年即「以疾求代，征拜吏部尚書。以疾未痊，乞授散秩，改檢校右僕射，守太子少保」，同年十二月病卒。[17]考李景讓撰《南瀆大江廣源公廟記》，稱大中十二年（858）五月甲戌，其承詔「自御史大夫檢校吏部尚書尹成都，鎮蜀西川……秋七月庚午，乘軺至止」，李景讓顯然是接替魏謩空缺的，則魏謩卸任返京如在大中十二年（858）五、六月間，即更與此合。[18]如此其任使不過一年多即被調回，說得上是「暫優藩置，已轉親聽」，並且第二首《又上魏相公狀》中「伏蒙相公五丈監修之初」一語，也可與舊傳所記魏謩「進階銀青光祿大夫，兼禮部尚書、監修國史，修成《文宗實錄》四十卷」相印證；所以狀中的「相公五丈」很有可能就是魏謩。如果所推不謬，證明此兩書狀應當在大中晚期。

書儀中的書狀並不都是給魏相公一個人的。上中書門下的第一狀是滄州節度使被任命上任後的謝狀。第二、三兩狀都是公事。內中提到滄州所管二州「並年災沴」，百姓饑荒，兩稅逋懸空掛簿書，榷酒錢無出，供軍無著，以至節度使不得不一再請求中書門下予以減放的情況。這種情況與史料所載文宗朝李同捷叛亂平定以後殷侑治理下的滄州已不可同日而語。史載「時大兵之後，滿目荊榛，遺骸蔽野，寂無人煙。侑不以妻子之官，始至，空城而已。侑攻苦食淡，與士卒同勞苦。週歲之後，流民襁負而歸。侑上表請借耕牛三萬，以給流民，乃詔度支賜綾絹五萬匹，買牛以給之。數年之後，戶口滋饒，倉廩盈

17　《舊唐書》卷一七六《魏謩傳》，第4570-4571頁。

18　按魏謩入遷時間，嚴耕望《唐僕尚丞郎表》卷九《輯考三上・吏部尚書》（第529頁）同新、舊《唐書・魏謩傳》，但吳廷燮《唐方鎮年表》卷六（第982頁）據李景讓文定其任職到大中十二年。李文見《全唐文》卷七六三，中華書局1983年版，第7926頁。

積，人皆忘亡。初州兵三萬，悉取給于度支。侑一歲而賦入自贍其
半，二歲而給用悉周，請罷度支給賜。而勸課多方，民吏胥悅，上表
請立德政碑」[19]。不僅如此，在經濟恢復的情況下，殷侑竟然增加了滄
州上繳中央的賦稅，「自元和末，收復師道十二州為三鎮。朝廷務安反
側，徵賦所入，盡留贍軍，貫緡尺帛，不入王府。侑以軍賦有餘，賦
不上供，非法也，乃上表起大和七年（833），請歲供兩稅、榷酒等錢
十五萬貫、粟五萬石。詔曰：『鄆、曹、濮等州，元和已來，地本殷
實，自分三道，十五餘年，雖頒詔書，竟未入賦。殷侑承兵戈之後，
當歉旱之餘，勤力奉公，謹身守法。才及週歲，已致阜安。而又體國
輸忠，率先入貢，成三軍奉上之志，陳一境樂輸之心。尋有表章，良
用嘉嘆！』」

應當說，殷侑對於滄州的治理是成功的。他使滄州於元和平李師
道之後的十五年來第一次向朝廷納繳賦稅，而且所定「兩稅、榷酒等
錢十五萬貫、粟五萬石」大約也就被作為滄州地區後來兩稅、榷酒等
的定額。據《冊府元龜·邦計部·榷酤門》元和十四年（819）七月條
註稱「榷酒錢，舊皆隨兩稅徵眾戶」，後亦常常與官酤並行且徵現錢。
但元和十五年（820）改革賦稅徵收辦法，時據楊於陵「請天下兩稅、
榷酒、鹽利等悉以布帛絲綿等物充稅，一切不徵現錢」的奏議，中書
門下上狀明確規定「鹽利酒利，本以榷稅計錢，不可除去錢額。但合
納見錢者，亦請令折納實估匹段者」；並請求「天下州府榷酒錢，一切
據貫配入兩稅，仍取兩貫以上戶均配，兩貫已下戶，不在配限。先有

19　《舊唐書》卷一六五《殷侑傳》，第 4321-4322 頁。

置店沽酒處，並請勒停。」[20]因此榷酒隨兩稅據貫徵納，並且以絹帛等實物折價成為中晚唐時期的一個基本原則。S.5566 書狀中所說「榷酒先無本額，只於兩稅均融，至于抬估高低，亦是從前流例」，完全與之符合，其中「抬估高低」正是榷酒錢實行絹帛折徵的結果，這也代表朝廷在平定李同捷後真正實施了對滄州的統治。

　　事實表明，滄州之歸屬和穩定畢竟得來不易。唐代的滄州曾經是相當富裕的地區，史載貞觀初滄州刺史薛大鼎就曾經奏開隋末填廢的無棣河，「引魚鹽於海」，由此百姓有「新河得通舟楫利，直達滄海魚鹽至。昔日徒行今騁駟，美哉薛公德滂被」的歌頌。無棣河的開通可能改善了當地的通商漕運和食鹽生產流通，據知滄州景城郡的清池、鹽山有鹽[21]。《新唐書》卷五四《食貨志》謂「負海州歲免租為鹽二萬斛以輸司農。青、楚、海、滄、棣、杭、蘇等州，以鹽價市輕貨，亦輸司農」，滄州也在其內。唐河北的一方墓誌提到天寶中滄州地區由於僻在海甸，「控水津陸道，郵軺攸出，近魚鹽蒲葦之藪，聚耕桑之外，又多業焉」的情況[22]。安史之亂中，顏真卿在河北，「以錢收景城郡鹽，沿河置場，略定一價，節級相輸」，使「軍用遂贍」[23]，所以滄州也是最早行鹽專賣的地區。安史之亂後，滄州先歸恆州節度使李寶臣，後歸易定（義武軍）節度使張孝忠，德宗時才因刺史程華（後改

20　見《冊府元龜》卷五〇四，中華書局 1960 年版，第 6042 頁；（唐）《元稹集》卷三六《中書省議賦稅及鑄錢等狀》，中華書局 1982 年版，第 414-415 頁。並參見李錦繡《唐代財政史稿》下卷第一章第二節之二「榷酒」，北京大學出版社 2001 年版，第 691-707 頁。

21　《新唐書》卷四〇《地理志》三，第 1017 頁。

22　周紹良主編、趙超副主編：《唐代墓誌彙編》大曆 072《唐故□□□魏郡魏縣令崔公墓誌銘》，上海古籍出版社 1992 年版，第 1811 頁。

23　《全唐文》卷五一四殷亮《顏魯公行狀》，第 5228 頁。

名日華）遣使歸朝而置橫海軍，以華為使，「仍歲給義武軍糧餉數萬。自是別為一使，孝忠唯有易、定二州而已」。但是其子懷直、孫執恭（後改名權）均「習河朔事」，「代襲父位」。直到元和「十三年，淮西賊平，藩方惕息，權以父子世襲如三鎮事例，心不自安，乃請入朝」，至京師後表辭戎帥，朝廷才得以重新命將[24]。長慶中以鎮州小將出身的李全略任使，全略「乃陰結軍士，潛為久計，外示忠順，內蓄奸謀」，死後其子李同捷反叛[25]。滄州所領最多時凡四州，面積不是很大，軍力不是很強，父子能夠長期在此盤踞甚至謀反，除了仗恃所在地與河北三鎮臨近，且受其風氣影響外，則與「近魚鹽蒲葦」的經濟實力分不開，這應是後來殷侑能夠在較短時期內就恢復民生並將一部分賦稅作為地方兩稅上供的基礎。

但是曾幾何時，這些新定賦稅已成為滄州百姓不堪沉重的負擔，而從書狀所說逋懸簿中空掛的數十萬貫錢至少也已相當於百姓的數年之賦。這種情況在中晚唐以後並不是滄州地區所獨有，類似的逋欠在文宗、武宗、宣宗歷朝蠲免賦稅的「德音」中也常常見到。但滄州之所以如此，筆者推測可能與武宗時平昭義劉稹的戰爭有一定關係，因為滄州的義昌軍雖不參與作戰，但附近鎮冀、魏博都受命會軍攻伐，其用費滄州也有可能被攤派，因此增加負擔。

不過據書狀所說，造成當地民不聊生更直接的原因還是滄、齊、德等州的「並年災沴」。據《新唐書·五行志》三記文宗以後此地區的災害有兩次。一次是在開成四年（839）秋，「西川、滄景、淄青大雨，水，害稼及民廬舍，德州尤甚，平地水深八尺」。另外就是在宣宗朝。

24　《舊唐書》卷一四三《程日華傳》，第 3904-3905 頁。

25　《舊唐書》卷一四三《李全略傳》，第 3906 頁。

「大中十二年八月，魏、博、幽、鎮、兗、鄆、滑、汴、宋、舒、壽、和、潤等州水，害稼；許、泗等州水深五丈，漂沒數萬家。十三年夏，大水。」[26]其十二年者《資治通鑑》卷二四九總結為「河南、北、淮南大水」[27]，兩處似乎都未具體涉及滄、齊、德州。但此三州距魏、博等頗近，史料記載中也能找到一些相關證據。據《新唐書·杜中立傳》稱杜中立為節度使，「大中十二年，大水泛徐、兗、青、鄆，而滄地積卑，中立自按行，引御水入之毛河，東注海，州無水災」[28]。可見杜中立任內遇到水害。據傳載本來州民運鹽的負擔就很重，而杜中立此前已有措施：「舊徭車三千乘，歲挽鹽海瀕，民苦之。（杜）中立置『飛雪將』數百人，具舟以載，自是民不勞，軍食足矣。」所以可斷定他曾試圖解決食鹽運輸艱難並力求減少水災的損失。只是「州無水災」未免誇張，因為突來的大水對「滄地積卑」不可能毫無影響，不但對農業，也會對食鹽生產和運輸造成損害。

　　且不言滄州的逋負是否真的來源於災沴對農業和鹽業生產稅收的破壞，書狀內容已使我們注意到文宗以後的滄州問題。解決這些問題，與滄州節度使的所作所為有很大關係。而結合史料和文書，也許還可以進一步找到《上中書門下狀》的主人公。《文苑英華》載路巖《義昌軍節度使渾公（侃）神道碑》云：

　　咸通二年，遂授義昌軍節度使，其理如在經（涇）。始至，則表蠲水旱逋甚眾。先是，井為海染，人不可飲，遂關河以汲。舟行則決，決又輒塞，公視而計之，派鑿烏蓄，舟來不留，綆垂不息，厥功亞

26　《新唐書》卷三六《五行志》三，第934頁。

27　《資治通鑑》卷二四九大中十二年八月，中華書局1956年版，第8074頁。

28　《新唐書》卷一七二《杜中立傳》，第5206頁，下同。

就，于今賴之。有田十（千？）頃，遊惰者不顧，公乃勸辟，悉為膏腴。既飲之，又食之，養人至矣。窮民有鬻子者，為之贖歸；故校有孤女者，時其配偶；喪不辨（辦）葬，骨暴于野，皆為調棺柩，具粟帛。郵亭相遠，道里患苦，作室其間，以庇來往。歲比不稔，給軍未贍，峙糧十六萬石，以為儲蓄。大抵能推誠于下，辛苦率先，民愁未解，公費未足，孜孜〔為之〕。雖人之求去己疾，謀致家溫，不如也。[29]

　　渾侃為德宗朝平亂功臣、中書令咸寧王渾瑊之孫，在杜中立之後任職滄州，碑所言固不無溢美，滄州的經濟和財務困境也未必能夠解決，但就所載事蹟而言，渾侃算得上是一位愛民的節度使。結合以上推斷《上魏相公狀》的上書時間，雖然杜、渾兩人都可能是兩件上中書門下狀的致書人，但《杜中立傳》既稱「州無水災」，則杜很可能掩蓋了受災情況而未予申報。相反從碑關於渾侃「始至，則表蠲水旱逋甚重」和治軍養民，「歲比不稔，給軍未贍，峙糧十六萬石，以為儲蓄」等說法來看，卻與書狀所言最為契合。因書狀所言逋負蠲免也正是在節度使上任不久，而且如果從大中十二年至其上任的咸通二年（858-861），約有三年上下，則「數年災沴」與「歲比不稔」，也是十分一致的。渾侃或會針對當時的情況採取一些措施，因此他最有可能是此兩書狀的作者或致書人。當然，根據他的身分，還可以推測他是《謝幕府轉職狀》和《為授任滄州謝中書門下狀》的主人公。

　　那麼，渾侃會不會也與兩件《上魏相公狀》有關呢？據墓誌知渾侃在任滄州節度使之前還任過「回中」即涇原節度使，《唐方鎮年表》采《資治通鑑》卷二四九載其前任李成勳卸任轉嶺南節度使是在大中

29　《文苑英華》卷九一六，第4824頁；並參《全唐文》卷七九二，第8298頁。

十二年（858）五月，而渾侶任職涇州應在大中十二年（858）五月之
後。其時間與前揭《又上魏相公狀》似乎對得上，且狀中一再提到的
涇陽縣也正屬涇州，只是狀所稱「斥罷之說」和「厶在逐中」、「今既
免職」、「猶守微秩」等語與碑所言渾侶相繼任太僕、少府、司農、殿
中等卿、監，昭王傅和檢校工部尚書、金吾大將軍，「宣宗器其能，遂
賜高牙暢轂，鎮於回中（即涇原）」，仕途一路通暢的經歷似乎完全不
符。且狀中說明致書人曾被魏暮推薦參修國史，也和渾侶事蹟不合，
所以只能說這兩狀的致書者是另有其人。那麼此兩狀為何會與滄州節
度使的書狀在一起呢？推測是這位致書人因為貶官涇陽，有可能就此
因緣際會，成為新任節度使渾侶的僚屬，並且追隨他從涇州到滄州，
是代其作書狀的真正執筆人。筆者以往曾經解釋過藩鎮表狀書儀文集
由判官或掌書記製作的現象，如《甘棠集》，本卷文書的情況很可能類
似。

　　總之，儘管我們對這件書儀中某些書狀的來源還存在一定疑問，
但大體可以判斷它們產生於大中晚期至咸通初年前後〔按據碑渾侶咸
通五年（864）自滄州受代卸職〕，且其中至少四件書狀與滄州有關——
致書者也有可能是滄州節度使渾侶。而如果判斷不誤，它或許也是一
件來自河北地方的書儀。文中所示的內容使我們對於晚唐滄州地區的
情況有了更多的瞭解，知道它在大中末以後，經濟再度陷入困境。但
是當時這個地區還在忠於職守的節度使統治之下，與中央保持著密切
的連繫。敦煌書儀中，來自中原地區的雖不多，但也有發現，其中河
北地方的書儀最為突出。

　　上面已說到還有一件是《晚唐時代（河北）吉凶書儀》（P.4050+
S.5613 等），該書儀雖為綜合性質，但也收錄不少地方官員之書狀，與
之有相似之處。唯所收書狀按類排比，不注收狀人。且每頁只六至七

行，字跡疏朗，與本卷似非一件。翟林奈編《英國博物館藏敦煌漢文
寫本註記目錄》中註明 S.5613 為 18.5cm×14cm 大小，為軟輕暗黃色
紙，S.5566 為 19.5cm×14cm 大小，為軟暗黃色紙。[30]兩者在紙的高度上
完全一樣，寬度上略有差別，紙質似乎也相似，不知是否產地接近的
緣故。關於這一點，尚須在有機會時查對原卷，才能最後鑑別。至於
這樣的中原書儀為什麼會來到敦煌，則饒宗頤先生為趙和平《敦煌本
〈甘棠集〉研究》作序有云：「考張議潮於大中五年（851）遣使來降，
遣其兄議潭奉十一州圖籍入覲。是時朝廷主要文書，亦被傳寫至西
陲，如宣宗時翰林學士京兆尹韋澳著，一號『處分語』之《諸州境土
風俗利害》，亦部分保存於敦煌冊子。（即伯希和 2511 號之《諸道山河
地名要略》第二，卷末有處分語：『表裡山河之固，實為朝廷重寄』；
為咸通八年（867）前書。）劉鄴嗣入仕翰林，累遷官至宰輔，其《甘
棠集》之流傳於西州，亦理所當然也。」[31]張議潮的回歸重新打通了敦
煌與中原交流之門，這以後才有中原文書的陸續流入，輯錄了上皇帝
和宰相書狀，性質也相當於文集的 S.5566 書儀出現，再一次印證了這
個事實。（但是現在看來，問題也許還可以更進一步。筆者和楊寶玉曾
考證後唐時期曹氏歸義軍又一次打通了與中原的交通。而至唐明宗時
期，河北官員曾被派往關中、河西任節度使，以進一步加強這一地區
與內地的關係。不少河東、河北地區的書儀被其隨身攜帶，著名的《新
集雜別紙》、《刺史書儀》甚至《朋友書儀》等應當都是這一時期來到

30　Lionei Giles（翟林奈）. Descriptive *Catalogue of the Chinese Manuscripts from Tunhuang in the Britishim Museum*, The Trustees of the British Museum, London, 1957, pp.252-253.

31　趙和平：《敦煌本〈甘棠集〉研究》，第 1-2 頁。

敦煌的[32]。那麼，來自滄州地區的 S.5566 是否也屬於同樣的情況，尚須進一步研究。）

（三）關於狀和公事所用「申狀」的説明

　　上面已説明本卷書儀中完整的文狀共有六首。除了一首給皇帝，另五首都是給中書門下或宰相個人的。《唐六典》卷一「凡下之所以達上」之制有「表、狀、箋、啟、牒、辭」，並説明「表上於天子，其近臣亦為狀」。給皇帝的狀在存世文獻中十分多見。中村裕一《唐代制敕研究》第三章第二節之四「狀的用途」中列舉了大臣上皇帝狀的五種類型：謝狀、賀狀、薦舉狀、進貢狀和雜奏陳請。敦煌書儀中所見上皇帝的表式比較多，如趙和平定名為《武則天時期書儀》的 P.3900 卷中有《慶正冬表》、《慶瑞表》、《慶平賊表》、《慶封禪表》、《慶赦表》等一類賀表，而 P.3442 杜友晉《吉凶書儀》中有《國哀奉慰嗣皇帝表》等凶表[33]，劉鄴《甘棠集》中《賀瑞蓮表》、《賀元日御殿表》、《賀除濮王充承德軍節度使表》、《謝賜春衣表》、《謝端午衣表》、《奉慰西華公主薨表》等，大致仍屬謝、賀、奉慰等禮儀性的箋表。關於這些箋表的作用，筆者在《唐禮摭遺》中已作論述[34]，它們與存世文獻中的

32　楊寶玉、吳麗娛：《跨越河西與五代中原世界的梯航 ── 敦煌文書 P.3931 校註與研究》，載《中國社會科學院歷史研究所學刊》第 6 集，2010 年，第 93-168 頁；並參吳麗娛：《從敦煌〈新集雜別紙〉看後唐明宗時代河北州鎮的地緣關係與領地拓展 ──〈新集雜別紙〉研究之一》，載《唐研究》第 19 卷，北京大學出版社 2013 年版，第 361-421 頁，説見第 413-418 頁。

33　錄文見趙和平：《敦煌寫本書儀研究》，第 157-159、186-191 頁。

34　吳麗娛：《唐禮摭遺 ── 中古書儀研究》第一四章「表狀箋啟書儀和官場儀制」，第 521-528 頁。

謝、賀表互呈並見，蔚為可觀。

　　給皇帝的狀用途其實有些與表差不多，特別是禮儀性的箋狀。不過表的使用似乎更隆重，更屬公事範圍，有些賀表是要到元會、冬至或者月朔大朝時宣讀的。狀雖然也是上於皇帝，但相比之下等級似乎略低一些，不如表正式。所謂「其近臣亦為狀」，是説上狀者可以是朝廷大臣和與皇帝關係較接近者，當然這在後來已經不是一個限制。另外如中村裕一所總結者，狀的用途也似乎更廣泛。敦煌書儀中所見到有劉鄴《甘棠集》中代節度使上皇帝的《謝恩賜曆日狀》、《端午進馬並鞍轡狀》、《壽昌節進馬並鞍轡狀》、《進鶻子狀》等，正屬於中村裕一所列之謝狀和進貢狀。謝皇帝賜物可用表也可用狀，進貢則從來用狀不用表，大概由於這裡都是涉及皇帝與臣下個人關係，特別是後者，是對皇帝本人的「私獻」，這樣用狀就更合適。S.5566 中的《謝幕府轉職狀》又是一件謝狀。唐後期藩鎮內部實行辟舉制，但是根據規定則有名額限制，如狀中所説「有闕」才可奏授。這雖不同於黃巢之亂後朝廷允許藩鎮自行授官的「墨敕」，但節度使仍有較大決定權，被奏授者往往也是節度使任用的私人，這從狀中所説「昨緣有闕，固請敘遷，聖慈曲垂，明命旋降」和「天恩庇假，得以用人」就可以知道。而這類的賀謝狀、進貢狀的使用也沿為一種慣例。另外奏事也要用狀。P.3900 書儀在《慶正冬表》的「題函面語」下註明：「其□官及使人在外（？）應奏事者，但修狀進其狀如前。」狀中要説明「某事某事，敕遣臣勘當前件事。某年月日具臣姓名進（下有注云：如無制敕荷處分，自須奏事者，依前頭上建事由。右已下敘述委曲訖，云謹狀）」，如請求處分，還要加上「伏聽敕旨於謹狀之上」[35]，説明奏事要

35　《法藏》（29），上海古籍出版社 2003 年版，第 133 頁。

另用狀，不能與表混為一談。

在給皇帝的奏狀外是下級官員給長官的申狀[36]。這種狀的用途基本上不超過上皇帝奏狀的範圍，而大體上可以分為兩種：一種是與公事相關的申報陳請（也包括薦舉），或云申事狀；另一種便是禮儀性的賀、謝狀或私人請問往來的箋狀。S.5566 就包括了這兩種性質的書狀，而且是以給宰相的狀為突出。其中屬於完全公事狀或申事狀的即前揭《上中書門下狀》的第二、三兩狀。書儀類似者如劉鄴《甘棠集》中有一首《為割股事上中書門下狀》，乃是因地方上出現一件孝子割股的事件，「有感神祇，足標鄉里；事關風化，敢不申陳」[37]，明顯是一件申事狀。傳世文獻如柳宗元《為裴中丞上裴相乞討黃賊狀》、《為桂州崔中丞上中書門下乞朝覲狀》、《為南中丞上中書門下乞兩河效用狀》[38]，以及李商隱《為濮陽公許州請判官上中書狀》、《為滎陽公請不敍將士上中書狀》亦屬申事、請事範圍。[39]李狀中的滎陽公即桂管觀察使鄭亞，他根據本道部伍數額增加、糧料自備以及因水潦之災不登豐穰的情況，請求權停為將士進勳階。濮陽公乃陳許節度使王茂元，而《請判官上中書狀》則說明韓琮等四人，「右件官等，或斷金舊友，或傾蓋新知。既有藉于賓榮，敢自輕于主擇，輒以具狀奏請訖。伏乞相公，曲贊殊恩，盡允私懇，使免孤鄭驛，不辱燕臺。謹錄狀上」。在此狀前，又有一件上皇帝的《為濮陽公陳許奏韓琮等四人充判官狀》[40]，介

36　本文初發表時，官員給宰相的上事或上狀也誤寫作奏事或奏狀，現一律改正為申事或申狀，以與對皇帝的奏事或奏狀嚴格區分。

37　P.4093，《法藏》（31），第 116 頁。

38　（唐）柳宗元：《柳河東集》卷三九《奏狀》，中華書局 1960 年版，第 635-637 頁。

39　分見（唐）李商隱：《樊南文集‧補編》卷二、卷三，上海古籍出版社 1988 年版，第 554、580 頁。

40　《樊南文集》卷二，第 119 頁。

紹四人情況非常詳細。這説明藩鎮除向皇帝奏請僚屬，具體也要宰相
批准，其內容是前揭《謝幕府轉職狀》的解説。當然請事、申事狀並
不限於對宰相。前揭中村裕一《唐代制敕研究》關於狀的樣式曾錄司
馬光《書儀》卷一《表奏》中給皇帝的《奏狀式》和同卷《公文》所
載給官員的《申狀式》以作對比。這裡僅照錄《申狀式》如下：

某司^{自申狀，則具
官封姓名。}

某事_{云云。}^{有事因，則前具其事；
無所因，則便云右某。}

右_{云云。}謹具狀申。^{如前數事，則云右某司謹狀。}^{取處分，則云
伏候指揮。}

年　月　日。具官封姓名^{有連書官則
以次列銜。}狀

右內外官司向所統屬並用此式。^{尚書省省司上門下中書省、樞密院，及
臺省寺監上三省、樞密院，省內諸司}
並諸路、諸州上省41
臺寺監並准此。

　　如中村氏指出，S.5566 中的兩件《上中書門下狀》大致是運用這一
形式的範例。它以「右厶」或「右某事」開頭，「謹錄狀上」結尾，是
截取了狀中的主要內容，並隱去了年月日和署名，這是作為書儀的要
求。值得注意的是，這裡申狀式是「內外官司向所統屬並用此式」，則
作為下屬向長官奏事之意明矣。所以除了在中央部門，地方也是應用
的。傳世文獻如柳宗元有《上戶部狀》、《柳州上本府狀》42，可以説
明。《唐會要》卷六四《史館雜錄下》會昌三年（843）十月中書門下
奏，要求加強起居注的撰錄，「望每季初，即送納向前一季文書，與史
館納訖，具狀申中書門下，史館受訖，亦申報中書門下」。卷六六《大

41　（宋）司馬光：《書儀》卷一，《景印文淵閣四庫全書》第 142 冊，第 461 頁。
42　《柳河東集》卷三九《奏狀》，第 628-629 頁。

理寺》開元八年（720）敕，要求內外官犯贓賄等罪，「有訴合雪及減罪者，並令大理審詳犯狀，申刑部詳覆，如實冤濫，仍錄名送中書門下」。《舊唐書・哀帝紀》天祐二年（905）五月丁丑，陳許節度使張全義奏，「得許州留後狀申，自多事以來，許州權為列郡，今特創鼓角樓訖，請復為軍額」[43]；《冊府元龜・臺省部・舉職》記開成初刑部尚書殷侑，上言度支鹽鐵戶部使下拘繫罪人，「自今請令州縣糾舉，據所禁人事狀申本道觀察使，具單名及所犯聞奏」；同書《帝王部・發號令》記長興三年（932）四月「河南府奏，據陸渾縣令陳岩狀申縣邑荒涼，欲修茸」[44]，內中的「狀申」都是申狀式曾經在唐五代內外官司中應用的痕跡。敦煌文書中，也有不少典型的奏事狀，如 P.3547《乾符五年（878）沙州進奏院上本使狀》和 S.1156《光啟三年（887）沙州進奏院上本使狀》。前狀為沙州使臣到京城送冬至禮物的奏報，後狀為張淮深專使求賜旌節的經過報告[45]。又如 P.2814《後唐天成三年戊子年（928）二月都頭知懸泉鎮遏使安進通狀》中也有數件是關於捉道巡檢公事的申事狀[46]。當然申狀中以中央地方申宰相事狀級別最高，也最為重要，所以兩件關於減免賦稅的《上中書門下狀》在文書中出現頗有典型意義。

　　薦舉狀也非僅對皇帝用之，劉禹錫有《薦處士嚴毖狀》、《薦處士

43　《舊唐書》卷二〇下《哀帝紀》，第 795 頁。

44　分見《冊府元龜》卷四六七、卷六六，第 5561、737 頁。

45　《法藏》（25），2002 年，第 224-225 頁；《英藏》（2），1990 年，第 241-242 頁。錄文見唐耕耦、陸宏基：《敦煌社會經濟文獻真跡釋錄》（四）（本書以下各篇均簡稱《真跡釋錄》），全國圖書館文獻縮微複製中心，1990 年，第 367-373 頁。

46　按 P.2814 正面三件及背面二件均屬奏事狀，正面另四件為賀節（端午、時新、正、冬）獻物狀，見《法藏》（18），2001 年，第 351-353 冊。《真跡釋錄》（四），第 493-500 頁。

王龜狀》，前狀先介紹所薦對象情況，並謂「某早被儒官，得以薦士。亦非出位，冀不廢言。倘宏文、集賢史氏之館，采其實學，有勸諸生。伏以桂州薦之於前，某薦之於後」，末稱「謹狀」；後狀略同，説明「某滯流周南，靜閲時輩。身雖不用，心甚愛才。況遇相公持衡，敢有所啟」，末稱「謹狀。正議大夫、檢校禮部尚書、兼太子賓客分司東都劉某狀」[47]。內中稱呼用語，則表明薦狀是上於宰相。薦舉狀還常常被用於向節度使和其他要員薦舉所需人才，《記室備要》下卷有「薦秀才」、「薦學士」、「薦軍將」、「薦官僚」、「薦醫人」、「薦爐火處士」、「薦僧道」等目[48]，內容可見一斑。

除了奏事、薦舉一類公事狀外，比較常見的就是筆者曾經談到的賀、謝儀及平日交往的禮儀性箋狀了。對於這些箋狀，重要的不是形式，而是它們上達的對象和意義。S.5566《上中書門下狀》的第一狀就是節度使除官到任後給中書門下的謝狀。按照規定，中央的一些重要官員和地方的節度刺史等除官後如果是在京城，則有面見皇帝的「中謝」[49]，但是對於宰相也有謝儀。《甘棠集》卷四有劉鄴除翰林學士後謝宰相的《上三相公狀》，以及《謝賜緋上白令公及三相公狀》，説明加官晉爵必須對宰相有所表示。敦煌《刺史書儀》（P.3449+P.3864）有授刺史後《謝諸相公》、《辭諸相公》，都是面謝面辭的散語。存世文獻中劉禹錫除有對皇帝的《蘇州謝恩賜加章服表》，同時也有《蘇州加章服謝宰相狀》。[50]另外，節度刺史等到任後謝宰相可能已是不成文的規

47　（唐）《劉禹錫集》卷一七，上海人民出版社 1975 年版，第 152-153 頁。

48　P.3723，《法藏》（27），2002 年，第 135 頁。

49　關於中謝，詳見本書中《晚唐五代中央地方的禮儀交接-以節度刺史的拜官中謝、上事為中心》一文。

50　《劉禹錫集》卷一六《表章》六、卷一七《狀》，第 139、150 頁。

矩。在這方面，劉禹錫有《蘇州上後謝宰相狀》、《汝州上後謝宰相狀》[51]；李商隱有《為濮陽公官後上中書門下狀》、《為中丞滎陽公桂州上後上中書門下狀》、《為弘農公虢州上後上中書狀》、《為弘農公上虢州後上三相公狀》、《為懷州刺史上後上門下狀》[52]。前一為加官，後四者均為上任謝。這類謝狀大多數報告到任上訖，再向宰相致謝，表勵精圖治、誓將報答之心。如《為懷州刺史上後上門下狀》：

　　右，某伏奉月日製書，授持節懷州諸軍事，守懷州刺史兼御史中丞者。以今月日到任上訖。某特以門資，早登朝選，嘗奉出疆之任，曾非泛駕之材。直以揚大國之棱威，奉良相之成算，幸無挫屈，兼免滯流。業官未多，無罪為幸。豈意相公上引睿旨，下念勳家，既假寵於中司，又頒條于名部……當此之時，受任尤重，豈伊庸懦，可以指令。惟當非憂人之不思，非利物之不念，罄忠武在行之眾，奉盟津攬轡之威，冀無後艱，以答殊獎。伏惟俯賜恩察，謹錄狀上。

比照 S.5566 上中書門下的謝狀，兩者雖用詞用語不同，但寫法如出一體，可知是當時的慣用之式。

　　S.5566 書儀《上魏相公狀》語言反映出來是對魏相公「暫優藩置，已轉親聽」的賀狀。筆者曾經說明，賀狀常常用於官員之間特別是下屬賀長官，其名目眾多，與給皇帝的賀表賀狀並立，在地方是以僚屬賀節度使為主體為中心，也包括藩鎮彼此間的往還，這方面在書儀中很突出，由於已作論述，故此不贅。

51　《劉禹錫集》卷一七《狀》，第 150 頁。

52　分見《樊南文集·補編》卷二、三、五，第 553、578、641-643 頁。

　　另一方面相對的在中央，是圍繞賀謝宰相形成重心。P.4093《甘棠集》卷一有《上中書門下狀》，內容是慶賀皇帝「釋降寬徭之詔」，減免地方常貢進獻和賦稅的。但是狀中除了簡單說說「迎道喜氣，發於皇風」之外，特別指出「此皆相公羽翼大猷，陶鈞聖化極仁深煦育，盡知堯舜之心；如道讚雍熙，必自夔龍之力；普天之下，孰不感恩」。另一狀是「賀祥瑞」的，有「當禁掖之中，睹芙蓉之麗；弱樺孤秀，祥花並開，或葉靈符，全昭睿感」語。但與此同時竟然說「此皆相公發暉（揮）政本，斟酌化源，都由命樞之功，豈假《涉江》之詠」[53]，也即將皇帝降德音、祥瑞出現等都歸功於宰相。P.3723《記室備要》有《賀冊徽號》、《賀南郊》、《賀冊太后》、《賀赦》、《賀破賊》等，讚頌的對象一律是「厶官」，而從其內容和「致君而化其湯武，輔政而功比伊皋」（《賀冊徽號》）、「道讚昌晨（辰），功扶寶歷」（《賀冊太后》）來看[54]，也是只有用於宰相才最貼切。

　　又如《甘棠集》有諸如《賀崔相公加僕射狀》、《賀令狐相公加兵部尚書》、《賀門下令狐相公狀》等專賀宰相任職加官、《賀正上四相公狀》、《賀冬上四相公狀》等專賀宰相節日共十餘狀之多。

　　與書儀所見性質相似，則傳世柳宗元有《賀誅淄青李師道狀》、《賀平淄青後肆赦狀》、《賀分淄青為三道節度狀》、《代裴中丞上裴相賀破東平狀》[55]；劉禹錫有《上宰相賀德音狀》、《上宰相賀改元赦書狀》[56]；另外更典型的是李商隱《樊南文集》，他所代節度刺史作狀中，上中書門下或宰相個人者幾占一半以上，與藩鎮間往來旗鼓相當。其中如《為

53　《法藏》（31），第 113 頁。

54　《法藏》（27），第 128-129 頁。

55　《柳河東集》卷三九《奏狀》，第 631-634 頁。

56　《劉禹錫集》卷一七《狀》，第 152 頁。

汝南公賀元日朝會上中書狀》、《為安平公賀皇躬痊復上中書門下狀》、《為濮陽公皇太子薨慰宰相狀》、《為滎陽公賀幽州破奚寇上中書狀》等[57]，大都與上述柳宗元、劉禹錫所作及《記室備要》中《賀冊徽號》等狀一樣，有著為國家事賀慰宰相，同時也是對某些政事表態之意。而如《為濮陽公上楊相公狀》、《為尚書濮陽公賀鄭相公狀》、《為滎陽公上宏文崔相公狀（三首之二、三）》、《為滎陽公上僕射崔相公狀（二首之一）》等則無一例外地是賀宰相任職升遷書。[58]在賀的同時又有送物，如文集中為河東公（柳仲郢）分別作賀陳相公、楊相公、李相公送物狀。[59]這些上中書門下狀或對宰相個人賀、謝官書在晚唐五代大量出現，很自然是宰相作為中央最高長官得到推崇，但也是唐代官僚制度不斷完善後宰相權威得到體現的結果。

　　應當指出，賀謝官等狀的使用雖然並未見有硬性規定，但是顯然已經成為約定成俗的儀規。而且如得官後謝中書門下或者宰相，在國家有大慶、節日或者宰相任職時表示祝賀都帶有公事的性質。同樣僚屬對於節度使的賀也是出於官場禮節和形式居多，看起來與申狀式沒有太大差異。但是嚴格地說，這類給宰相或者官員之間的禮儀性書狀並不完全是公務，而是既有個人私交的成分，又有許多足以影響官場生活和官員升遷的內容。S.5566 書儀將《上中書門下狀》和表現官場私交、論及個人私事的《上魏相公狀》放在一處，本身就說明唐人在區別公事和官場往還的書狀問題上無論形式抑或內容都是不嚴格的。

　　然而作為公文的奏狀申狀和私人書信之間畢竟不完全是一回事。司馬光《書儀》中，即對表奏、公狀、私書、家書等不同性質內容的

57　《樊南文集·補編》卷一、卷二、卷三，第 524、540、552、579 頁。

58　《樊南文集·補編》卷二、卷三，第 557、564、587、592 頁。

59　《樊南文集·補編》卷四，第 634-636 頁。

書狀都作了嚴格區分。[60]而值得注意的是，其中將《上尊官問候賀謝大狀》、《與平交平狀》、《上書》、《啟事》、《上尊官時候啟狀》、《上稍尊時候啟狀》、《與稍卑時候啟狀》、《上尊官手啟》、《別簡》、《上稍尊手啟》、《與平交手簡》、《與稍卑手簡》、《謁大官大狀》、《謁諸官平狀》、《平交手刺》、《名紙》等竟都列入「私書」一項之下，與申狀式、牒式等「公文」完全分開。而《上尊官問候賀謝大狀》、《上尊官時候啟狀》等實際上就包括了以上各類賀、謝儀。這說明至少宋人已對這些啟狀在影響官場中私人交往關係的作用予以承認，並且意欲在形式上、用語上予以分別。《上尊官問候賀謝大狀》在「謹狀」的結語下有註文曰：「舊云『謹錄狀上，牒件狀如前，謹牒』，狀末姓名下亦云『牒』，此蓋唐末屬僚上官長公牒，非私書之體，及元豐士大夫亦相與改之。」《上尊官時候啟狀》亦有註云：「裴書儀僚屬典史起居官長止如此，無如公狀之式者。」《裴書儀》是唐代書儀，按照《裴書儀》這個書儀的結尾應當是「謹奉狀陳賀，不宣，謹狀」，但是當時的情況就有公文與私書形式不加區分的情況，這也是上述公私混淆的一種表現，因此「元豐士大夫」在這方面作了改動而司馬光加以強調。根據《禮記》「尊無二上」的原則，任何在皇帝之外的拜禮都不應放到「公」的範圍。但是形式的分別不等於在官場生活中官私就一定有嚴格界限。士大夫間的請託、拉攏和升遷提攜的需要造成了公私不分的官牘套用，而官僚社會中長官對下屬權威的形成更引起了官儀的複雜化，這應當是賀、謝書狀在晚唐社會大行其是的原因。所以如果要瞭解唐五代官僚生活和人際關係，則不得不對這類書狀進行更深入的探索，

60　（宋）司馬光《書儀》卷一，《景印文淵閣四庫全書》第 142 冊，1987 年，第 460-467 頁。

而這也是我們研究唐宋變革這一歷史時期的變化應當關注的一個視角。

說明：S.5566 書儀的識文斷字工作得到中國社會科學院歷史研究所江小濤、楊寶玉等先生的熱情幫助，特此說明並致謝。

三　從敦煌吐魯番文書看唐代地方機構行用的狀*

　　在唐朝政府日常的行政交接和政務運行中，上傳下達的公文傳遞是不可或缺的環節，其中的重要性已愈來愈為研究者所認識。而利用敦煌吐魯番資料探究公文形態及其運作過程，也已被眾多學者公認是研究的最佳途徑。由於「狀」在「凡下之所以達上」的公文傳遞中，是非常常見和用途廣泛的一種，不久前，筆者在《試論「狀」在唐朝中央行政體系中的應用與傳遞》[1]中專門討論了奏狀和申狀作為上達皇帝和中央機構的兩種公事狀的應用。而此前赤木崇敏先生也分別以「古文書學的情報」為題及從地方文書行政出發，對敦煌歸義軍時期和唐

---

*　本文原發表於《中華文史論叢》2010 年第 2 期，第 53-113 頁。收入本集略有刪節。

1　吳麗娛：《試論「狀」在唐朝中央行政體系中的應用與傳遞》，載《文史》2008 年第
　　1 輯，總 82 輯，第 119-148 頁。

前期吐魯番地區所使用的申狀做過一些介紹。[2]鑒於對地方機構內狀的性質、形式及應用狀況等還值得進一步探討，本文仍從文書出發，試對相關問題再作檢討和補充。

（一）吐魯番文書中的奏狀和給尚書省的申狀

《唐六典・尚書都省》在「凡下之所以達上」的「表狀箋啟牒辭」中，解釋狀的應用是「表上于天子，其近臣亦為狀」[3]，但這顯然只是就狀用於皇帝而言的一種說法。筆者在前揭文章中已藉司馬光《書儀》說明，專門用於上達公事的狀有兩種：一種是機構官員給皇帝的奏狀，另一種則是給中央政務部門或宰相的申狀。敦煌吐魯番文書中不難發現這兩種狀的痕跡。比較典型的是日本學者大津透等人復原的大谷文書《儀鳳三年（678）度支奏抄・四年金部旨符》，這件文書的 A 卷開頭是以尚書左右僕射、戶部尚書侍郎等人名義上奏的，由於是皇太子監國，這件上奏被稱為「啟」，下稱：「謹依常式支配儀鳳四年諸州庸調及折造雜彩色數並處分如右。謹以啟聞，謹啟」，啟末的時間和署名是「儀鳳三年十月廿八日　朝散大夫行度支員外郎狄仁傑上」，說明奏抄所反映的支度國用計劃的主要責任者是度支員外郎狄仁傑，因

2　赤木崇敏：《曹氏歸義軍時代の外交關係文書》II《古文書學的情報》，載《大阪大學院文學研究科・人間科學研究科・言語文化研究科 2002、2003 年度報告書》第 3 卷《シルクロートと世界史》，2003 年，第 137-157 頁。《唐代前半期の地方文書行政》，載《史學雜誌》第 117 編 11 期，2008 年，第 75-102 頁；文章全面討論地方行政上行、下行文書書式和相互關係，涉及申狀的應用。他還有《歸義軍時代敦煌ぉアシスの稅草征發と文書行政》也涉及狀、帖形式和使用，載《待兼山論叢》第 41 號《史學篇》，2007 年，第 27-51 頁。

3　陳仲夫點校：《唐六典》卷一，中華書局 1992 年版，第 11 頁。

此最後署名。[4]文書反映，這個計劃最後以金部下旨符的名義發向地方，具體是下達西州倉曹，並由倉曹下達高昌等五縣並關戶曹。表達這項內容的 C 卷一至三行稱：

1. 高昌等〔五〕縣主者，件狀如前，今以狀

2. 〔下縣〕。宜准〔狀，符〕到奉行。

3. 戶曹，件狀如前，關至准狀，謹關。

這三行說明，在州下縣的「符」和州倉曹給戶曹的「關」中，是將支度計劃稱為「狀」的，也就是說，度支員外郎狄仁傑上奏的計劃本身是用奏狀形式，抄寫後經尚書省遞上，門下省審讀後，上於皇帝畫「聞」，這正符合「奏抄」這一文書格式的要求。[5]而符的作用是按照皇帝的旨意，將這件奏狀傳達到縣，不僅如此，先前接受文書的州倉曹還要通過「關」文通知與其事有關的戶曹，不同的文書作用不同，但都是圍繞最初的奏狀——支度國用計劃進行的。

但是筆者在前揭文章中已經說明，給皇帝的奏狀呈遞者在京規定一般是諸司、諸軍和五品以上官員，在外是諸使和州府，事實上也是機構長官，所以敦煌吐魯番文書中關於奏狀雖有一些，但是不多，於地方機構和公務使用中更常見的乃是申狀。由於唐代前期三省體制下主管政務的是尚書省，所以無論是地方或中央，有事須報告尚書省，

4　〔日〕大津透、榎本純一：《大谷探險隊アンベヲ吐魯番將來文書の群復原》，載《東洋史苑》28 號；錄文見大津透著、蘇哲譯：《唐律令國家的預算——儀鳳三年度支奏抄，四年金部旨符試釋》，載《敦煌研究》1997 年第 2 期，第 87-95 頁；並參李錦繡：《唐代財政史稿》（上卷）第一分冊，北京大學出版社 1995 年版，第 16-17 頁。

5　按關於奏抄，見劉後濱：《唐代中書門下體制研究——公文形態·政務運行與制度變遷》，齊魯書社 2004 年版，第 89-97 頁。

稱之為「申」，直到平定安史之亂後的永泰二年（766）及大曆十四年（779），仍分別有「諸司諸使及天下州府有事准令式各申省者，先申省司取裁」和「天下諸使及州府，須有改革處置事，一切先申尚書省」的敕文。[6]「一切先申尚書省」正是唐前期地方事務報知中央的核心所在。

　　上件支度國用計劃中也有多處提到地方「申」尚書省的問題，例如其文書中 A' 殘件關於劍南庸調給涼州和瓜、伊二州，「仍令所在兵防人夫等防援🔲（？）任夫腳發遣訖，仰頭色數具申所司。其伊、瓜等州准數受納，破用現在，年終申金部度支」，「輕稅諸州，不申色目……其🔲🔲（？）🔲物（？）🔲訖[7]，與計帳通申金部、度支」，和諸州申計帳，「請每年申帳……〔五月卅〕日以前申到戶部」；又如 H7 關於邊郡所獲財賦的支配「所有破除現在，每年申度支🔲部」，以及安北都護府等如財物不須，「不得浪有請受，〔給〕訖，具申比部及金部。比部勾訖，關〔金部〕」。D' 更有「其破除見在，每年八月上旬申到度支。並（？）🔲改（？）🔲盡（？）已用見在，具狀即申度支、金部，計會配🔲」等等。戶部、度支、金部、比部是尚書省領屬下的具體職司，地方按照財賦調達、支配、使用、審計等的不同內容，分別向各部門報告，即所謂「申」尚書省；而從 D' 可以知道，所謂「申」是要「具狀」即用申狀的。因此這件文書說明，度支向皇帝奏請支度國用的計劃使用奏狀，而地方向尚書省申報財務，要用申狀。雖然這些申狀是針對全國的地方州府而言，但是，由於這裡旨符的直接對象是西州及其下屬的高昌等五縣，因此它們也是具體執行者，縣的執行

6　《唐會要》卷五七《尚書省諸司》上，上海古籍出版社 1991 年版，第 1155-1156 頁。

7　「🔲訖」二字大津透文作「諸」，此據李錦繡錄文，見《唐代財政史稿》（上卷）第一分冊，第 20 頁。

情況是通過州彙總上達尚書省。支度國用計劃充分反映了尚書省和度支等司通過奏狀向皇帝負責，和全國財務通過上達申狀由尚書省總理、知會的情況。

　　與此件文書情況有些類似的還有《唐景龍三年（709）八月尚書比部符》：

1. 益思效□▢▢▢▢▢▢
2. 石及雍州奉天縣令高峻等救弊狀、並臣
3. 等司訪知在外有不安穩事，具狀如前。其勾
4. 徵逋懸，色類繁雜。　　恩敕雖且停納，于後
5. 終擬徵收，考使等所通，甚為便穩，既于公有益，
6. 並堪久長施行者。奉　　敕宜付所司參詳，逐
7. 便穩速處分者。謹件商量狀如前牒奉者。今以
8. 狀下州，宜准狀，符到奉行。
9. 　　　　　　　　　主事謝侃
10. 比部員外郎　奉古　　令史鉗耳果
11. 　　　　　　　　　書令史
12. 十五日倩　　　　　景龍三年八月四日下
13. 連，順白　　　　　九月十五日錄事　敬　受
14. 十六日
15. 　　　　　　　　參軍攝錄事參軍珪　付[8]

8　〔日〕池田溫：《中國古代籍帳研究‧錄文與插圖》，中華書局 2007 年版，第 202 頁；陳國燦：《斯坦因所獲吐魯番文書研究》錄阿斯塔那三區四號墓（一五）（Ast.Ⅲ.4.092，Ma304，OR.8212）作《唐景龍三年西州都督府承敕奉行等案卷》，武漢大學出版社 1995 年版，第 271-272 頁。

　　這件文書鈐有「尚書比部之印」和「西州都督府之印」，從內容得知，是比部奉敕「以狀下州」的符。比部發出符和狀的時間是八月四日，而西州收到已是九月十五日了。這件文書牽涉到不止一件狀。首先比部所説「具狀如前」的狀，當然是由其給皇帝的奏狀。由於皇帝有敕批覆，「宜付所司參詳，逐便穩速處分者」也即交給相關職司討論，所以再形成的狀又稱為「商量狀」。其次「具狀如前」的內容是「雍州奉天縣令高峻等救弊狀」和比部等司訪知的「在外有不安穩事」。説明比部依據的是原來由地方縣令的上狀（按其間應經州轉達），其性質是申狀，內容應當和下文所説「勾徵逋懸」的具體處理辦法有關。其三是由於皇帝敕批准，所以此「商量狀」最終以符下諸州。總之文書也至少涉及了兩種狀，即中央通過「符」下達的奏狀，和地方上達尚書省職能部門的申狀。一般的情況下，申狀由所上達的職能部門處理就行了，但如果內容重要或有普遍意義，則同樣要奏知皇帝，由皇帝下敕讓職能部門轉發，這是上件文書給我們的啟發。

　　吐魯番出土《唐總計練殘文書》內第（一）、（三）殘卷如下：

（一）

〔前缺〕

1.▢▢▢▢▢▢▢▢▢▢▢▢▢▢ 貳 段

2. 右總▢▢▢▢▢▢▢▢▢▢▢ 練八匹

3. 前總計準▢▢▢▢▢▢▢ 匹二丈六尺　〔下殘〕

4. 右勘▢▢▢▢▢▢▢ 月 廿五日被▢▢▢▢▢

5. 書省▢▢▢▢▢ 七日牒稱 奉 ▢▢▢▢▢

6. 敕守刺史▢▢▢奏伊州三衞▢▢▢▢

7. 首領次▢▢▢▢請准節▢▢▢

8. 旨依奏者，得行從 兵 □□□□□

9. 旨 連 寫 如 右 關 至 □□□□□

（三）

〔前缺〕

1. □ 如 前 謹 □□□□□

2. 二月九日 □□□□

3. 錄申省

4. 十四日白[9]

從這件文書的內容看，（一）是與「伊州三衛」總計練數有關的一道旨符，又作為關文關通某職司，而（三）正是州某曹針對此內容奉旨處理後「錄申省」的報告，也就是申狀。

　　吐魯番出土《唐五穀時估申送尚書省案卷》內含典型的申尚書省狀，由六個殘片組成，為節省篇幅，僅錄（一）、（六）兩片如下：

（一）

〔前缺〕

1. □□□□□□□□廿二日史朱

2. 丞翚

3. 令陰 善

4. 五穀時價以狀錄 申 □

5. 書省戶部聽裁

6. 懷儉白

9　《吐魯番出土文書》參，圖錄本，文物出版社 1996 年版，第 43-44 頁。

7. 廿二□

8. □判二（？）愉（？）示

〔後缺〕

（六）

〔前缺〕

1. 一□□□□□□

2. 依判仕□□□□□□

3. 元件狀如前，謹依錄申，請□□□□□□□（裁謹上？）。

4. □（總）章三年（670）二月□□□□□□

5. 〔後缺〕[10]

　　此件為高宗時物。（一）中，有令、丞的署名。殘片的後半部以及接下來的（二）—（五）片有錄事或參軍判錄事等勾檢官的署名，又有「奉（按闕字以意補）判二（？）愉（？）示」和「依判仕」這樣出自判官和長官（或通判官）的判詞和批語，還有「時估錄申中臺」以及「米粟時估以狀錄申東□□□□□□」這樣的說明，可以推測，這些文書本來是作為檔案粘接在一起。有令丞署名的申狀是先送到州，通過州批准而後轉申報尚書省的，所謂「元件狀如前，謹依錄申」就說明了州的這道手續。同墓還出土《唐市司上戶曹狀為報米估事》一件，殘留「市司　狀上戶曹狀為報米估事」一行和「令陰嘉珍」的署名[11]，清楚地表明這是市司上州戶曹的狀。《唐六典》卷三〇都督府及州下都有市，設令、丞。估價應由市司來報。因此地方機構上達尚書

10　《吐魯番出土文書》參，圖，第 342-344 頁。

11　《吐魯番出土文書》參，圖，第 354 頁。

省的申狀手續是應當先申州，再通過州上達，州是向中央申狀的基礎機構。

北圖周字六十八一件，題《唐年次未詳（八世紀前半）西州康思睿等申功狀》。第三至五行稱：「右孝方等，破賊立功，並蒙賞緋魚袋，前通頭，遂漏不申。今□次望□（以）此狀申上。」從一至二行註文中註明漏報的勳官是「西州柳中縣承禮鄉依賢里父進為戶」或者「西州交河縣安樂鄉高泉里父忠為戶」來看，應是州曹司請求將「此狀申上」的[12]。可見對於將士的「破賊立功」也是由州（都督府）向中央申報的。一些公文表明，狀是上級處理公事的依據，一些問題必須由基層具狀匯報，聽候上級處置。

（二）申狀在吐魯番地方機構間的應用

司馬光《書儀》中關於申狀，說明「內外官司向所統屬並用此式」，並且「尚書省司上門下中書省、樞密院，及臺省寺監上三省、樞密院，省內諸司並諸路、諸州上省臺寺監並准此」。[13]而敦煌吐魯番文書反映，唐代這種狀的使用不僅包括地方上達中央，也包括地方機構之間的下級達於上級和長官，屬於公事運作，與司馬光所說有相當的一致性。申狀因此有不同的層次，這裡所述主要是地方機構之間行用的狀。

1. 縣（或州屬機構）申州的狀

唐前期衙署內部或官司之間用狀在吐魯番文書中發現多件，其中

12　錄文見《中國古代籍帳研究‧錄文與插圖》，第235頁。

13　《書儀》卷一《申狀式》，《景印文淵閣四庫全書》，第461頁。

大多是由縣、鎮和其他直屬機構以及軍團、折衝府申州（都督府）某曹的，縣上西州如《唐高昌縣勘申應入考人狀》：

〔前缺〕
1. 送曹司依例支配，應入考者令早裝束，今年函使縣☐☐☐☐☐☐
2. 未申牒請裁者，入考函使准狀下高昌縣，速勘申☐☐☐☐☐☐
3. 者，縣已准狀付司戶檢，得報，依檢案內令注如前者，今以狀 ☐申☐☐☐☐☐☐
4. ☐☐議☐郎☐行令方　　　　　　給事郎行丞元泰
〔後缺〕[14]

　　這件文書鈐有「高昌縣之印」，末尾署名是高昌縣令和丞，內容是關於「應入考者」的奏報，由於一些「應入考者」尚未按規定「申牒舉請裁」，所以得函使通知高昌縣，由縣司戶檢勘申報後，再由縣令申狀於州。

　　吐魯番出土的《唐開元某年西州蒲昌縣上西州戶曹狀為錄申刈得苜蓿秋茭事》，也是典型的縣上州狀[15]：

〔前缺〕
1. ☐☐☐☐☐☐☐事☐
2. ☐☐☐☐☐☐☐狀稱：收得上件苜蓿，秋茭具
3. 束數如前，請處分者。秋刈得苜蓿、茭數，錄申州戶☐曹☐，

14　《吐魯番出土文書》貳，圖，文物出版社 1994 年版，第 303 頁。
15　《吐魯番出土文書》肆，圖，文物出版社 1996 年版，第 322-323 頁。

4. 仍關司兵准狀者，縣已關司兵訖，謹依錄申。

5. 承奉郎□令賞緋　惠　　　　丞 在州

6. 都督府　　□依　錄申，請裁，謹上。

7. 開元　　九日朝議郎行尉上柱□□□□□□

8. 錄事參軍　　沙安　勾□

9. 牒長行坊為蒲昌府送秋茭事

　　這件文書鈐有「蒲昌縣之印」二處，其前八行是蒲昌縣關於送交
苜蓿、秋茭之事申州戶曹的狀文，第九行是另件牒。由第二至四行「狀
稱」以下語得知，這件狀文原來是下級關於收苜蓿、秋茭的報告，蒲
昌縣錄後上申州戶曹請求處分。

　　同墓出土《唐開元二十一年（733）西州都督府案卷為勘給過所
事》：

69. 岸頭府界都邊游弈所　　　狀上州

70. 安西給過所放還京人王奉先

71. 右件人無向北庭行文，至酸棗戍捉獲，今隨狀送。

72. 無行文人蔣化明

73. 右件人至酸棗戍捉獲，勘無過所，今隨狀送，差游弈

74. 主帥馬靜通狀上

75. 牒件狀如前謹牒

76. 開元廿一年正月廿七日典何成仙牒[16]

16　《吐魯番出土文書》肆，圖，第288頁。

　　此件前六行（即第 69 至 74）是岸頭府界都邊游弈所的主帥馬靜通上西州都督府的報告，（下文第 125、126 行「安西給過所放還京人王奉先　右得岸頭府界都邊游弈所狀，稱上件人無向北庭行文」[17]，也説明了這一點）。而第七十五、七十六行「牒件狀如前謹牒」和典何成仙的署名，表明此狀是由州典抄錄後用牒文向州報告。

　　鎮也有直接上州的狀。中村裕一舉中宗神龍元年（705）柳谷鎮上西州的長行馬死亡狀就是一件典型和完整的申狀[18]。內容是柳谷鎮關於長行馬死情況及檢查核實後向州的報告。此狀由典在收到皮後再錄上以牒文報知州司，請求處分。其中一、二行説明「柳谷鎮　狀上州」和死亡的「西州長行馬壹匹　赤驃　敦十歲」，狀末稱「仍具錄申州，今以狀上聽裁」。由於後面也有「牒件狀如前謹牒」及典的署名，説明狀到州須經典抄錄後再報告上級處理。

　　吐魯番文書中還存在一些狀目，如《武周付康才達解狀殘文書》：

1. 一為申虞候□□□□□□
2. 一為申弩手張□建□□□□□□
3. 臺（？）狀[19]壹道，為報舍人事。
4. □□□□□□件解狀，五月七日付康才達。[20]

　　按此為公文案卷中的事目歷，《唐西州事目》（一）、（三）中，有

17　《吐魯番出土文書》肆，圖，第 292 頁。

18　參見中村裕一：《唐代公文書研究》，第 183-185 頁。

19　原錄作「口日」，據圖試改。

20　《吐魯番出土文書》肆，圖，第 261 頁。文書中月、日為武周新字。

「高昌縣申」、「柳中縣申公廨」等[21]，也都是狀的殘目，這是申狀在地方大量使用的證明。

從以上狀例可以知道，在地方應用申狀有縣、鎮和折衝府等，都是向州（都督府）報告公事或上級指示的執行情況，同時也將基層的情況和要求轉達於州。州或都督府是縣或鎮和折衝府等的直接上級，如司馬光所說是「向所統屬」，故可用申狀。在一般的應用中以縣的名義出具申狀者最多，這說明就機構而言，縣一級機構是申狀使用的基礎單位，申狀的使用是有級別限制的。

2. 狀在地方的布達

如以往學者所論，狀只是地方上行文書中的一種，它的傳布運行往往與其他文書配合或交錯進行。由於狀的作用是下級向上級反映問題，或提出申訴和要求，所以與中央通過符文書將一些有普遍意義的狀文下達地方一樣，一些下級上達州某曹的狀，也常根據需要或關通其他職司，或由州以符的形式下達所屬縣及其他下級機構，所以我們常常見到狀出現在其他公式文書中或與之一起使用的情況。如針對前揭苜蓿、秋茭一狀，李錦繡指出：「據上引文書，還可以知道，長行坊田的收入要經各縣錄申州戶曹，關司兵後送至長行坊支用，長行坊田收入主要是供長行坊馬驢的食料。」[22]雷聞也指出，由於事涉蒲昌府，屬於司兵的業務範圍，因此，狀文中要特意說明「縣已關司兵訖」，狀後亦有令和丞的署名。[23]

另外一件《開元廿二年（734）西州都督府致游奕首領骨邏拂斯關

---

21 《吐魯番出土文書》肆，圖，第374-375頁。

22 李錦繡：《唐代財政史稿》上卷，第700-701頁。

23 雷聞：《關文與唐代地方政府內部的行政運作——以新獲吐魯番文書為中心》，載《中華文史論叢》2007年第4輯，總88輯，第152頁。下引文見第147-149頁。

文為計會定人行禾草澆溉事》[24]，是涉及西州管內游奕突厥部落用水管理問題的關文，但也旁及狀的使用：

〔前缺〕

1. □□葛臘咄下游弈首領骨邏拂斯
2. □□：得中郎將曲玄祚等狀稱：西面武□□□
3. 檢校，今共曹長史與此首領計會，傳可汗□
4. 計會定人數，長令澆溉，更不用多雜人。出□
5. 一水子，專領人勾當。首領請與多少糧食，□
6. 用遣楊嘉運領人者。游弈突厥令於此計會，
7. 行水澆溉。關牒所由准狀者。關至准狀，謹關。
8. 開元廿二年八月十二日
9. □□□府高山

〔後缺〕

這件文書是典型的關文，但是關文的發遣正是由於「得中郎將曲玄祚等狀」。雷聞認為，關文有可能是倉曹發給戶曹的，那麼，關於「定人行禾草澆溉」的狀就是由中郎將<u>曲玄祚</u>等上申倉曹的，倉曹關通戶曹，要求依玄祚等狀文辦理。

同樣《唐咸亨三年（672）西州都督府下軍團符》稱：「家資、車牛、馬等並武貞父，同送向府者。今以狀下團，宜准狀，苻（符）到奉行。」[25]也是通過符將狀的內容頒下實行。

---

24 《吐魯番出土文書》肆，圖，第315頁。
25 《吐魯番出土文書》參，圖，第258頁。

有意思的是在一些縣或折衝府下鄉的符中也提到狀，如《唐龍朔三年（663）西州高昌縣卜寧戎鄉符為當鄉次男侯□（子）隆充侍及上烽事》雖然是一件符文，但先述侯子隆充侍及上烽事，下有「□式，關司兵任判者，今以狀下鄉，宜准狀，苻（符）到奉行」語[26]，説明上件事原來是一件狀的內容。又如《武周天山府符為追校尉已下並團佐等分番到府事》稱「今以狀下 ☐☐☐☐☐☐ 宜准狀，符到奉行」[27]。這涉及縣（或折衝府）以下機構（如鄉或團）及個人是否有狀和如何上事的問題，本節將在下面討論狀的類型時再予以説明。

（三）文書中所用申狀的形式和類型

筆者在前揭《試論「狀」在唐朝中央行政體系中的應用與傳遞》一文曾指出，雖然司馬光《書儀》中有宋代奏狀與申狀的格式，但是用來説明和瞭解唐代的狀仍不是很貼切。法藏敦煌文書 P.2819 開元《公式令》殘卷之中，保留著完整的移式、關式、牒式、符式等，卻沒有狀式。[28]但是，從敦煌吐魯番文書中，仍可以瞭解到這兩種狀的格式。筆者前揭文中曾根據敦煌 P.3900《武則天時期（？）書儀》中對表狀的説明恢復唐代《奏狀式》如下：

某事某事略述事由。

某年某月日　敕遣臣勘當前件事

（敘述事情經過委曲等）伏聽敕旨，謹狀

26　《吐魯番出土文書》參，圖，第 102 頁。

27　《吐魯番出土文書》肆，圖，第 251 頁。

28　《法藏》（18），上海古籍出版社 2001 年版，第 363-365 頁。

某年月日具臣姓名進[29]

本文上面所引用之大谷文書《儀鳳三年度支奏抄・四年金部旨符》由於給太子稱啟不稱狀，但「謹依常式支配儀鳳四年諸州庸調及折造雜彩色數並處分如右。謹以啟聞，謹啟」的形式和「儀鳳三年十月廿八日　朝散大夫行度支員外郎狄仁傑上」的時間署名與此奏狀式的要求基本一致，只不過姓名前署上了官職，當然如果是地方官的奏狀，也應如此。

　　另外，P.3900 關於表狀形式還提到「除奏狀外，與餘官人狀，除『臣』及『進』字即得，狀後年月日具官姓名狀，若同在一處，亦可除年，只（？）書（？）日月」[30]。這是說，給長官和上級的狀實際亦相差不大，只是不用稱「臣」和用「進」字，所言甚簡。但是這種狀大約是上於長官個人，在《唐五穀時估申送尚書省案卷》中，所見到的情況卻不完全相同，而是州先轉錄縣的申狀後，再以「錄申尚書省戶部（或某部某司）聽裁」結束，在判文之後還有「元件狀如前，謹依錄申，請裁謹上」的說明[31]，關於這種情況，還要從吐魯番文書所見地方機構間使用的申狀才能看得更清楚。

　　1. 地方行政使用的申狀形式和自申、轉錄問題

　　地方行政上使用的申狀，在吐魯番文書中頗多實用狀文可以作為參考，其形式如《唐開元二十二年（734）西州高昌縣申西州都督府牒為差人夫修堤堰事》：

29　P.3900《書儀》，詳見《法藏》（29），2003 年，第 132-133 頁。

30　P.3900《書儀》，詳見《法藏》（29），2003 年，第 133 頁。

31　《吐魯番出土文書》參，圖，第 342-344 頁。

1. ⬚高⬚昌縣　　　　　　為申修堤堰人▢▢▢▢▢▢▢

2. 新興谷內堤堰一十六所修塞料單功六百人

3. 城南草澤堤堰及箭干渠料用單功八百五十人

4. 右得知水官楊嘉惲、翠虔純等狀稱，前件堤堰，

5. 每年差人夫修塞，今既時至，請准往例處分

6. 者，准狀，各責得狀，料用人功如前者。依檢案

7. ▢▢▢▢▢例取當縣群牧、莊塢、底（邸）店，即夷、胡戶

8. ▢▢▢▢▢日功⬚修⬚塞，件檢如前者。修堤夫

9. ▢▢▢▢▢准去年▢▢▢▢▢▢

10. ▢▢▢▢▢司未敢輒裁▢▢▢▢▢

11. ⬚宣⬚德郎行令上柱國處訥　　朝議▢▢▢▢▢

12. ⬚都⬚督府戶曹，件狀如前，謹依錄申，請裁，謹上。

13. 開元廿二年九月十三日登仕郎行尉白慶菊上

14. 錄▢▢▢▢▢

15. ▢▢▢▢賓▢▢▢▢▢▢[32]

此件有「高昌縣之印」五處。其第一行仍為上狀機構和事由。由內容判定，修堤堰用人功，先由所管人具「狀」報高昌縣，再由縣轉申西州都督府戶曹。因此本件文書的名稱應是狀而非牒。狀的最後同樣有令、丞（丞文字闕失）署名，日期和尉、錄事的勾官連署。

還應當提到的是赤木崇敏已在「申式文書」中引用之 Or.8212/557（Ast.III.4.095；M301）《唐神龍元年（705）天山縣錄申上西州兵曹為長行馬在路致死事》。這件文書的內容是匯報兩匹長行馬的死亡及勘察處

32　《吐魯番出土文書》肆，圖，第317-318頁。

理經過，為了說明文書的形式和期間關係，仍轉錄關鍵詞語如下：

1. 天山縣　為申州槽送使長行馬在路致死所由具上事
2. 州槽長行馬壹匹赤敦　「同敬」
3. 至7. 右，得馬夫令狐嘉寶稱……請驗處分者。付坊差人，與馬子同往檢，不有他故狀言者，得槽頭許文節狀稱，准判差槽頭許文節往檢前件馬……檢無他故，有實狀上者，今以狀申。
8. 州槽長行馬壹匹念敦　「同敬」
9. 至18. 右，同前。得馬夫令狐嘉寶辭稱，被差送使人……，謹連銀山鎮公驗如前。

　　請申州者。依檢銀山鎮狀……付健兒主帥董節，就檢不有他故以不狀言者……

　　今得馬子令狐嘉寶狀稱……今將皮到者。准狀牒馬子任為公驗者。仍勒馬子自將皮往州呈驗者。今以狀申。

19. 以前件狀如前者，以狀錄申。仍勒馬子自齎馬皮赴州輸納
20. 者。縣已准狀勒馬子領馬皮赴州輸納訖，今以狀申。
21. 令闕　　　　　　　　　丞向州
22. 都督府兵曹，件狀如前，謹依錄申，請裁，謹上。
23. 神龍元年三月二日主簿判尉常思獻上
24. 「依檢，皮兩張到典張從
25. 准前晉」
26. 錄事　索仁禮
27. 佐　　范立爽

28. 史向　州[33]

　　由第十八行以前的文字，可以知道是對兩匹馬死亡情況的調查報告。其依據是馬子的「辭」、槽頭的「狀」和銀山鎮的「狀」等等。縣將此過程説明，故稱「今以狀申」。文書表明令、丞皆不在但署名處依然保留，而從「都督府兵曹」一語及尉常思獻的簽名得知，此文案是由縣尉處理並以狀申州的。

　　從以上列舉狀可知，縣申州狀同上尚書省的狀一樣，完全是公事運作性質，開頭必須有上事機構的名稱、所申事由，如「某某縣為申某某事」或「為申某某具狀上事」；接下來申述事情原委，或者轉述下級報告和處理情況，之後為長官具官署名和結語。對比司馬光《書儀》中的《申狀式》：

某司自申狀，則具官封姓名。

某事云云。　有事因，則前具其事；無所因，則便云右某。

右云云。謹具狀申。如前數事，則云右件狀如前云云。某司謹狀。取處分，則云伏候指揮。

年月　日。具官封姓名有連書官，則以次列銜。狀

　　不同的只是文書中最後的公式語常常是「謹依錄申」而不一定是「謹具狀申」，這是由於一些縣申州的狀往往是將原來下級上達的狀文（或大意）抄錄轉申。這給我們一個啟發，即正像州要負責轉達給中央尚書省的狀，不少縣以下官吏或官司上事公文或申州的狀也要通過縣

33　《唐代前半期的地方文書行政》，第89-90頁。錄文並見陳國燦：《斯坦因所獲吐魯番文書研究》，武漢大學出版社1995年版，第255-258頁。

來轉達。由於常常需要照錄原文，所以有「謹依錄申」之說。這也說明一個問題，即官員或官司的上狀必須按照行政關係，《唐六典》常用語是「凡中外百司之事由于所屬」[34]，如司馬光《書儀》規定的是「內外官司向所統屬」才可以「並用此式」，非有行政統屬關係者不能用狀，且必須按級別順序上傳，不能越級。這一點，敦煌吐魯番文書所反映的情況與我們關於中央行政體系的論述是一致的，表明唐前期無論中央地方，機構統轄隸屬關係十分嚴謹。所以一般公文程序中，州作為地方向中央的中轉，縣作為更下層向州的中轉應該是肯定的。當然有些州或都督府的下屬機構也可以直接上狀於州，但它們同樣也有替其下屬官吏轉達上事的義務。

這樣就出現了兩種狀的寫作方式：一種即抄錄轉達式的，另一種就是機構或官員直接上狀於州，後者就要用「謹具狀申」一類語。如前揭《唐高昌縣勘申應入考人狀》稱「今以狀申」，表明是直接報告；但是前揭《唐五穀時估申送尚書省案卷》就是市司申報的估價通過州以轉達，故亦稱「錄申」而非「謹具狀申」。

另外，《唐神龍二年（706）主帥渾小弟上西州都督府狀為處分馬蹄事》非常典型：

5. 狀上州

6. ▭▭▭▭▭馬一匹騍敦

7. ▭▭▭▭▭新備得上件馬，近月一日，今月一日到營，其蹄未▭▭▭▭

8. ▭▭▭▭▭謹以狀上，聽裁。

34　《唐六典》卷二《尚書吏部》，第 27 頁。

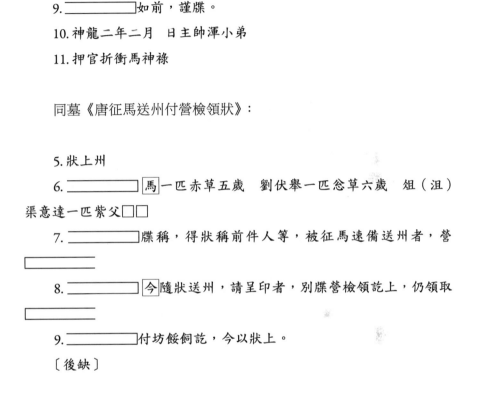

9.▭如前，謹牒。

10. 神龍二年二月　日主帥渾小弟

11. 押官折衝馬神祿

同墓《唐征馬送州付營檢領狀》：

5. 狀上州

6.▭馬一匹赤草五歲　劉伏舉一匹念草六歲　俎（沮）

渠意達一匹紫父▭▭

7.▭牒稱，得狀稱前件人等，被征馬速備送州者，營

▭

8.▭今隨狀送州，請呈印者，別牒營檢領訖上，仍領取

▭

9.▭付坊餧飼訖，今以狀上。

〔後缺〕

所錄數件文書，看得出來都與西州征馬事有關，其中既有馬主本人渾
小弟上州的狀，也有蒲昌縣為征馬事上州的狀。兩狀都是自擬，非屬
錄抄原件者，所以公文結語都用了「謹以狀上，聽裁」或「謹以狀上」
語，其意與司馬光《書儀》「申狀式」的「謹具狀申」十分相似。但同
墓另有一件《唐西州蒲昌縣為申送健兒渾小弟馬赴州事》：

1. 蒲昌縣　　　　　　為申送渾小弟馬一匹赴州具上事

2. 健兒渾小弟征馬一匹騧敦六歲

3. 右得上件人兄處慶牒稱被征馬一匹，今備得，具毛色▭

〔後缺〕[35]

這説明渾小弟的狀及馬是經過縣轉送州的。按照程序，這件狀應當放在渾小弟的狀後，這樣上狀就有直接申狀和轉錄他狀（或牒）的兩種情況。另外，綜合文書的情況，筆者也發現文書的結語部分常常是兩種，即一是在敘事報告之後，另一則是在令、丞署名之後，由尉代表縣對上級機構再提出請裁，而後者一般是由機構轉錄事狀及請求綜合處理時方有之。

因此結合這兩種情況，唐代地方所用申狀標準格式大體如下：

某縣（或某機構，某官）為申某事（具狀上事或上州）。
（敘述事情經過委曲等）右某事某事[36]
（右）謹以狀上，聽裁（轉錄事狀者，作錄申州某曹、某上級聽裁者，或稱謹依錄申）。
上狀者或機構正副長官（令、丞等）具官署名（如本人上狀，須具年月）。
（如機構轉錄事狀請求處理則有）都督府（或州）某曹：件狀如前，謹依錄申，請裁，
謹上。
某年月日尉署名。
錄事參軍或錄事（佐、史）等署名。

35　以上並見《吐魯番出土文書》肆，圖，第26-28頁。
36　本文原無此句，收入論文集時補。

州上於尚書省或中書門下、御史臺等機構的申狀，也大體與之相同，唯對象及上狀者有變而已。而有了這樣的標準格式，不但可以對狀的形式有清楚的概念，也可以對吐魯番出土的一些文書給以準確定性。如原題為「唐開耀二年（682）西州蒲昌縣上西州戶曹牒（按當作「狀」）為某驛修造驛牆用單功事」文書，第十一行有「今以狀申」語，第十三行則是「都督府戶曹，件狀如前，謹依錄申，請裁，謹上」[37]，說明本件文書是狀不是牒，原名稱應予以修改。相反《唐某人申狀為欠練、馳馬事》[38]，整件文書雖是申明事情，卻並無以上語詞標誌，被定為「申狀」顯然是根據不足的。

2. 相關寫法及變化

儘管有以上格式，但吐魯番文書中，所謂「狀」的寫法仍不完全一樣。問題在於，上面列舉申狀的使用大都是機構或個人申州的，它們大多通過縣以轉達。那麼，縣以下機構或者官員百姓上事於縣（包括鎮、折衝府等）是否也用狀呢？雖然，《唐六典》關於「凡下之所以達上」的公式文有「九品已上公文皆曰牒，庶人曰辭」的規定[39]，但從公事的上報用語來看，卻不完全如此。

上面提到縣下鄉的符文書中就提到了「狀」，而從縣申州的申狀文書中，我們也常常見到對轉錄的下級報告有「狀」的稱法，如《唐高昌縣史王浚牒為徵納王羅云等欠稅錢事》內有「□□□ 滿橫 管狀稱」、「尚賢鄉戶王羅云　右同前得狀稱」、「武城鄉戶張那那　右同得狀稱」等語[40]，結合具體內容，似乎是指此前關於稅錢的繳納情況曾有「 滿 橫

37　《吐魯番出土文書》壹，圖，文物出版社 1992 年版，第 268 頁。

38　《吐魯番出土文書》貳，圖，第 282 頁。

39　《唐六典》卷一《尚書都省》，第 11 頁。

40　《吐魯番出土文書》肆，圖，第 206-207 頁。

管」以狀報縣。前揭《唐開元二十二年（734）西州高昌縣申西州都督府牒為差人夫修堤堰事》有「右得知水官楊嘉惲、鞏虔純等狀稱」云云，神龍元年長行馬文書也提到了槽頭和銀山鎮的「狀」，可見之前也是有「狀」報告。

《唐六典》卷一尚書都省左右司郎中員外郎條註曰：「尚書省下于州，州下于縣，縣下于鄉，皆曰符。」[41]符是自上而下的，狀是自下而上的，兩者相對應，那麼反過來如果州上於省，縣上於州，理論上似乎也應當有「鄉上於縣」。但是所謂鄉並非行政系統中正式的一級，其鄉官里正等也不是真正意義上的官吏，而往往是差派性質。所以事實上，我們並未見到很明確的鄉狀，也幾乎見不到有官吏或個人稱某某「申縣」或「狀上縣（或鎮、折衝府、市司等）」這樣標準的格式或云申狀語言。

那麼下層的官員百姓對縣一級的機構是否有狀，並且這樣的「狀」應該是什麼樣子呢？大谷8071內稱「烽子閭敬元狀上」，有「謹狀」和「＿＿＿＿年二月　日烽子閭敬元狀上＿＿＿＿＿＿」等語[42]。烽子的地位很低，這件「狀」應該是屬於很低層次的。不過它的內容和首尾不完整，很難用以說明這類文書的情狀。

然而值得注意的是，我們在很多上事公文書中常常會見到一種牒、狀語混用的情況，也許與此不無關係。如《唐開元某年伊吾軍典王元琮牒為申報當軍諸烽鋪斫田畝數事》一至二行為：「□□□狀上合當軍諸烽鋪今年斫田總壹頃＿＿＿＿＿＿。」但最後的十五至十八行卻是：「右被責當軍諸＿＿＿＿＿＿上聽裁。牒件狀如前謹□。　　開元日

41　《唐六典》卷一，第10-11頁。
42　〔日〕小田義久：《大谷文書集成》參，京都：法藏館，2003年，第227頁。

典王元琮牒。」[43]《唐開元十九年（731）虞候鎮副楊禮憲請預付馬料麨價狀》，前稱「進馬坊狀上　供進馬□價大練參拾匹楊憲領」，末則稱「請處分。謹狀。牒件狀如前，□牒。　開元十九年六月　日，虞候鎮副楊禮憲牒」[44]，也是上狀的口氣而最後稱牒。同墓《唐天寶十三載（754）磑石館具七至閏十一月帖馬食歷上郡長行坊狀》以「磑石館狀上」開頭，卷末仍以「牒件狀如前謹牒」結束，並有「蹹子」和「捉館官」的署名（見附表2）[45]。這些文書的上狀對象雖然不同，有的也不是很清楚，但大都屬級別很低的下級官吏上事給上級機構，大致可以看作是最低一級的狀文。其共同特點是雖有「狀上」之語，但終究是用牒語結束。

公式文中為何會有這種牒、狀語疊用不分的情況呢？在這方面前揭健兒渾小弟的狀頗給人以啟發。他的狀寫明要「狀上州」，但在結尾「謹以狀上，聽裁」之後卻是「￣￣￣（牒件狀）如前，謹牒」。也是前稱狀而後稱牒，乍看起來很奇怪，不過這一點其實不難解釋。因為渾小弟的狀雖然是上於州，但可以知道的是並非直達，他的狀和馬中間都是經縣轉交，這樣如果只寫「狀上州」就不合適了，因為那是對州而言。文書既是先上縣就必須對縣有所交代，對縣而言則稱牒。盧向前討論牒式認為，牒既有「下達上」，又有「上施下」和平行型[46]，給縣的牒應屬「下達上」，故用牒語結束。用牒語是表明須以牒的形式將狀遞交於縣，於是所謂上狀就成了這種不倫不類的樣子。

43　《吐魯番出土文書》肆，圖，第94-95頁。

44　《吐魯番出土文書》肆，圖，第401頁。

45　《吐魯番出土文書》肆，第447、458頁。

46　盧向前：《牒式及其處理程式的探討——唐公式文研究》，《敦煌吐魯番文獻研究論集》第3輯，北京大學出版社1986年版，第343-351頁。

　　為理解這種情況，我們還可以與前揭《唐開元二十一年（733）西州都督府案卷為勘給過所事》進行比較。這件文書在「主帥馬靜通狀上」之後，馬上接「牒件狀如前，謹牒」一語，不過從下面的署名可以知道，此語不是馬靜通的，而是州典何成仙的。又前揭中宗神龍元年（705）柳谷鎮上西州的長行馬死亡狀也是這樣的處理程序。此件先抄錄柳古鎮上州的狀，下面緊接「牒件狀如前謹牒」一語，而「典孫懷俊　牒」署名也說明牒出自州典，與所錄狀無關。狀抄錄後用牒語，可以理解為是典以「牒」的形式將「狀」的內容遞交。渾小弟的狀雖然完全是本人所寫，與此有別，但兩者的意義有相通之處。

　　所以上州的狀其實也可以看作是先上縣的，這一點很給我們以啟發。類似可以分辨清楚的例子又有《唐上元二年（761）柳中縣界長行小作具元收破用粟草束數請處分狀》、《唐上元二年（761）柳中縣城具禾草領數請處分狀》和《唐上元二年（761）蒲昌縣長行小作具收支飼草數請處分狀》[47]。其中第一件開頭稱「柳中縣長行小作　狀上」，末在報告破用草數「見在如前請處分」一語後有「牒件狀如前，謹牒」，「上元二年正月　日作頭高景仲牒」和「檢校官守天山縣丞賞緋魚袋王無驕」的署名。第二件、第三件也是關於領草或報草帳的，稱牒語形式及月日作官署名相同。第二件文書內有「右件草于作官王無驕邊領得」，表明縣丞也即縣的次長官王無驕是長行小作的直接管理者。而第三件中「右被長行坊差行官王敬賓至場點檢前件作草，使未至已前奉都督判命及縣牒支給、破用、現在如前」一語，也說明管理長行小作更高一級的機構是郡長行坊，而其草的支給甚至要通過「都督判命及縣牒」，由此得知狀的報告也是由縣而郡，不是直接就到郡坊或郡長官

47　《吐魯番出土文書》肆，圖，第 554-557 頁。

之手的。這樣上狀卻末後稱牒的意義也就明了了。

　　而前面所舉多例，由於上事者多是低官，所以可認為是「狀」也多須經所在機構長官向上轉達，其情況或者也有相似之處。因此牒、狀語疊用或混同形式仍然是由文書級級上遞，不可越級直達的規矩所造成的，我們不能將這種形式的出現理解為是下層官員不懂文書體例或完全是隨意性的，而應看作是文書運行中的正常形態。且這樣的文書形式，與其說是狀，不如說是牒。開、天時期《唐西州高昌縣狀為送闕職草事》就有「右得上件牒狀稱」之類的說法[48]，不知「牒狀」是否即指此種公文。

　　既然給縣是用牒，說明上於縣的公文其實應當是用牒的，即真正的申狀不對州（都督府）級以下機構（包括縣、鎮、折衝府等）使用。但由於上申州的狀須經縣轉達，所以，一方面其報告可以認為也是給縣的，當縣在報州或按行其事時，如果不是轉錄其狀而僅是轉述大義，也會指明某某狀如何，這很可能就是上面所說縣文書中也涉及下面官吏上狀云云的原因。另一方面，當然也不否認會出現因循的情況，即久而久之，低級官員和百姓以這樣的形式上事便成為習慣，只要是給官府或者上級上事即稱「狀上」，已經無所謂是否還有中轉之意，牒、狀混用或者牒、狀用語不分也成為給縣一類機構上事公文的常態──這只是我的一種推測，申縣（或鎮、折衝府等）的狀之有無及其形式也許還有待更多的發現和研究。不過，牒狀用語重疊混同顯然模糊了上狀的層次，其逐漸演變為機構、個人直接上事於長官的一種形式卻是事實，這類情形在下面要討論的唐後期敦煌文書中更為多見，所以還待將兩者結合作進一步研究。

48　《吐魯番出土文書》肆，圖，第 324 頁。

（四）敦煌地方的申狀

敦煌地區唐前期奏狀與申狀不如吐魯番地區多見，但中晚唐以降卻出現了大量牒狀語不分的所謂「申狀」文書，其形式與宋人所記中原朝廷的使用完全一致。前人如赤木崇敏的研究已經指出了這一情況，但為了對其中的演變進行深入探討，以下先就唐前期與唐後期迄宋的敦煌申狀形式作簡要的對比和說明。

1. 唐朝前期敦煌的狀文

敦煌文書中，唐前期的狀似不及牒所見為多，但是一些文書仍可以證明狀也是使用的公文形式之一。如 S.6111v+S10595《沙州申考典索大祿納州圖錢及經等狀》：

1. 為申考典索大祿納圖錢及經等具狀上事。
2. ▢▢▢▢▢圖經于州典索▢▢▢▢▢
3. ▢▢▢▢▢錢，得狀稱，州司納▢▢▢▢▢
4. 以前被符稱，得司戶參軍竇昊▢▢▢▢
5. 十一月內符下縣征佐史索大▢▢▢▢
6. 者州圖及經，依前下縣催。仍具▢▢▢▢
7. 十二月六日，被符征索大祿圖及經▢▢▢▢
8. 祿狀，稱州司納錢。其日判，申州訖。▢▢▢▢
9. 得見在。其錢得州典孔崇云▢▢▢▢
10. 得▢▢▢▢
11. 納在州司，具檢如前者，以▢▢▢▢

〔後缺〕

　　按此件文書池田溫判斷為八世紀前期[49]。內所說司戶參軍竇昊又是
P.2555《為肅州刺史劉臣璧答南蕃書》的作者[50]。《答南蕃書》作於肅
宗時，此件文書當在此前，作於開、天中的可能性極大。文書中兩處
鈐有「敦煌縣之印」，而從「為申考典索大祿納圖錢及經等具狀上事」
的事目及下文，可以知道是敦煌縣為「被符徵」應納州圖錢及圖經一
事上沙州的狀。之前考典索大祿本人也已在縣的催徵下納錢於州，縣
不過據此再加上報，以了公事。文書本身是縣申州的典型公事狀。

　　大谷2834v《長安四年（704）前後敦煌縣狀》[51]：

1. 逃人郭武生田，改配馬行僧、馬行感等營。
2. 右得索孝義牒，稱前件人等昨配
3. 營田，並隔越。今請改配者，件配如
4. 前。丞判任依便，狀帖知營。
5. 牒件狀如前，狀至，准狀營種，不得
6. 失時。二月廿一日史郭超（？）狀
7. 丞郭。

　　這是敦煌縣關於逃人郭武生所種田改配營田的決議，由史郭超寫

49　〔日〕池田溫：《沙州圖經略考》，《榎博士還曆紀念東洋史論叢》，東京：山川出版
　　社1975年版，第31-101頁；錄文並見唐耕耦、陸宏基：《真跡釋錄》（四），全國圖
　　書館文獻縮微複製中心，1990年，第366頁。

50　按相關研究見鄧小南：《為蘇州刺史劉臣璧答南蕃書校釋》，載北京大學中古史研究
　　中心編《敦煌吐魯番文獻研究論集》第1輯，中華書局1982年版，第596-600頁。

51　錄文見《中國古代籍張研究‧錄文與插圖》，第345頁；唐耕耦、陸宏基：《真跡釋
　　錄》（二），全國圖書館文獻縮微複製中心，1990年，第333頁。按此卷人、月、日
　　等原用武周新字。

成狀文報告上級並以「帖」知會營田官。這件文書說明唐前期敦煌地區在狀的行政使用上與吐魯番並無不同。

2. 晚唐五代的敦煌「申狀」

敦煌文書中更多的是唐後期及五代的狀。筆者在前揭文中曾討論過 S.5566《雜謝賀表狀》中出現的唐晚期（約咸通初）滄州節度使上中書門下的狀，末尾「不敢不具狀上，謹錄狀上」之語，說明還是沿襲申狀傳統的形式。但敦煌地區內所用所見的狀就不同了。唐後期敦煌在歸義軍的直接領導之下，已經改變了原來的州縣格局，所以體現機構之間約束和隸屬關係的狀文已經不見了，代之而起和所見較多的一種是藩鎮所屬機構和官吏直接上申節度使和使司的狀。典型者如 P.3547《乾符五年（878）沙州進奏院上本使狀》，是沙州進奏院關於刺史張淮深所遣使者到京城送冬至禮物的報告，起首略如下：

1. 上都進奏院　　　狀上
2. 當道賀正專使押衙陰信均等，押進奉表函一封，
3. 玉一團，羚羊角一角，犛牛尾一角。十二月廿七日晚到院，
4. 廿九日進奉訖。謹具專使上下共廿九人到院安下
5. 及於靈州勒住人數，分析如後。

以下匯報的內容為到院及靈州分住人數、上四宰相書啟及信、奏論請賜節事及獲敕牒事並說明「謹封送上」，又有賀正專使召對「賜分物錦彩銀器衣等」、答謝節度使尚書的信物及寄信物、賜賀正專使等的駝馬價絹等的數量分配情況，然後是狀的結尾部分，說明：

43. 右謹具如前，其　敕書牒並寄信匹段並

44. 專使押衙陰信均等押領，四月十一日發離院

45. 訖，到日伏乞准此申　　上交納，謹錄狀上。

46. 牒件狀如前，謹牒。[52]

　　此卷開頭「狀上」和末尾「謹錄狀上」語相呼應，與本節前面介紹的申狀式頗有相似之處，但同樣有「牒件狀如前，謹牒」語。另一狀 S.1156《光啟三年（887）沙州進奏院上本使狀》也為沙州進奏院關於張淮深專使求賜旌節的經過報告，其第一行也有「進奏院狀上」字樣。以下說明「當道三般專使，所論旌節次第逐件具錄如下」[53]。然後則為求旌節的全部經過，狀的尾部雖然佚失，但推測與前狀四十五行以下應該相同。

　　P.2814《後唐天成三年戊子年（928）二月都頭知懸泉鎮遏使安進通狀》中也有數件是關於捉道巡檢公事的申事狀[54]。內有七狀，形式基本相同，現僅錄二狀如下：

（A）

1. 都頭知懸泉鎮遏使安　進　通　狀上

2. 右今月十日已前，當鎮所有諸處烽鋪、捉道、踏白及城上

3. 更宿房間，一依

4. 官中　　嚴旨，備加　謹急。四面並無動靜，

5. 不敢不申。　　謹錄狀上。

52　《法藏》（25），2002 年，第 224-225 頁。

53　《英藏》（2），四川人民出版社 1990 年版，第 241 頁。

54　按 P.2814 正面三件及背面二件均屬申事狀，正面另四件為賀節（端午、時新、正、冬）獻物狀，見《真跡釋錄》（四），第 493-500 頁。

6. 牒件狀如前，謹牒。

7. 戊子年二月三日都頭知懸泉鎮過使安狀。

（B）

1. 都 頭 知懸泉鎮過使安進通狀上

2. 右今月 □ 日當鎮所有諸處烽鋪、捉道、踏白及

3. 城上更宿巡檢，一依

4. 官中　嚴旨，備加　謹急。逐日

四面並無動靜

5. 逐旬不敢怠慢。巡守堤

6. 備尋常者。

7. 右謹具狀申，謹錄狀上。

8. 牒件狀如前，謹牒。

9 戊子年二月十七日都頭、知懸泉鎮過使、銀青光祿大夫、檢校國子祭

酒

10. 酒、兼侍御史安 進 通 狀 [55]

很有意思的是，以上這類敦煌的公事狀與吐魯番牒狀語混用的那種情況非常相似，但比之更接近原來的申狀。其開頭結尾完全保留了「某司或某人狀上」、「謹具狀申」、「謹錄狀上」這樣的申狀語言格式，但結尾卻仍有「牒件狀如前，謹牒」這樣的牒用語。這裡安進通的上狀似已不存在要經官司轉達的必要，所以看起來已經發展為一種狀的常用格式。這種形式在敦煌極為多見，甚至沿用到宋代。如 P.2943《宋開寶四年（971）五月一日內親從都頭知瓜州衙推泛願長等狀》，第一行

---

55 《法藏》（18），第 351 頁。

為「內親從都頭知瓜州衙推泛願長與合城僧俗官吏百姓等」，下述「城頭神婆所說神語」，請求將曹議金時代的瓜州慕容（歸盈）使君列為神位，有「今者申狀號告大王，此件乞看合城百姓顏面，方便安置，賜予使君座位，容不容，望在大王臺旨處分。謹具狀申聞，謹錄狀上。牒件狀如前，謹牒」，署名稱「宋開寶四年五月一日內親從都頭知瓜州衙推泛願長等牒」[56]，其中大王即歸義軍節度使曹元忠。雖然稱「牒」，但下對上的意義是明顯的，整理者將名定為「狀」無疑很正確。赤木崇敏前揭文即用一表列舉前有「狀上」，後多有「不敢不申，謹錄狀上」、「伏聽處分」一類加「牒件狀如前，謹牒」等語的文書三十一件；另一表則是前雖未見「狀上」語，但內有稱「伏請處分」，或更作「謹錄狀上」、「謹具狀申聞，謹錄狀上」等結語卻多同前表稱牒的文書二十五件[57]，情況比較複雜，看得出至少相當部分仍有申狀痕跡。赤木文並引葉夢得《石林燕語》卷三所說：

　　　唐舊事，門狀，清要官見宰相，及交友同列往來，皆不書前銜，止曰「某謹祗候某官，謹狀」。其人親在即曰「謹祗候某官兼起居，謹狀」；祗候、起居不併稱，各有所施也。至於府縣官見長吏、諸司僚屬見官長、藩鎮入朝見宰相及臺參，則用公狀。前具銜稱「右某謹祗候某官，伏聽處分，牒件狀如前，謹牒」，此乃申狀，非門狀也。[58]

　　《雲麓漫鈔》卷四有同樣說法（見下），證明帶有此類用語的仍被

56　《法藏》（20），2002 年，第 186 頁。

57　〔日〕赤木崇敏：《曹氏歸義軍時代の外交關係文書》，第 154-157 頁。

58　（宋）葉夢得：《石林燕語》卷三，中華書局 1984 年版，第 32 頁，其中標點筆者已作修改。

看作是申狀（或公狀），赤木的論述和判斷無疑都很正確，所引葉夢得語也使我們注意到申狀與門狀的區別。門狀亦投刺謁見所用，據司馬光《書儀》有《謁大官大狀》、《謁諸官平狀》、《平交手刺》、《名紙》一類，即門狀性質，是屬於禮儀性的「私書」範圍，與「公狀」不同。申狀是公狀，「府縣官見長吏、諸司僚屬見官長、藩鎮入朝見宰相及臺參」都是公式場合中下級見上級，其中臺參是參見御史臺長官，「藩鎮入朝見宰相及臺參」也是表達藩鎮接受中央宰相直接領導和御史臺長官監督之意，所以仍然用申狀，這與一般的謁見和交友同列往來等體現私人關係的「門狀」自應有所分別。

（五）敦煌申狀形式和性質的再分析

以上申狀的形式變異是如何發生的呢？從《石林燕語》可知，此類公文形式作為「唐舊事」並非僅僅出自敦煌吐魯番，而是源自中原朝廷。這說明申狀文書發生的變異邊疆地區和中原是一致的，且應該早已普遍化了，這恐怕是由於晚唐五代藩鎮體制下，中央也受地方影響之故。司馬光《書儀》卷一所列「私書」內《有上尊官問候賀謝大狀》：「具位姓　某。右某述事云云。謹具狀　上問尊候。申賀上謝隨事。謹狀。」其「謹狀」以下又有注文曰：

舊云「謹錄狀上，牒件狀如前，謹牒」，狀末姓名下亦云「牒」，此蓋唐末屬僚上官長公牒，非私書之體。及元豐改式，士大夫亦相與改之。[59]

59　（宋）司馬光：《書儀》，第462頁。

　　司馬光亦說「謹錄狀上，牒件狀如前，謹牒」是「唐末屬僚上官長」的體式，那麼他所說「士大夫亦相與改之」的元豐之式又是什麼呢？此點《雲麓漫鈔》卷四已述：

　　國初公狀之制，前具官別行敘事，後云「牒件狀如前，謹狀」。宣和以後，始用今制，前具官別行，稍低；敘事訖，復別作一行，稍高，云：「右，謹具申聞，謹狀。」[60]

　　「右，謹具申聞，謹狀」就是本節前面已述司馬光《書儀》的「申狀式」，所以「宣和以後」應當也就是秉承元豐之式，並非是宣和始改。可以理解司馬光的申狀式其實是按照元豐制度對沿襲晚唐五代的體式作了改革的。這種後改的體式與吐魯番所行唐朝前期申狀也基本相符，可見從唐前期申狀到唐後期五代宋初發生變化，直到元豐重新回歸舊式，是走了一個否定之否定的過程。由於曾經改變的申狀用語牒狀不分，造成名稱的混亂。上述司馬光更是將之稱為公牒而非公狀，可見宋人也已經分得不那麼清楚。事實上這種現象也常常造成今人定名的困惑，如 P.4525《宋太平興國某年內親從都頭某某牒》在敘事之後有「再申狀通右」語，以下便是「謹具狀申聞，謹錄狀上。牒件狀如前，謹牒」[61]，結果即被整理者定名為「牒」。類似的情況不少，可見如不仔細分清情況，就容易搞混淆，這一點應該是元豐回歸舊制的原因。

　　1. 晚唐申狀使用及性質區別

60　（宋）趙彥衛撰，傅根清點校：《雲麓漫鈔》卷四，中華書局 1996 年版，第 64 頁。

61　以上兩件錄文見唐耕耦、陸宏基：《真跡釋錄》（三），全國圖書館文獻縮微複製中心，1990 年，第 24-25 頁。

　　但申狀形式為什麼中間會出現這樣的改變呢？要瞭解這一點，首先必須要分清兩種形式在使用及性質上的區別。正像前面已經談到的，唐前期的申狀較多用於對上下級機構之間，是純粹的公事運作性質，公文狀式體現的是一種行政程序。在這樣的情況下，長官及其下屬的署名都不帶有私人性質，而是只具機構負責人或執掌人的身分。其次正像符文書從中央下達州縣要級級傳達，唐前期申狀的使用也是有級別和程序的，不僅申狀上達必須是經縣而州，或因州而尚書省，上狀人的身分級別也應有所講究。所謂「九品以上公文皆曰牒」而「庶人皆曰辭」，不是隨便何人都可以上申狀於州，更不是一紙訴狀就直接到了州長官面前。即使可以上狀，其間往往需要縣級機構的轉達，故出現上面所説狀後附牒語的情況。

　　但是，隨著藩鎮體制的形成，原來的行政隸屬關係被打破了。下級對上級長官的上事，愈來愈有「通上」或直達的意義。而且，唐後期的敦煌申狀，申事的對象是節度使或長官，下級只對長官而不是上級行政機構負責，這是尚書省職能變化和藩鎮格局形成後在行政上常常見到的現象。所以，即使文書所奏為公事，只要是末尾有「牒件狀如前謹牒」的，也大都有個人具名申事意義。葉夢得特別指出縣官見長吏、僚屬見長官等用申狀，雖然仍強調職司所屬性，但已涉人際之間，這是與原來用申狀處理公事的不同之處。具體到敦煌，常常發現歸義軍治下一般官吏有公事可以直接上狀給節度使，這樣的狀對上狀者的身分沒有規定，狀牒間的使用也就更不易區分了。

　　不僅如此，從敦煌卷子中還可以發現狀的使用並非僅限於歸義軍官衙及對歸義軍長官，例如 P.3730《酉年（829 或 841）正月維那懷英等請補充金光明寺上座寺主等狀並洪𩇕判辭》：

1. 金光明寺徒眾　狀上

2. 僧准濟請補充上座，僧明（？）□（？）補充寺主。

3. 右件人，學業英靈，僧眾准的，寬洪變物，公府且明。

4. 理務有權智之才，覆（撫）恤乃均平之德。寺舍欽能，

5. 和穆（睦）人戶，仰之清規。伏　望補充所由，允情

6. 眾意，垂請處分。

7. 牒件狀如前，謹牒。

8. 酉年正月　日維那懷英等謹牒。[62]

（以下洪䎖判辭略）

　　此件為金光明寺僧眾上都僧統請求補充僧官的狀，末尾仍完全用牒語。而同卷《申年十月報恩寺僧崇聖狀並乘恩判詞》雖然上狀的形式基本一致，但最後的部分是「乞垂處分。牒件狀如前，謹牒。申年十月　日崇聖狀上」[63]，類似的文書很多，末稱狀稱牒不等，但性質都類同上述形式變化了的「申狀」。

　　北圖咸字 59 號《辛丑年（821）二月龍興寺等寺戶請貸麥牒及處分》內一件整理者標明為《李庭秀等牒及處分》云：

1. 龍興寺戶團頭李庭秀、段君子、曹昌晟、張金剛等狀上。

2. 右庭秀等並投下人戶，家無著積，種蒔當

3. 時，春無下子之功，秋乃憑何依託。今人戶等各請

4. 貸便，用濟時難。伏望　商量，免失年計。每頭請

62　《法藏》（27），2002 年，第 166 頁；參見《真跡釋錄》（四），第 38 頁。

63　《法藏》（27），第 164 頁，參見《真跡釋錄》（四），第 41 頁。

5. 種子伍拾馱，至秋輸納，不敢違遲，乞請處分。

6. 牒件狀如前，謹牒。

7. 辛丑年二月　日團頭李廷秀等牒。

又有《張僧奴等牒及處分》：

1. 開元寺狀上

2. 人戶請便都司麥肆拾馱。

3. 右僧奴等戶，今為無種子年糧，請便上

4. 件勔斗。自限至秋，依時輸納。如違限，請陪（倍）。

5. 伏望　商量，請乞處分。

6. 牒件狀如前，謹牒。

7. 丑年二月　日寺戶張僧奴等謹牒。[64]

此外又有氾奉世、史太平、劉沙沙等件，都被整理者標明為牒，內容無一例外為敦煌諸寺寺戶向「都司」要求借貸種子的上書，末尾署名後有的作「謹狀」，有的作「謹牒」，但性質顯然也與前列狀無差。

　　S.3287v《子年擘三部落百姓氾履倩等戶手實》，是轉錄百姓諸戶戶口情況的報告。每戶之前都有報告人「左二將狀上」一語，下面是某戶的戶內人口說明，並例有本戶家長（如氾履倩、索憲忠、氾住住、梁定國等）的保證語和簽名，如氾履倩一戶的保證語是「右通新舊口並皆依實，如上有人糺（糾）告，求受重罪」，最後是「牒件狀如前，謹牒」和「子年五月　日百姓氾履倩牒」。每戶的情況書寫格式一致，

64　錄文見《真跡釋錄》（二），第 97-98 頁。

不同的是簽名。如氾履倩名後稱「牒」，索憲忠、梁定國則作「牒件狀如前，謹狀」而具日期及姓名，氾住住則直接署名而稱「氾住住狀」[65]。由此可見，這些申報戶口田地狀本來就是牒、狀用語不分的。類似者頗多[66]，這些狀的開頭語或作「百姓某某狀上」，但結尾則或稱「右具通如前，請處分」，或作「伏望尚書請啟處分」、「具實如前，請處分」等，並多伴有「牒件狀如前，謹牒」的公式語，最末尾的署名後或作「牒」或作「謹狀」不一，因此整理者對它們的定名也或作狀或作牒，但其性質卻是完全相同的。

　　還有一些被定名為「請地狀」的文書也用此種形式。比較典型的是《唐大順元年（890）正月沙州百姓索咄兒請地狀》，開頭稱「百姓索咄兒等狀」，下述與人糾紛，請求博換絕戶地的情況，稱：「伏望上述照察，覆盆之下，乞賜雨（兩）弱，合為一戶。不敢不申，伏請處分。牒件狀如前，謹牒。大順元年正月　日，百姓索咄兒等狀。」[67]研究者由此將此類文書都定為「狀」，其形式與上面所說的「狀」也非常相似。這說明對普通百姓而言，只要是對官府甚至是寺院管理者有要求，都可以用「狀」來申請，至於末尾署名後稱牒稱狀，對他們而言，本來也不一定弄得清楚。

　　以上例證表明，雖然相應的文書形式並不一定是源自吐魯番，但唐後期五代這類「申狀」的應用在敦煌地區同樣普遍，並已形成狀牒

65　見《英藏》（5），1992年，第31-34頁。

66　如京都友鄰館敦煌51號《唐大中四年（850）沙州令狐進達申報戶口牒》、P.3254v《唐大中六年（852）十月令狐安子狀》、S6235v《唐大中六年十一月唐君盈申報戶口田地狀》、дx2163和дx2393《唐大中六年十一月女戶宋氏申報戶口田地狀》、《唐大中六年十一月百姓杜福勝申報戶口田地狀》等，以及S.6235《唐大中六年四月沙州都營田李安定牒》的一件檢責田地戶口狀。見《真跡釋錄》（二），第462-467頁。

67　〔日〕池田溫：《中國古代籍帳研究·錄文與插圖》，第444頁。

結合、狀牒不分的一種公文形式。這種形式不但適用於下級的官員對所屬長官，也延展為百姓、僧尼告事或申事、請事的一般性文書。從敦煌的使用可以瞭解到，此類狀文和唐前期那種上下級機構行政層面的申狀是有一定區別的。這一方面是由於狀的使用愈來愈普及；另一方面則是狀、牒作交叉的形式已成為習慣，在使用的過程中，諸如「牒件狀如前，謹牒」這樣的一些公式用語已經失去了它原來所具有的含義，而成為一種被約定俗成使用的文字，久而久之，就演變成為一種固定的公文形式，這是狀在使用中一種並不規範的發展。

2. 敦煌的禮儀書狀及其與公式狀文的分合

前引葉夢得《石林燕語》區分了禮儀性的門狀和作為公用的申狀之不同，筆者在《試論狀在唐朝中央行政體系中的應用和傳遞》一文中也已簡單地說明了公式狀文與禮儀書狀各自在形式和使用上的意義。禮儀書狀多用於賀謝、起居、慰哀等，由於除了以往經常討論的書儀之外，文書中實用過的禮儀書狀以歸義軍時期最多最典型。

以論者熟知的 P.4638《權知歸義軍兵馬留後守沙州長史曹仁貴狀》為例，其內有兩狀，一狀為：

1. 仲秋漸涼，伏惟

2. 令公尊體起居萬福。即日，仁貴

3. 蒙恩，未由拜伏，下情倍增

4. 瞻戀。伏惟

5. 鑑察，謹因

6. 朝貢使往，奉狀不宣，謹狀。

7. 八月十五日權知歸義軍節度兵馬留後、守沙州長史、銀青光祿大夫、檢校吏部尚書、兼御史大夫、上柱國曹仁貴狀上

另一狀為：

1. 玉一團重一斤一兩　羚羊角伍對　硇砂伍斤

2. 伏以磧西遐塞，戎境

3. 枯荒，地不產珍，獻無

4. 奇玩。前物等並是殊方

5. 所出，透狼山遠居敦煌；

6. 異域通儀，涉瀚海來

7. 還沙府。輒將陳

8. 獻，用表輕懷。干黷

9. 鴻私，伏乞

10. 檢納，謹狀

11. 權知歸義軍節度兵馬留後、守沙州長史、銀青光祿大夫、檢校吏部尚書、兼

御史大夫、上柱國曹仁貴狀上[68]

此兩狀鈐有「沙州朝貢使印」。收狀者「令公」，應是沙州朝貢路上的一位節度使，從關係和必要性看，最有可能是靈州節度使。兩狀為兩紙黏在一起，一紙為問候寒暄，一紙為禮單，但黏時禮單反在前。禮單從形式看，不像是獨立存在，而應是附在正狀後的別紙。兩紙內容不同，最後用語亦不同。前者以「伏惟鑑察，謹因朝貢使往，奉狀不宣，謹狀」結束，後者較簡單，「謹狀」而已。《雲麓漫鈔》卷四有曰：「古尺牘之制，某頓首，或再拜、或啟。唐人始更為狀，末

68　錄文見《真跡釋錄》（四），第 387-388 頁。

云：『謹奉狀謝，不宣，謹狀。』或云：『謹上狀，不宣，謹狀，月日，某官姓名，狀上某官。』」[69]所説即禮儀書狀，其用語與此相合。

　　還有一件是 P.2703《舅歸義軍節度使特進檢校太師兼中書令曹元忠狀》，此件也是兩狀，前者問候寒暄，有「不審近日聖體何似等語」，結語則簡稱「遠情深望，謹狀」；後者敘事，末稱「謹奉狀起居，伏惟照察，謹狀」。兩狀後都有「舅歸義軍節度使、特進、檢校太師、兼中書令、敦煌王曹元忠狀」署名[70]。依稱呼應當是曹元忠給于闐天子的狀，其實是正狀加別紙形式。當然並不是所有的賀狀都用兩紙，只是諸如「伏惟鑑察，謹奉狀起居」、「謹奉狀起居（或謹修狀咨聞），伏惟照察，謹狀」等是這類禮儀書狀的常用語，廣泛流行。

　　不同的是如《石林燕語》所説，某些場合的禮單也有使用公狀形式的。如 S.4398《天福十四年（949）五月新授歸義軍節度觀察留後曹元忠獻　硇砂狀》，亦是曹元忠送與某長官的禮單。末稱：「謹差步軍教練使、御史中承（丞）梁再通謹隨狀獻，到望俯賜容納，謹錄狀上。牒件狀如前，謹牒。」[71]這裡用了申狀之語。那麼，為何這件這件禮單要按申狀形式呢？值得注意的是，這件書狀稱收書人為「臺嚴」，贈物稱「獻」。「臺嚴」、「獻」是敬語，這件文書應是曹元忠上於某身分高於己的節度使或中原朝廷的宰相，如以藩鎮對宰相（差人送禮相當於拜見宰相）的要求而言，應當用申狀而非一般性的禮儀書狀。

　　但是發現也有兩種書狀交叉的情況，如 P.3591v《後晉天福八年（943）第四都頭張立狀》[72]，內有兩件：

69　《雲麓漫鈔》，第 63 頁。

70　《法藏》（17），2001 年，第 313-314 頁；參見《真跡釋錄》（四），第 399-400 頁。

71　《法藏》（6）1992 年，第 55 頁；參見《真跡釋錄》（四），第 398 頁。

72　《法藏》（26），2002 年，第 22 頁；參見《真跡釋錄》（四），第 509-510 頁。

（A）

1. 第四都頭張立

2. 右立昨去七月二日伏蒙

3. 太師　　臺慈，特賜□□□□遷差充

4. 本指揮第四都頭。立伏限卑役（按原錄作「號」），不

5. 獲匍匐祗候

6. 階墀，下情無任惶懼。謹具狀

7. 謝，謹錄狀上。

8. 牒件狀 如前 ，謹牒。

9. 天福八年八月　　日都頭張立牒。

（B）

1. 左第一指揮第四都頭張立

2. 右立伏限□□□□□□（以卑役？）（按原錄作「號」）， 不獲 匍匐
祗候

3. 階墀，下情無任惶懼。謹具狀啟

4. 起居。謹錄□□□□（狀上）。

5. 牒件狀如前，謹牒。

6. 天福八年八月　　日張立牒。

　　此兩件一件為加官職後謝長官，一為問候起居，前件完全用「謹
具狀謝，謹錄狀上。牒件狀 如前 ，謹牒」的公式語，說明是用申狀（按
司馬光說法是公牒）。後件卻是將「謹具狀啟起居」與公式語寫在一
起。按照葉夢得的說法，本應當是「祗候、起居不併稱，各有所施
也」。「祗候」是指聽命官衙，「起居」則是問候日常安好，前者屬公，
後者屬私，所以從唐朝書儀和司馬光《書儀》來看，「起居」之類的字

眼也是常常放在私書性質的起居書狀中。但是在第二件中，是公私並用的。為何如此？須知道張立狀中所稱的「太師臺慈」只能是節度使，天福八年（943）的歸義軍節度使是曹元深，曾稱太傅官銜[73]，這裡的太師可能是稱呼他，而張立正是他「遷差」的部屬，所以感謝任命的謝書雖屬禮儀書狀，但仍用部屬致長官的申狀形式。張立所代表的是他個人而不是機構，狀的性質很有些像唐後期大臣官員給皇帝的奏狀，這樣公事私事就可以一道說了。不過，晚唐五代部下給長官上狀習慣於用正狀外附別紙的習慣以表恭敬，別紙可以另外用來奏事或敘私誼表達感情。上述 P.3591v 看起來正是這樣的正狀和別紙。

　　正是由於這樣的寫法和用法，使得禮儀書狀和公式文狀無論內容還是形式都無法嚴格區分，事實上很多書狀都是在問候起居的同時兼申公事，而且數量最多的就是這類給節度使或者是作為歸義軍首領與中原朝廷和周邊政權打交道時的禮儀書狀，這顯然是由「申狀」愈來愈具有下屬直申長官或稱「私人化」的性質而造成的。這可以認為是歸義軍領導之下官牘流行的一般情況，也可以認為是晚唐五代中原乃至邊塞、整個官僚社會中官、私文書不分的一種表現。這樣到了北宋以後，也才有了司馬光所說元豐改革書式，不僅公狀重新回歸唐前期舊體，在私書性質的文狀中也去掉了「謹錄狀上，牒件狀如前，謹牒」一類用語，以將它與公狀公牒完全區分開來。

　　總之，通過以上對敦煌吐魯番文書中地方機構、官員使用狀的分析，可以知道，無論是奏狀、申狀抑或禮儀性書狀都有不少實例，從而瞭解到唐五代地方用狀的一些具體使用和發展。其中唐前期吐魯番

73　榮新江：《歸義軍史研究——唐宋時代敦煌歷史考索》，上海古籍出版社 1996 年版，第 112-113 頁。

地區的申狀，通過州縣行政機構之間級級上達以反映政事、處理政務，表現了唐前期從中央到地方的行政分層隸屬關係，其文書形式代表了唐朝前期地方上狀的一般規格形式。而在中央的尚書省不但通過地方申狀瞭解政令執行情況，也將某些對於地方有普遍意義的奏狀、奏抄內容通過符文書下達，以指導地方工作，並通過地方申狀對執行情況予以檢查，取得中央控制地方的一盤棋效果。晚唐五代敦煌地區的公式狀文則體現了歸義軍時期狀的實用狀況。由於全部的地方政務都控制在節度使司直接領導下的軍政系統，因此一方面，原來的州縣行政體系已經打破，按級別行於機構之間的申狀數量減少，變為官員百姓甚至寺院僧人都常用的一種請事申事文書，並使用了與中原地區相一致的牒狀不分的通用形式；另一方面，禮儀性書狀發展，其中特別是以節度使或地方政權首腦為對象者最多，與公式狀文常常兩者兼顧，形式內容不分，在一定程度上體現了敦煌事實上也是晚唐五代社會普遍存在的政治生活與社會生活需要。簡而言之，敦煌吐魯番文書中「狀」的使用，既有與中原地區相同者，也有自身的特色，為我們瞭解上傳下達的公文傳遞以及地方行政提供了鮮活的例證，這是在對「狀」這一文書形式作具體解剖後得到的最大收穫。

表1 吐魯番文書申狀資料

序號	資料來源	原名稱	關鍵詞語、結句、結語	備註
1	圖，貳，73TAM206：42/5	唐高昌縣勘申應入考人狀	入考函使准狀下高昌縣，速勘申☐☐☐☐者，縣已准狀付司戶檢。今以狀申☐☐☐☐☐。	
2	圖，參，67TAM91：32(a)，33(a)	唐申勘防人殘文書	申勘當故防人吳來☐☐☐☐☐訖申上事。	此件存疑。
3	圖，參，64TAM20：39，49	唐西州都督府下高昌縣牒	右勘案內，得縣申前件人☐☐☐☐☐。審☐☐☐☐☐狀主勘狀……	此為都督府據縣申狀勘案。
4	圖，參，73TAM210：136	唐總計練殘文書	錄申省	按此件性質未定，存疑。
5	圖，參，阿64TAM19：40	唐顯慶五年（660）殘關文	件狀如前，今以狀關。	按此為關文，涉及狀。
6	2006新獲文獻（2006TZJI）三五之一、三[74]	唐龍朔二、三年（662-663）西州都督府案卷為安稽哥邏祿部落事	今得客師狀稱：☐☐☐☐☐滿州，得哥邏祿咄俟斤烏騎支狀。客師狀稱：至金滿州☐☐☐☐☐狀。	內似涉及狀，存疑。

序號	資料來源	原名稱	關鍵詞語、結句、結語	備註
7	圖，參，60TAM325：14/2-1(a)，14/2-2(a)	唐龍朔三年（663）西州高昌縣下寧戎鄉符為當鄉次男侯子隆充侍及上烽事	今以狀下鄉，宜准狀，符到奉行。	按此為符文，涉及狀。
8	圖，參，64TAM29：93、123、122、119、121	唐五穀時價申送尚書省案卷	五穀時價以狀錄申尚書省戶部聽裁。時估錄申中臺司。米粟時估以狀錄申東◻◻◻◻◻。組件狀如前，謹依錄申，請◻◻◻◻。	
9	圖，參，64TAM29：111/8(a)	唐市司上戶曹狀為報米估事	市司　　　　狀上戶曹為報米估事	此件僅存題目，應與前件合併。
10	圖，參，72TAM201：25/1	唐咸亨三年（672）西州都督府下軍團符	今以狀下團，宜准狀，符到奉行。	按此為符文，涉及狀。
11	圖，參，64TAM19：48	唐上元三年（676）西州都督府上尚書都省狀為勘放還流人貫屬事	具狀上事。	

序號	資料來源	原名稱	關鍵詞語、結句、結語	備註
12	圖，肆，72TAM230：46/1(a)	唐儀鳳三年（678）尚書省戶部支配諸州庸調及折造雜練色數處分事條啟	內有「每年申度□□部」、「□訖，申比部及金部」、「其破用、見在數，與記賬同申所司」、「申到度支、比部」等多處。	按此件可與大谷2597等號及阿斯塔那227墓（一）等拼和，並見本節正文。
13	圖，肆，72TAM227：30/3-30/5	唐儀鳳三年（678）尚書省戶部支配諸州庸調及折造雜練色數處分事條啟殘片	內有「具狀申到度支」等語。	可與阿斯塔那230墓及大谷2597等拼合，詳正文。
14	圖，壹，73TAM517：05/1(a)	唐開耀二年（682）西州蒲昌縣上西州戶曹牒（按當作「狀」）為某驛修造驛牆用單功事	今以狀申。都督府戶曹，件狀如前，謹依錄申，請裁，謹上。	
15	圖，參，73TAM191：74(a)	唐軍府名籍	註文間有「未回（還），申州，請申省，未報」及「未還，申州，未有處分」等語。	
16	圖，參，73TAM191：61/1	唐□璟殘狀	璟狀	存疑。

續表

序號	資料來源	原名稱	關鍵詞語、結句、結語	備註
17	大谷 4920	唐垂拱三年（687）四月車牛處置文書	都督府戶曹件狀如前，謹依錄申，請裁。主簿□□謹上。	
18	圖，參，72TAM209：85/6(a)，85/5(a)	武周牒為請處分前庭府請折留衛士事	得前庭府主帥劉行感狀……其月肆日具狀上州訖者。	按此件性質未定，內有詞語涉狀。
19	圖，肆，73TAM509：19/5(b)	武周付康才達解狀殘文書	一為申虞候□＿＿＿＿＿。 一為申弩手張□建□＿＿＿＿。 臺狀一道，為報舍人事＿＿＿＿件解狀，五月七日付康才達。	按此件當為事目歷
20	阿斯塔那三區四號墓（五）[75]（Ast. III.4.095(1) Ma301）	唐神龍元年（705）交河縣申上西州兵曹為長行官馬致死金娑事	兵曹：件狀如前，謹依錄申，請裁，謹上。	
21	阿斯塔那三區四號墓（六）4-19行（Ast. III.4.094(1) Ma302）	唐神龍元年（705）西州都督府兵曹處分死馬案卷	柳谷鎮　狀上州。 仍具錄申州，今以狀上，聽裁。	

75　見陳國燦：《斯坦因所獲吐魯番文書研究》錄文部分，下 21、22、23、24、27 件同。

序號	資料來源	原名稱	關鍵詞語、結句、結語	備註
22	阿斯塔那三區四號墓（八）（Ast.III.4.095(2)a302(2)）	唐神龍元年（705）天山縣錄申上西州兵曹為長行馬在路致死事	天山縣　為申州糟（曹？）送使長行馬在路致死所由具上事 今以狀申。 以前件狀如前者，以狀錄申…… 縣已准狀……今以狀申。 都督府兵曹件狀如前，謹依錄申，請裁謹上。	
23	阿斯塔那三區四號墓（九）（Ast.III.4.085Ma304）	唐神龍元年（705）天山縣錄申上西州為長行馬死某戌事	今以狀申。 □□□□依錄申，請裁，謹上。	
24	Mr.tagh.0126 OR8212/1572	唐安夫鎮將頭郝知仙狀	□□□□謹狀。 □□□□唐安夫鎮將頭郝知仙狀上	存疑。
25	圖，肆，72TAM188：30	唐西州普昌縣牒（按當作狀）為申送健兒渾小弟馬赴州事	蒲昌縣　為申送渾小弟馬一匹赴州具上事。	
26	圖，肆，72TAM188：81	唐征馬送州赴營檢領狀	狀上州。 □□□□牒，稱得狀稱前件人等。 今隨狀送州，請呈印者。 □□□□付坊餧飼訖，今以狀上。	存疑。

續表

序號	資料來源	原名稱	關鍵詞語、結句、結語	備註
27	阿斯塔那三區四號墓（一五）（Ast. III. 4.092Ma304, OR.8212）	唐景龍三年（709）八月尚書比部符（按陳國燦作：唐景龍三年（709）八月西州都督府承敕奉行等案卷）	具狀如前。今以狀下州，宜准狀，符到奉行。	按此件應是以符頒下狀文，由州接收執行。
28	圖，肆，72TAM194：12/1，12/12	唐□□五年佐曲和牒	准狀錄申州，請□□□。	按此似為佐收到狀後以牒報告，存疑。
29	圖，肆，72TAM230：54(b)、95(b)、55(b)	唐館驛文書事目	同日伊坊狀請回馬遞事。廿六日伊坊狀請□□□。廿七日伊坊狀請□□□。□□□狀並諸回馬遞事。	按此為有關狀的事目例。
30	圖，肆，72TAM226：74	唐開元十年（722）殘狀	謹以狀上。	存疑。
31	圖，肆，66TAM358：9/1	唐開元某年西州前庭府牒（按當作狀）為申府史泛嘉慶訴迎送趙內侍事	前庭府　　為申府史泛嘉慶訴東□□□迎送趙內侍事。	

序號	資料來源	原名稱	關鍵詞語、結句、結語	備註
32	圖，肆，72TAM187：210/1	唐征錢未有訴處狀	謹錄狀申。	
33	圖，肆，73TAM509：8/16(a)之一，50-67行	唐開元二十一年（733）西州都督府案卷為勘給過所事（高昌縣為申曲嘉琰請過所事）	高昌縣　為申曲嘉琰請過所所由具狀上事。 勘責狀同，錄申州戶曹聽裁者，謹依錄申。	
34	圖，肆，73TAM509：8/16(a)之二，69-76行	唐開元二十一年（733）西州都督府案卷為勘給過所事（岸頭府狀為王奉先、蔣化明請過所事及典牒）	岸頭府界都游奕所狀上州。 今隨狀送……	
35	圖，肆，73TAM509：8/11(b)	唐開元二十一年（733）天山縣車坊請印狀	訖。今以狀申。 都督府戶曹，件狀如前，謹依錄申。	
36	圖，肆，73TAM509：8/24-1(a)、24-5、24-6、24-4、24-3、28-1(a)	唐開元二十一年（733）推勘天山縣車坊翟敏才死牛及孳生牛無印案卷	天山縣　為申推勘車坊孳生牛無印，所由具上事。 勘　　對　　狀 　　　　與前六頭同，准前錄申。 死牛皮稱見在，任隨狀聽州處分。 仰即狀言，仍准前錄申聽裁者。	

序號	資料來源	原名稱	關鍵詞語、結句、結語	備註
37	圖，肆，73TAM509：8/22	唐天山縣長運坊孳生牛狀	天山縣　為申長運坊孳生□□□□	
38	圖，肆，73TAM509：8/17	唐天山縣長運坊狀	天山長運坊　　狀上□□□	
39	圖，肆，73TAM509：8/20	唐開元二十一年（733）西州蒲昌縣定戶等案卷	蒲昌縣　當縣定戶。人無怨詞，皆得均平，謹錄狀上。	按本件11行以下似為狀，存疑。
40	圖，肆，73TAM509：23/2-1	唐開元二十二年（734）西州都督府致游弈首領骨邏拂斯關文為計會定人行水澆溉事	得中郎將曲玄祚等狀稱……關牒所由准狀者，關至准狀，謹關。	按此關文涉及曲玄祚　上狀事。
41	圖，肆，73TAM509：23/1-1(a)	唐開元二十二年（734）西州都督府申西州都督府牒（按當作狀）為差人夫修堤堰事	高昌縣　為申修堤堰人□□□。□督府戶曹，件狀如前，謹依錄申，請裁，謹上。	
42	圖，肆，73TAM509：23/8-1	唐開元某年西州蒲昌縣上西州戶曹狀為錄申刈得苜蓿秋茭數事	□□□□稱，收得上件苜蓿秋茭具束數如前……錄申州戶曹……謹依錄申。都　督　府□□□□　謹依錄申，請裁，謹上。	

序號	資料來源	原名稱	關鍵詞語、結句、結語	備註
43	圖，肆，73TAM509：8/5(a)	唐西州天山縣申西州戶曹狀為張無（元？）瑒請往北庭請兄祿事	天山縣　為申張無（元？）瑒請往北庭請兄祿具上事。 具狀錄申州戶曹聽裁者，今以狀申。	
44	圖，肆，72TAM178：4	唐開元二十八年（740）土右營下建忠趙伍那牒為訪捉配交河兵張式玄事一	內有「所有例皆指注，具狀錄申都司聽裁」一語。	按此為牒文，內涉上狀事。
45	圖，肆，73TAM193：15(a)	唐天寶某載（751-756）文書事目歷	內有「天山縣申□□□□」、「高昌縣申為丞嚴奉景□□□□□」、「兵李惟貴狀為患請〇吳茱萸等藥」、「虞候狀為典麴承訓今月七日發□□□□」及「其月十一日判典麴承訓虞候狀報患損發遺訖，具錄牒上節度使」。	
46	圖，肆，72TAM228：30/1-30/4、31	唐天寶三載交河郡蒲昌縣上郡戶（按當作功）曹牒（按當作狀）為錄申（「錄申」二字可刪）征送郡官執衣、白直課錢事	具狀錄申郡功曹……謹錄狀□。	

序號	資料來源	原名稱	關鍵詞語、結句、結語	備註
47	圖，肆，72TAM228：33，34	唐天寶某載（742-755）交河郡晉陽判為高昌等縣申送郡官執衣、白直課錢事	高昌等縣申送郡官執衣、白□□□□□課錢到，長官狀送諸官。	此判文涉及上狀事。
48	圖，肆，72TAM187：194(a)	唐高昌縣史王浚牒為徵納王羅云等欠稅錢事	滿橫管狀稱；尚賢鄉戶王羅云右同前得狀稱；武城鄉戶張那那　右同〔前〕得狀稱。	按引文表明關於稅錢的繳納曾有狀報縣
49	哈拉和卓出土，《吐魯番考古記》[76]	唐天寶一二載（753）二月三月交河郡天山縣申車坊天生犢牒	具狀錄申郡戶曹，聽處分者。□□□□□□請裁，謹上。天寶十二載二月廿五日　宣德郎行尉馬睿言上。	
50	2006新獲文獻（2006TZJI）五四	唐天寶某載三月二十一日交河郡長行坊典張溫璟牒兵曹司為濟弱館踏料事	長行坊　牒兵曹司濟弱館　□□羅護長行坊狀□□□□□。先頻申狀，未蒙處分……伏望切垂處□。狀上□□□□□□	按此件為牒文，據格式，似為引用濟弱館上郡長行館狀文
51	圖，肆，64TKM2：18(a)、14(a)	《唐西州事目》	有「高昌縣申」、「柳中縣申公廨」、「（上殘）□申周靜牒市得羊十□□□□□」等。	

---

76 黃文弼：《吐魯番考古記》，中國科學院1954年版，第67-68頁；並見《中國古代籍帳研究·錄文與插圖》，第478頁。

續表

序號	資料來源	原名稱	關鍵詞語、結句、結語	備註
52	大谷 1011[77]	西州交河郡官廳文書斷片	市司狀　為七月中旬時估事。	本件可與大谷 1012 及 大 谷 4894拼合[78]。
53	大谷 1408	官廳文書斷片	□□　　　錄　狀上□□。	
54	大谷 3483	官廳文書斷片	喆庫　狀上。	
55	大谷 8071	烽子閤敬元狀上	□請乞商量聽表，謹狀，□□□。　年二月　日烽子閤敬元狀上□□。	此件似屬個人上狀，存疑。

77　以下大谷文書采自龍古大學佛教文化研究所編、小田義久：《大谷文書集成》第一、二、三卷，京都：法藏館，1984、1990、2003 年。

78　參池田溫：《中國古代籍帳研究・錄文與插圖》，第 462 頁。

表2　牒、狀語混用的吐魯番公文

序號	資料來源	原名稱	開頭語	關鍵詞語、結句、結語
1	圖，肆，72TAM188：82	唐神龍二年（706）主帥渾小弟上西州都督府狀為處分馬踏料事	狀上州	▆▆▆謹以狀上，聽裁。 ▆▆▆如前，謹牒。
2	圖，肆，72TAM226：64(a)、69(a)	唐開元某年伊吾軍典王元琮牒為申報當軍諸烽鋪罽田畝數事	□□□狀上	▆▆▆上聽裁。牒件狀如前，謹□。 開元日王元琮牒。
3	圖，肆，66TAM358：8(a)	唐殘牒		▆▆▆謹依錄申，聽裁，狀上。 □件狀如前，謹牒。
4	圖，肆，73TAM509：23/7-1(a)，7-2(b)	唐西州高昌縣狀為送闕職草事	高昌縣狀上	右得上件牒狀稱……
5	圖，肆，73TAM509：8/26(b)	唐唐昌觀申當觀長生牛羊數狀	唐昌觀狀上	牒：當觀先無群牧……請處分。
6	圖，肆，73TAM509：8/27	唐城南營小水田家牒稿為舉老人董思舉檢校取水事	城南營小水田家狀上	長安縣請處分。牒件狀如前，謹牒。

序號	資料來源	原名稱	開頭語	關鍵詞語、結句、結語
7	圖，肆，73TAM506：4/10	唐開元十九年（731）虞候鎮副楊禮憲請預付馬料麩價狀	進馬坊狀上	請處分，謹狀。牒件狀如前，□牒。開元十九年六月　日虞候鎮副楊禮憲牒。
8	圖，肆，73TAM506：4/32-4之一，4/32-4之一一	唐天寶十三載（754）磑石館具七至閏十一月帖馬食歷上郡長行坊狀	磑石館狀上	牒件狀如前，謹牒。天寶十三載十二月　日蹍子史希俊牒。
9	圖，肆，73TAM506：4/32-15之一、4/32-15之一四	唐天寶十四載（755）某館申十三載三至十二月侵食當館馬料帳歷狀	□□□狀上	牒件狀如前，謹牒。
10	圖，肆，73TAM506：4/32-17之一、4/32-17之七	唐天寶十四載（755）某館申十三載四至六月郡坊帖馬食蹍歷狀	□□□狀上	牒件□郡坊食蹍歷如前，謹牒。天寶十四載正月　日蹍子申屠沖子牒。
11	圖，肆，73TAM506：4/38	唐上元二年（761）柳中縣界長行小作具元收破用粟草束數請處分狀	柳中縣界長行小作狀上	見在如前請處分。牒件狀如前，謹牒。上元二年正月日作頭高景仲牒。
12	圖，肆，73TAM506：4/39	唐上元二年（761）柳中縣城具禾草領數清處分狀	柳中縣城狀上	具領數如前，請處分。牒件狀如前，謹牒。上元二年正月日前官宋才忠牒。

續表

序號	資料來源	原名稱	開頭語	關鍵詞語、結句、結語
13	圖，肆，73TAM506：4/40(a)之一、之二	唐上元二年（761）蒲昌縣界長行小作具收支飼草數請處分狀	蒲昌縣界長行小作狀□	請處分，謹狀。牒件狀如前，謹牒。 上元二年正月　日作頭左思訓等牒。
14	大谷2998	西州天山縣狀	天山縣狀上州□▢	便付主，謹以狀上。牒件狀如前，謹牒。
15	大谷3007	官廳文書	狀上	（無結語，性質待定）
16	大谷3494	官廳文書	新興城狀上	前件色可送，謹　狀上□▢ ▢狀　如前，謹牒。

四　唐代書儀中單、覆書形式簡析[*]

　　中古時代官僚士大夫編寫的書儀不僅是書牘信札的程式和範本，也是士大夫階層本身乃至全社會遵從的禮儀軌範。而書儀的規定和體現禮儀，正是通過各種具體的章法與細節。寫信的格式體裁也是其中之一。敦煌 P.3849 於杜友晉《新定書儀鏡》後錄有盧藏用「《儀例》一卷」曰：

　　古今書儀皆有單、覆兩體，但書疏之意本以代詞，苟能宣心，〔不〕在單覆。既能敘致周備，首末（末）合宜，何必一封之中，都為數紙。今通婚及重喪弔答量留覆體，自余悉用單書。

　　舊儀每封皆首末具載，非直述作頻（類＝累？）重，稍亦疑（貽）晤（誤）晚生。至於題目輕重，須有准的。其間旨意，便量事宜，悉

---

[*]　本文原載宋家鈺、劉忠編：《英國收藏敦煌漢藏文獻研究》，中國社會科學出版社 2000 年版，第 263-281 頁。收入本集有修改。

不錄，直書其要。[1]

　　書儀有單書與覆書兩種體例的問題，已為趙和平先生所首先注意。他在《敦煌寫本書儀研究》一書有關杜友晉《新定書儀鏡》的題解中指出這一問題（按：亦見於同書《作者自序》），並總結了四點印象：第一，書儀舊有單覆兩體，除了在杜友晉編定書儀後，已改為除通婚書及重喪（「重者，父母、嫡孫承重為祖父母」）的弔答畫留覆體外，其餘書疏皆用單體。由於杜友晉作書儀是在開元、天寶年間，所以文書本身已將覆書向單書轉化的時間揭示出來了。第二，根據杜氏《書儀鏡》中所説「諸儀覆書皆須為兩紙，今刪為一紙，頗為剪浮」及上錄盧藏用《儀例》一卷諸語，説明覆書是為兩紙或兩紙以上，而單書僅一紙而已。第三，根據杜氏及盧氏所説「凡覆書以月日在前，若作單書，移月日在後，其結書尾語亦移在後」，「舊儀每一封皆首末具載」，「凡覆書月日在前，單書月日在後」，得出區別單、覆書的簡便辦法，即覆書月日在前，單書則月日在後；覆書尾語在中，單書尾語在後。第四，根據以上三點，從杜氏書儀中復原出單、覆書各一通，其覆書以《通婚書》為例，單書以《子亡父母告孫兒書》為例，形式恰與以上特徵相合，可證其不同。趙文認為，「由舊儀皆用覆書，到盧藏用、杜友晉時改成除通婚書和重喪弔答外悉用單書，可以説是唐代書儀向簡便實用邁出了重要的一步」[2]。

　　趙和平提出的單、覆書問題，是有關唐代書儀形式體裁的一個很

1　《法藏》（28）P.3849，錄文參照趙和平：《敦煌寫本書儀研究》，新文豐出版公司1993 年版，第 359-360 頁。趙錄「每封」作「每一封」，「穎」疑為「頻」，本文據P.3849 縮微膠片試改。

2　趙和平：《敦煌寫本書儀研究》，第 371-375 頁。

重要的發現，讀後使人頗受啟發。文中所論兩種書儀的特點和區別無疑也是正確的。但是，如仔細對照、比較敦煌寫本書儀中各類書信的體裁，可發現就單、覆書，特別是覆書的使用及形式與變化問題，尚有必要作進一步的研究和探討。

（一）告哀與弔答書儀中的覆書

首先是關於覆書的應用範圍。敦煌寫本書儀中可供參鑑的覆書並非僅止《通婚書》一種。據上錄《儀例》一卷中所說「今通婚及重喪弔答量留覆體」，知通婚書和喪葬弔答書是保留覆體時間最長的，同時也是應用覆體最多的。那麼，何謂重喪弔答？除了通婚書外，杜氏書儀中有沒有關於重喪弔答方面的覆體書儀呢？

根據周一良先生和趙和平的研究，杜氏書儀應包括三種：A. 杜氏《吉凶書儀》（P.3442），B.《新定書儀鏡》（P.3637、P.3849、S.5630 等共9 件），C.《書儀鏡》（S.329 與 S.361）。其中以《吉凶書儀》年代為最早，《新定書儀鏡》和《書儀鏡》略晚，但三者時間均應在開元末到天寶間，《新定書儀鏡》與《書儀鏡》無疑是在《吉凶書儀》的基礎上編定的[3]。周先生曾指出，「鏡」字可能是「假為一覽之意，遂用為纂要或

3　參見趙和平《敦煌寫本書儀研究》（新文豐出版公司 1993 年版，223-233 頁）、杜友晉《吉凶書儀》題解並周一良先生《敦煌寫本書儀考》（之二）（見北京大學中古史中心編：《敦煌吐魯番文獻研究論集》四，北京大學出版社 1987 年版，第 20-35 頁）。按近者榮新江《敦煌本〈書儀鏡〉為安西書儀考》一文（載《潘石禪先生九秩華誕敦煌學特刊》，文津出版社 1996 年版）已論證《書儀鏡》為安西書儀，雖凶儀部分相關文字與《新定書儀鏡》全同，但可能是他人抄襲，非杜氏之作。又趙和平定《書儀鏡》成書於天寶六年以前，但榮文據其書儀中馬的出現及滅小勃律事，認為應在天寶後期。

簡本之稱。兩卷本《吉凶書儀》刪節之後，就成為一卷的《書儀鏡》」。
這說明《書儀鏡》對《吉凶書儀》有刪節和簡化。不過三種書儀纂寫
的年代既然是從早到晚，在書儀的體裁形式上便不可能完全一致。如
仔細閱讀三者中編纂最早的《吉凶書儀》，可看到內中有《內族凶書儀
二十一首》，包括從《祖父母喪告答父母伯叔姑書》、《父母喪告答祖父
母、父母書》，直至《女喪告答〔女〕婿書》、《子姪及孫喪告答尊長書》
等五服之內本族族屬近親的告哀、弔答書儀。此外，另有《外族凶書
儀一十七首》，含《外祖父母喪告答母及姨舅書》、《姑姨姊妹夫喪告答
姑姨姊妹書》、《妻喪告答妻父母伯叔姑書》等外族親喪的告哀、弔答
書儀。這些凶書儀的形式，大致可分兩種。一種即如下述：

1. 父母喪告答祖父母、父母書_{父亡告母，母亡告父，外祖父母附之。}

月日名_{女云某女}。言：無狀招禍，禍不滅身，上延耶娘。攀號擗踊，五
內麋潰，煩冤荼毒，不自堪忍，不孝罪苦。伏惟哀悼抽割，_{父亡告母云哀慕摧割，母亡告父云哀慟抽切。}何可勝忍。未由拜訴[4]，伏增號絕，謹言疏荒迷不備。名再拜。

名言：耶娘以某月日忽嬰某疹，_{各具論病狀。}冀漸瘳損；何圖不蒙靈祐，
以某月日奄遘凶禍。_{亦云奄鍾棄背。}號天叩地，貫徹骨髓，肝心屠裂，無所逮
（逯）及。無狀罪苦，荼毒罪苦。伏惟悲悼哀痛，_{父亡告母云哀摧抽慟，母亡告父云悲痛抽割。}何可
堪居！孟春猶寒，不審尊體起居何如？名不能死亡，假延視息，不奉

4　此處「未由」者均應作「末由」。《論語・子罕篇》：「仰之彌高，鑽之彌堅。……既
　竭吾才，如有所立卓爾。雖欲從之，末由也已。」末由，是不知怎樣，不知如何之
　意。

近誨，伏增荒灼，^{若得書即云，奉某月
日誨示，伏增號戀。}伏願珍和，尋續言疏。謹言。⁵

這是同族告哀書儀，外族告哀書儀中也有相同形式。

2. 舅姨喪告答外祖及（父？）母書

月日名言：外氏凶禍，某舅^{某氏
姨}傾背，悲痛抽切，不自勝忍。□惟？□哀念傷慟，^{舅姨若是母云（之）兄
姊，即云悲割傷慟。}何可堪處，痛當奈何！拜洩未期，伏增悲戀。謹言疏鯁塞不備。名再拜。

名言：舅姨年雖未居高，冀憑靈祐，何圖奄致凶禍！表弟某等一朝孤露。^{伏惟}撫視增悼，何可堪忍。痛當奈何！當復奈何！孟春猶寒，不審尊體起居何如？名言。⁶

按：此兩通書儀，形式大體一致。每件書儀文字分為兩段。前段以「月日名言」（根據寫書人與收書人年輩身分不同，有時也稱「名白」、「名報」、「敬報」等）為首，至「名再拜」（有時也稱「謹白」）為止。後段另起行，或與前段空格以示分別。此段開頭亦稱「名言」，末仍稱「名言」（或「名白」、「敬報」等），唯無月日耳。這兩段文字是不是同屬一件書儀呢？或以為，既稱「告答書」，就應當既有告書，也有答書，因此前段如是告書，後段即是答書。至於後段的「名言」前無「月日」字樣，乃是因文字脫落之故。但是如能再細觀察一下，就會發現，前段寫書人與後段寫書人的口氣完全一致。如第一件《父

5　《法藏》（24）P.3442 杜友晉《吉凶書儀》，第 220 頁；錄文參《敦煌寫本書儀研究》，第 196 頁。

6　《法藏》（24）P.3442，第 223 頁；錄文參《敦煌寫本書儀研究》，第 211 頁。

母喪告祖父母、父母書》，前段寫書人既稱「耶娘」，後段寫書人仍稱
「耶娘」，絲毫不像是祖父母、父母得書後，寫給報喪兒女或孫兒女的
答書。而且第一段顯然是報喪之後宣洩痛傷之情，而第二段則是進一
步說明父母的病況和死因，這就更不可能是答書了。至於所說第二段
「月日」沒有是脫落文字，則類似形式的書儀在杜氏《吉凶書儀》中非
止一件，情況均完全相同，不可能是件件遺落。因此有理由認為，這
類書儀的前、後兩段同屬一件，也即同屬凶儀的報喪或告哀書信。由
於形式、語言大體相同，所以告答書二者往往僅錄其一，另一件即被
省略了。這裡如再將此類凶書儀與吉書儀中的《通婚書》或《答婚書》
相對照，便可以看出兩者的共同之處。

　　通婚書　　皆兩紙真書，往來並以函封。內左右名白書，亦云號，亦云次第娘，所以敬禮。

　　月日，名頓首頓首。闊敘既久，未久，雖近。傾屬良深。若未相識云，藉甚徽猷，每深傾屬。孟春
猶寒，體履如何？願館舍清休。名諸疹少理，言展未即，惟增翹軫。
願敬德厚，謹遣白書不具。姓名頓首頓首。

　　名白：名第某息某乙，弟云弟某乙，姪云弟〔第？〕某兄弟某子。未有伉儷。承賢若干女妹姪孫隨言之。
令淑〔有聞？〕，願託高媛，謹因姓某官位，敢以禮〔請〕。姓名白。
（以下封題略）[7]

　　答婚書略同。此婚書第一段首書「月日名頓首頓首」，其末則有
「謹遣白書不具，姓名頓首頓首」等結語。第二段與第一段間用空格分

7　《法藏》（24）P.3442，第215頁；錄文參《敦煌寫本書儀研究》，第172-173頁。

開，仍以「名白」開始，以「姓名白」結束。與上述凶書儀作比較，除了由於性質不同而用語有別外，其形式完全可以說是如出一轍。而根據趙和平所總結的覆書月日在前、尾語在中等特點，知上述 P.3442 兩例凶書儀，也如同婚書儀一樣，是典型的覆書。它們以「月日名白（或曰名言、名報等）」為開始語，以諸如「謹言疏荒迷不備（或曰「鯁塞不備」、「悲塞不次」等語），名再拜」一類的結語在中（實則是第一段之末），末則只有「名白」、「名言」之類的重複而不再註明月日。這樣的覆書之所以分為兩段，正是因為傳統的覆書「皆須為兩紙」之故。

凶儀中的告哀書信，還有另一種形式，也見於杜氏書儀中。

3. 子姪及孫喪告答尊長書

名言^{告兄姊}^{云白}：非意食（倉）卒，某子姪夭折，悲念傷悼，不自勝任（忍？）。伏惟哀念傷慟，仍可為懷。痛當奈何，痛當奈何！子姪^{盛幼}年，冀就成立，何期奄致斯禍，悲悼傷切，不能自已。伏惟哀慟抽割，何可堪處。痛當奈何！當復奈何！孟春猶寒，不審尊體何如？^{祖父母、父母}^{用起居字。}即日名如常，未由拜洩，伏增悲戀。^{祖父母云，伏願珍}^{和，尋續言疏。}謹言^{白疏}鯁塞不次。^{祖父母}^{云不備。}名再拜，月日。[8]

此種形式正如趙文所指出的，是月日在後，結書尾語也在信末的典型單書。

下面，我們根據上述形式將杜氏《吉凶書儀》中的告哀書列表區分。

8　《法藏》（24）P.3442，第 222 頁；錄文參《敦煌寫本書儀研究》，第 208-209 頁。

表 3　《吉凶書儀》告哀書單覆體比較

類別	書儀名稱	開首語	中間結語	第二開首語	末尾結語	形式
內族凶書儀	祖父母喪告答父母伯叔姑書	月日名言	謹言疏悲塞不備，名再拜	名言	名言	覆書
	祖父母喪告答祖父母書	月日名言	謹言疏悲塞不備，名再拜	名言	名言	覆書
	祖父母喪告答兄弟姊妹書	日月（月日）妹白（告弟妹云，某兄某氏姊報）	謹白書（或遺書）悲塞不次，名再拜	名白（報）	名白（報）	覆書
	父母喪告答祖父母父書	月日名（女云某女）言	謹言疏荒迷不備，名再拜	名言	謹言	覆書
	父母喪告答兄弟姊妹書（同產附之）	月日名白（弟妹云兄姊報）	謹白疏荒迷不次，名再拜（遺書荒迷不次，某兄某氏姊報）	名白（報）	名白（報）	覆書
	父母喪告答同堂再從三從兄弟姊妹書（諸卑幼附之）	月日名白（告弟妹云某兄名，某氏姊報，與子孫及侄云告[9]）	謹白疏荒迷不次（弟妹云遺書，子侄孫及書），名再拜（兄姊云報，子侄孫云告）	名白（報、告）	名白（告、報）	覆書

9　趙和平原錄文為「與子孫及孫及侄云告」（《敦煌寫本書儀研究》，第188頁），按「及孫」二字當衍。

續表

類別	書儀名稱	開首語	中間結語	第二開首語	末尾結語	形式
內族凶書儀	父母喪告答妻書	月日名白	遣白書荒迷不次，名白	名白	名白	覆書
	夫喪妻喪告答兒女書	月日耶娘告	及書哽咽不次，耶娘告	耶娘告	耶娘告	覆書
	伯叔祖父母喪告答祖父母父母姑書	月日名言	謹言疏鯁塞不備，名再拜	名言	名言	覆書
	伯叔祖父母喪告答同堂再從伯叔姑書（亡者子某，再從兄弟姊妹附之，謂亡者之孫）	月日名言（兄姊云白，弟妹云報）	謹言疏（白書、遣書）哽咽不次，第名再拜（報）	名言（白、報）	名言（白、報）	覆書
	伯叔父母姑喪告答祖父母父母伯叔姑兄姊書（告答弟妹、諸卑幼附之）	月日名言（兄姊云白，弟妹云報，諸卑幼云告）	謹言疏（白書、遣書、及書）鯁塞不備（不次）	名言（白、報、告）	名言（白、告、報）	覆書
	伯叔父母〔姑？〕喪告答堂從兄姊及外兄姊書（謂亡者之子，諸弟妹附之）	月日名白（告弟妹云，第兄、某氏子報，某氏妹白。告外弟妹云，內兄名、某氏內表姊敬報。	謹白疏（遣書）悲塞不次，名再拜（報、敬報）	名白（報、敬報）	名白（報、敬報）	覆書

類別	書儀名稱	開首語	中間結語	第二開首語	末尾結語	形式
內族凶書儀	兄弟姊妹喪告答祖父母父母伯叔兄姊書	月日名言（兄姊云白）	謹言疏（兄姊云白疏）悲塞不備（伯書姑兄子云不次），名再拜	名言(白)	名言(白)	覆書
	兄弟姊妹喪告答諸卑幼書	耶娘伯叔告（與弟妹書云報）			遣書鯁塞不次，耶娘伯叔告（弟妹云報），月日	單書
		耶娘伯叔告（與弟妹書云報）			遣書鯁塞不次，耶娘伯叔告（弟妹云報），月日	單書
	兄弟姊妹喪告答姪及外甥書某	月日某伯叔姑告（外甥云舅、舅母、某氏姨問）	遣書悲塞不次，某伯叔、某氏姊告	伯叔姑告（問）	某伯叔姑告（問）	覆書
	姊妹喪告答姊妹夫書	月日名白	謹白書猥塞不次。姓名白（父無云頓首頓首）	名白	姓名白	覆書
	女喪告答親家舅姑書	名頓首			謹白書猥塞不次，姓名頓首，月日	單書

續表

類別	書儀名稱	開首語	中間結語	第二開首語	末尾結語	形式
內族凶書儀	女喪告答女婿書（侄女婿同）	名疏			遺書悲塞不次，名疏（侄女婿云姓名），月日	單書
	子侄及孫喪告答尊長書	名言（告兄姊云白）			謹言白疏鯁塞不次（祖父母云不備），名再拜，月日	單書
外族凶書儀	外祖父母喪告答母及姨舅書	月日明言	謹言疏悲塞不次（母云不備），名再拜	言名	言名	覆書
	外祖父母喪告答兄弟姊妹姨舅〔之？〕子書	月日名白（弟妹云某兄某氏姊報；表弟妹云外兄、姨兄、某氏表姊敬報）	謹白疏（或遺書）悲塞不次，名再拜（報、敬報）	名白(報、敬報)	名白(報、敬報)	覆書
	舅姨喪告答外祖及（父？）母書	月日名言	謹言疏鯁塞不備，名再拜	名言	名言	覆書

類別	書儀名稱	開首語	中間結語	第二開首語	末尾結語	形式
外族凶書儀	舅姨喪告答舅姨之子書	月日名白（與弟妹云〔某兄〕名某氏姊敬報）	謹白疏（或遣疏）猥塞不次。表弟姓名（某氏表妹）再拜（與弟妹云表兄姓名、某氏表姊敬報）	名白	名白（敬報）	覆書
	姑姨姊妹夫喪告答姑姨姊妹書	月日名言（姊云白，妹云報）	謹言疏（姊云白疏，妹云遣書）猥塞不次，名再拜（某兄姊報）	名言(白、報)	名言(白、報)	覆書
	內外表姨兄弟姊妹喪告答內外祖及父母姑姑夫姨姨夫書	月日名言（姑姨夫云名白）	謹言疏（姑姨夫云白疏）猥塞不備（姑、姨夫，舅、舅母並云不次）名再拜（姑姨夫云姓名，女云某氏女）[10]	名言(白)	名言(白)	覆書
	外孫外甥喪告答外族書	名言（白、報、告）			謹言（白）疏（遣書）悲塞不次，名再拜（白、報、告）。月日	單書

10　下尚有「名言」二字，疑為衍文。

續表

類別	書儀名稱	開首語	中間結語	第二開首語	末尾結語	形式
外族凶書儀	妻喪告答妻父母伯叔姑書——告書	名言			謹白記(疏？)鯁塞不次。名再拜（妻伯叔姑云侄女夫姓名再拜），月日	單書
	妻喪告答妻父母伯叔姑書——答書	名言			謹言疏鯁塞不備，名再拜，月日	單書
	內外兄弟婦喪告答兄弟書（亡者之夫）	月日名(妹)白（某兄某氏子報）	謹白疏（遣書）鯁塞不次，名再拜（兄姊報）	名白(報)	名白(報)	覆書
	新婦喪父母告答子孫書——告書	耶娘告			及書鯁塞不次，耶娘翁婆告[11]	單書
	新婦喪父母告答子孫書——答書	名頓首頓首			謹遣白書猥塞不次，名頓首頓首，月日	單書

11　原文無「月日」字樣，當為誤脫。

續表

類別	書儀名稱	開首語	中間結語	第二開首語	末尾結語	形式
外族凶書儀	父母喪告答妻父母書[12]	月日名白	謹遣白書猥塞不次，名白	名白	名白	覆書
	弔妻父母遭父母喪書（伯叔姑附之）	月日名言	謹白記猥塞不次，名再拜（妻伯叔姑云姓名再拜）	名白	名言	覆書
	弔女婿遭父母喪書（孫女、孫女婿附之）	月日名疏（妻母云號疏）	遣書猥塞不次，名疏（孫女婿云姓名）	名疏	名疏	覆書

　　按：杜氏《吉凶書儀》的「內族凶書儀」部分，目錄云二十一首，實則僅十九首，少《父母喪告答伯叔姑姨舅書》及《子姪及孫喪告答亡者子女書》二首。「外族凶書儀」部分，也不是十七首而是十六首，其中且包括二首答書。因此，表中所列書儀共三十四首（件），其中單書儀九首，它們是：《兄弟姊妹喪告答諸卑幼書》、《女喪告答親家舅姑書》、《女喪告答女婿書》、《子姪及孫喪告答尊長書》、《外孫外甥喪告答外族書》、《妻喪告答妻父母伯叔姑書》（此件有告書與答書，均為單書）、《新婦喪告答子孫書》（此件亦有告、答書二首）。除此外餘二十五首皆為覆書。比較單書與覆書的應用不同，發現用覆書者，多為下列幾種情況：第一，死者於告喪、弔哀人是尊長，如《父母喪告答兄弟姊妹書》。第二，死者與告哀的對象，也即收書人皆是告哀人的尊

12　按原卷此一書題惟餘「母喪」、「答妻」四字能識。趙和平補為此名。但「父母喪」不當置於外族，姑存疑。

長，如《祖父母喪告答父母伯叔姑書》、《舅姨喪告答外祖及（父？）母書》。第三，死者於告哀人為同輩也即所謂「平懷」，同時收書人於告哀人亦為同懷或長輩，如《兄弟姊妹喪告答祖父母父母伯叔姑書》、《姊妹喪告答姊妹夫書》（但也有例外，如《妻喪告答妻父母伯叔姑書》。這裡「妻喪」似乎是看作比「平懷」稍卑，故不用覆書）。相反，用單書的情況則是：第一，死者於告哀人是卑幼，或至少是平懷略低，如《外孫外甥喪告答外族書》、《新婦喪父母告答子孫書》。第二，死者與收書人於告哀人皆為卑幼，如《女喪告答女婿書》。當然這裡也有比較複雜的情況，當著收書人於告哀人和死者皆為卑幼時，也有單書和覆書兩種形式。如《兄弟姊妹喪告答諸卑幼書》和《兄弟姊妹喪告答姪及外甥書》即一為單書、一為覆書，這裡恐怕要依死者與收書人的親疏關係而論。此外，杜氏《吉凶書儀》在內族凶書儀之末還補言曰：「凡卑幼喪告答卑幼，其義可悉，更不具載。至如內族喪告外族，看吉書儀輕重，以意量之。於緦麻祖免之情，比於四海，據其尊卑，少加親密。」由是可知，凶書儀的書體形式必須據死者身分、年輩及與寫書人、收書人彼此間關係而定。總的來說，覆書規格比單書為高，用覆書是示隆重、崇敬之意。

　　這裡還應看看《新定書儀鏡》與《書儀鏡》兩者關於凶書儀單、覆書的應用與處理。由於《新定書儀鏡》與《書儀鏡》年代晚於《吉凶書儀》，所以在諸如覆書的書體形式上已有一些改革（詳後），但如仍將「月日在前」作為覆書的一個標誌的話，那麼可以看到此兩文書中凶儀單、覆書區分如下表。

表 4　《書儀鏡》與《新定書儀鏡》告哀書單覆體比較

類別	《書儀鏡》	形式	《新定書儀鏡》	形式
五服告哀書	父母喪告兄姊書 父母喪告弟妹書 子亡父母告孫兒女書	覆 單 單	父母喪告兄姊書 父母喪告弟妹書 子亡父母告孫兒女書 長女亡父母告次女書 祖父母喪告父母書 伯叔喪告父母書 父母亡告祖父母書並（？） 告兄姊書 長兒亡父母告次兒書	覆 單 單 單 覆 覆 覆? 單
四海弔答書儀	弔遭父母喪書 弔小祥大祥及除禫 　　　　　答書 弔起服從政 　　　　答書 弔兄姊亡書 　　　　答書 弔姑亡書 　　　　答書 弔弟妹亡書 　　　　答書 弔妻亡書 　　　　答書	覆 單 單 單 單 覆 覆 覆 覆 單 單 單 單	弔遭父母喪書 弔小祥大祥及除禫 　　　　　答書 弔起服從政 　　　　　答書 弔兄姊亡書 　　　　　答書 弔姑亡書 　　　　　答書 弔弟妹亡書 　　　　　答書 弔妻亡書 　　　　　答書 弔子侄外生孫亡書 答書	覆 單 單 單 單 覆 覆 覆 覆 單 單 單 單 單 單

續表

類別	《書儀鏡》	形式	《新定書儀鏡》	形式
內族弔答書儀			姑兄姊亡弔父母伯叔書	覆
			答書	單
			弟妹亡弔次弟妹書	單
			答書	單
			侄甥亡弔弟妹兄姊書	覆
			答書	單
			父母弔子三殤書	單
			答書	覆
			彼此重服相與書	單
			答書	單
			重服內尋常相與書	單
外族弔答書儀			姑姨姊妹夫亡弔姑姨姊妹書	覆
			弔女婿遭父母喪書	覆
			弔女遭夫喪書	單
			答書	單
			新婦亡弔親家翁母書	單
			妻亡弔丈人丈母書	覆
			答書	單
			外甥亡弔姊書	覆
			答書	單
			弔侄書（兄對妹）	單
			答書（妹對兄）	覆

　　按：從上表所列書儀名目，可看出《新定書儀鏡》與《書儀鏡》比《吉凶書儀》增加了弔答書的內容。但是，在單、覆書的用法上依然遵從傳統。其《內外親族弔答書》、《四海弔答書》基本上是本著與《五服告哀書》相同的原則，只是四海弔答書定單覆更依從被弔慰人（即收書人）與死者的年輩關係，而與寫弔書人無關。《內外親族弔答書》則不但看弔書人、收書人與死者的年輩關係，也要看弔書人與收

書人彼此的年輩關係。一個明顯的趨勢是，當收書人年輩在弔書人之
上時，無論死者身分高低多用覆書，如侄甥亡弟妹弔兄姊即是如此。
對比《吉凶書儀》中《子侄及孫喪告答尊長書》用單體，似已有所不
同。另外《五服告哀書》將《父母喪告兄姊弟妹書》中兄姊與弟妹作
了區分，長於己者用覆，幼於己者用單，也是與原來書儀的不同之處。

　　由以上的分析，再來看「今通婚及重喪弔答量留覆體」一句中的
「重喪弔答」四字，就會有更確切的理解。弔答者我們已知是包括告喪
及弔唁往來書儀。那麼何謂重喪呢？趙文指出重喪是「重者父母，嫡
孫承重為祖父母」，此語是來自杜氏《新定書儀鏡》引錄的《四海弔答
第三》：

> 凡五服哀辭唯有三等：重、中、輕。重者父母，嫡孫承重為祖父
> 母，中為祖父母、外祖父母及諸尊長等，輕為兒女弟妹及諸卑幼等。
> 間雖有服制異，而哀辭同也。[13]

　　細細品味這段話，所説重、中、輕是指「哀辭」，也即書儀的表
達，不是指五服的重輕。哀辭的重輕不完全依五服的重輕而定（如「兒
女弟妹及諸卑幼」，服制雖不一定全同，哀辭卻均屬輕者。所以「間雖
有服制異，而哀辭同也」）。除了最重的父祖、祖父母外，在五服之
內，又是「尊長」重於「卑幼」。不過這裡哀辭對於從重者規定的範圍
很小。如果不是嫡孫承重，則作為祖父母的齊衰之喪竟也不在其內，
這似乎遠遠不能包括敦煌寫本書儀中覆書涉及的範圍。按照杜氏吉凶

13　《法藏》（16）P.2616v《刪定儀諸家略集》，第 285 頁；按判斷此卷屬《新定書儀鏡》
　　是據趙和平看法，《敦煌寫本書儀研究》，第 369-370 頁。

書儀，這個範圍是五服之喪（斬衰、齊衰、大功、小功、緦麻）均在其內。如內族告哀書中的「伯叔祖父母喪」即屬小功，外族中的「內外表姨兄弟姊妹喪」即屬緦麻。因此所謂「重喪弔答」中的「重喪」是比較廣義的。不過重喪當然也不是指其中全部。一個「量」者，充分說明它要在五服之內有所選擇。而這個選擇的標準除了父母、祖父母「重服」之外，顯然便是上所論年輩重於親疏（如伯叔祖重於妻子兒女）。也即覆書的使用，實際是包括了五服哀辭的重、中兩等。這是一個必須重視的事實（以後《新定書儀鏡》、《書儀鏡》五服告哀、弔答書數量雖有減少，但事實上只是內容有所簡化，其範圍及用覆書標準均無太大變化）。這樣總結起來，所謂「重喪弔答」的覆書，便一般應用於：第一，死者是服喪告哀人或被弔慰人的五服尊長（如祖父母、叔伯）及平懷稍尊親屬（如兄姊）；第二，告哀對象或被弔慰人（收書人）是告哀人或弔慰人（作書人），同時也是死者的五服尊長及平懷稍尊之親這樣兩種情況。

　　根據杜氏書儀的規定，覆書形式僅用於內、外親族告哀弔答，或用於朋友、官場彼此重親弔答，未見有用於朋友、長官或其餘非親屬本人的。但是也有例外。在敦煌各類寫本的書儀中，有一件吐蕃占領初期的漢族書儀（S.1438v）。趙和平推測這件文書的年代約在八世紀的最後十年，也即德宗貞元六年至貞元十三年（790-797）中。這件書儀中也有兩通覆書。一件是父母亡給兄長的告哀書，首稱「厶月厶日厶姓厶名，罪逆深重，禍〔不〕自滅，上延〔耶〕娘……」諸語，末言「謹因附白疏荒塞不次，某頓首頓首」，形式與《書儀鏡》及《新定書儀鏡》相似，惟首言「姓名」而不言「白」，末稱「頓首頓首」與杜氏書儀規定不附。另一通書儀很有意思。其略曰：「厶月厶日厶姓厶名頓首頓首，凶釁無常，大師崩背，奄棄榮養。聞問驚惻，不能已已。下

略。惟諸梨道體支勝。厶煩冤荼毒，不自死滅，苟延視息，未由造慰。謹奉疏慘愴不次，孤子某頓首頓首。」[14]這件書儀由「大師」、「諸梨」的稱謂看，是為一位高僧去世而給另一僧人的弔慰書。令人感到不尋常的是，作書人不僅用了覆書形式，而且竟在信末用了「孤子某頓首頓首」這樣的語言。據杜氏《新定書儀鏡》凡例：「凡無父稱孤子」，「孤子，與九族親書不稱孤子、哀子」，知孤、哀者除父母亡外不是隨便稱的。作書人將自己稱作孤子，是將「大師」視作父親了，所以才用了覆書形式，而且表現得如喪考妣。這樣的情況當然是少見的，且與常理不符。其形式內容只能說明敦煌社會禮儀文化雖受中原漢族文化影響，但又有些自己的特徵。特別是吐蕃統治下，佛教占統治地位，因而使一般人民思想觀念產生極端崇尚佛教的心理，這是與傳統意識及習俗不盡相同的。

　　由於在杜氏書儀以後，覆書的應用只被限制在一個很小的範圍內，即使「重喪弔答」也有不少使用單書，所以使用單書的情況愈來愈多。上件寫卷中，除已提到的兩通書儀外，其餘書儀也都使用單書。

　　在杜友晉書儀之後，敦煌所見較重要者又有元和中鄭餘慶所編《大唐新定吉凶書儀》（S.6537v），此卷序文批評杜氏書儀說道：「然吉凶兩紙多從依之者，何也？或因死喪且貴於寧戚；悲號之際，情豈假於煩（繁）文。矧乎邦家尚修單表，何哉士庶偏用覆書。今則錯綜舊詞，較量新禮，雖裁成一紙，亦畢盡哀情。」說明鄭氏對覆書改革更加徹底，且至少凶儀覆書已全部改為「裁成一紙」的單書。是不是這樣呢？由於寫卷殘毀，原目錄所列舉的「四海弔答書第十七」、「內族告哀書第十九」等已多不可見。不過根據鄭氏書儀「采其的要，編其吉凶，錄

14　《英藏》（3），四川人民出版社 1990 年版，第 20 頁。

為兩卷」的大中時期張敖《新集吉凶書儀》，還可以多少反映它的面貌。在這件書儀的《凶儀卷下・四海弔答書儀》（P.2622，據趙和平所定）內《弔人父母喪疏》，其開首稱「厶頓首頓首」，末言「謹奉白疏，慘愴不次，厶郡姓名頓首頓首。月日」，是弔人父母喪已由覆體改為月日在後的單體，而且孝子答書也採用同一規格。同類所見還有《弔人父母經時節疏》、《弔人翁婆叔姑兄姊》及答書等。這説明「四海弔答書儀」已全部採用單書。不僅如此，原來大量用覆體的內外族告哀書儀，也在保留「月日在前」規格的同時，簡化了內容和層次，使之基本等同單書（詳下）。這表明單書的使用已愈來愈普遍。不過，至少到唐晚期，我們還不能説覆書的形式及影響已全部消失。因為婚書用覆書的情況尚有存在。何況「月日在前」這一規格，在凶書儀中仍有別單書，而這一點則是我們下面所要著重討論的。

（二）覆書書體的變化

現在再來談談覆書的形式變化問題。

本文前面已説明，敦煌寫本的杜氏《吉凶書儀》在有關通婚、喪葬的書儀中大量應用了傳統的覆書形式。而所謂傳統，即是月日在前而結書尾語在中，並且「一封之中，都為數紙」，「每一封皆首末具載」。杜氏《吉凶書儀》在以上形式方面並無變化，但如與同件文書所載內外親族吉書儀比較，就可知道這種覆書形式已經不再用於一般除通婚書、答婚書以外的其他吉書儀。這證明了《新定書儀鏡》所説的「今通婚及重喪弔答量留覆體」，也即不同於過去什麼書儀都可以用覆書了。但這一「今」者是什麼時候呢？

如前所述，周一良先生和趙和平都認為杜氏書儀應在開元、天寶

之際。具體《吉凶書儀》一件，趙和平據鄭餘慶《大唐新定吉凶書儀一部並序》（S.6537v）所說，「凡有十餘家著述，唯京兆杜氏制撰，比諸家儀禮，則今之行用七十八〔年？〕矣」，及文書鄭餘慶題銜為「銀青光祿大夫吏部尚書兼太常卿」應為元和六、七年（811、812年），上推杜氏書儀作於開元二十三年（735）以前。按：「三」原文筆誤為「五」，此處據推算數改。開元二十三年前後的《吉凶書儀》，婚喪重事，仍用傳統覆體。不過我推測這一「量留覆體」的變化，並不始自杜友晉而是始自盧藏用。這牽涉到本文前揭 P.3849 杜友晉《新定書儀鏡》後引盧藏用《儀例》一卷的一段話，即「古今書儀皆有單覆兩體，但書疏之意本以代詞，苟能宣心，〔不〕在單覆，既能敘致周備，首末合宜，何必一封之中，都為數紙」。這段話的「敘致」以上和「周備」以下分為兩段，中間用「《新定書儀鏡》吉上凶下京兆杜友晉」一行文字隔開。

　　如何解釋這一現象？筆者認為有兩種可能。一是敦煌文書中，文書題目在卷子中反覆出現的情況並不少見，文書這樣抄寫，或者是為了表明盧藏用的作品，也被收在《新定書儀鏡》內；二是《新定書儀鏡》的題目作為卷末的標題已寫在先，但由於紙上還有空白，故抄寫者又將盧藏用的作品接著抄寫了下去。這種紙張利用情況在敦煌卷子中也是不少的。另外從上下文義來看，銜接比較緊密，因此「敘致」上和「周備」下，似乎都應當是盧藏用《儀例》一卷的內容。但其中的隔斷，也可能是抄寫者在抄寫原卷時，由於不解文意或者是為了保持原來面貌而發生的毛病。

　　不僅如此，在整個這段文字之後的《通例第二》、《四海弔答第三》應當也是盧藏用語。因為據也被判定為同件書儀的 P.2616v 寫卷，首行為「刪定儀諸家略集並序例第一」，下內容與趙和平所錄 P.3849 大致相

同，其後又有《通例第二》、《四海弔答第三》的題目及內容，故疑「黃門侍郎盧藏用《儀例》一卷」之下，尚缺「刪定儀諸家略集並序例第一」一行，這樣與第二、第三結合就比較完整。另外杜氏《新定書儀鏡》中，已有「凡例廿八首」，將其中的凡例與後面「通例第二」、「四海弔答第三」比較，發現既有重覆，也有一些改動。如「凡父在稱叩頭，父歿稱頓首」，《通例第二》則是「凡有父為叩頭，無父〔有？〕母云頓道（首），此皆慘愴弔答所稱耳。若無父者論感愴亦可言頓首，表疏不拘此例」，是杜氏《新定書儀鏡》不僅語言有簡化，而且禮儀上也沒有母在與不在的分別。又如「凡父亡稱孤思，亦稱窮思；母亡稱哀思，父先亡母後亡亦稱窮思、孤思」，《通例第二》則曰：「凡書陳時應言感思者，父母並無云永感罔感（極）或云眾感；有父無母云思深或云遠思；有母無父〔云〕永感或云遠感。」兩者明顯不同。又「凡弔書，前人父母亡稱出前，母亡稱苫前，父先母後亡亦稱出前。凡周親稱服前。其婦人居喪並稱服前」。但《四海弔答第三》稱：「凡弔父喪為出前，母云苫前，余服前。」比前者要簡要得多。這些同與不同之處，只能說明所謂《通例第二》、《四海弔答之三》原也不是《杜氏書儀》的部分，而是屬於盧藏用的《儀例》一卷。而《杜氏書儀》的凡例，或者正是在盧藏用《儀例》一卷的基礎上修改補充的。

　　確定了盧藏用《儀例》一卷的內容，我們便能瞭解盧藏用關於覆書的改革。從前述「古今書儀皆有單覆兩體」一段話，說明盧藏用顯然已對當時無論何種書儀皆可雜用單、覆的情況不滿。而他的改革，就是區分了單、覆體的用法，劃分了「通婚與重喪弔答」量用覆體的範圍。至於杜氏《吉凶書儀》中那種覆體的形式及範圍的確定，也不過是繼承了他的做法。

　　那麼盧藏用的改革又在什麼時間呢？據《新唐書·宰相世系表》，

盧藏用出身范陽盧氏[15]，亦為重視門風禮法的世家大族。兩《唐書》本傳說他工篆隸、能屬文，「當時稱為多能之士」。武則天長安中，擢為左拾遺。中宗神龍中，累擢中書舍人，後歷任吏部、黃門侍郎，並兼昭文館學士。先天中坐依附太平公主，配流嶺表，開元初起為黔州都督府長史，未行而卒[16]。他的主要活動是在武則天、中宗、睿宗朝。《儀例》一卷題銜為黃門侍郎，據嚴耕望《唐僕尚丞郎表》考證，盧藏用自吏部侍郎轉黃門侍郎在景云元年（710），至二年（711）即改官尚書左丞[17]。因此他作《儀例》一卷的時間應在睿宗朝，而覆體的用法變化，也至少應在此前後開始，當然這一變化還只能算是唐代覆體變化的最初階段，這個階段持續到杜友晉作《吉凶書儀》的開元前後，恐怕尚無更大的變動。

　　但書儀覆體的變化顯然還在繼續。因為杜友晉雖在《吉凶書儀》中照搬了盧藏用的規定，而在婚喪書儀中採用了傳統的覆體，但之後以他名義作的《新定書儀鏡》和抄其內容的《書儀鏡》卻對此加以進一步的修訂。這兩件書儀在《四海弔答書儀廿首》下均有註曰：「諸儀覆書皆須兩紙，今刪為一紙，頗為剪浮，但重敘亡人，兼申孝子之情，參驗古今，亦將通體，達者裁擇，安敢執焉。」對於覆書的新改革具體是怎樣的呢？現將《吉凶書儀》、兩《書儀鏡》和張敖《大唐新集吉凶書儀》中均有的《父母喪告答兄弟姊妹書》（兩《書儀鏡》是《父母喪告兄姊書》，告弟妹用單體）抄錄於下，並附兩《書儀鏡》中《弔

15　《新唐書》卷七三上《宰相世系表》，第2900頁。

16　分見《舊唐書》卷九四《盧藏用傳》，第3000-3004頁；《新唐書》卷一二三同人傳，第4374-4375頁。

17　嚴耕望：《唐僕尚丞郎表》卷一〇《輯考》三下《吏侍》，中華書局1988年版，第564-565頁。

兄姊亡》一首，以資比較。

1.杜氏《吉凶書儀·[父]母喪〔告〕答〔兄〕弟姊〔妹〕書^{同產}^{附之}》：

月日名白：^{弟妹云}^{兄姊報}。無狀招禍，禍不滅身，上延耶娘。攀號擗踊，五
內屠裂，煩冤荼毒，不自勝忍。伏惟^{弟妹}^{云念}。卒奉凶諱，攀號崩絕，痛貫
骨髓，何可堪忍。不孝罪苦，酷罰罪苦，未由拜訴，^{弟妹云集洩，}^{又云聚洩。}倍增號
絕。謹白疏荒迷不次。名再拜。^{弟妹云，遺書荒迷不}^{次，某兄某氏姊報。}

名白^報。：耶娘違和，^{具陳患狀，並論}^{醫療患有加增。}冀漸瘳損，何圖不蒙靈祐，以某
月日奄鐘棄背。號天叩地，無所逮及，肝心糜潰，不自堪忍。伏惟念。
攀慕擗踊，荼毒難居。無狀罪苦，禍酷罪苦。孟春猶寒，不審體履何
如？^{弟妹云，汝}^{氣力何似。}名^吾。不自滅亡，假延視息；號思所履，觸目崩絕，無復生
賴。名白。^報。¹⁸

2.《新定書儀鏡》與《書儀鏡》《父母喪告兄姊書》（文同，此處
僅錄前者）：

月日名言：罪逆深重，禍不自滅，上延　耶娘，攀慕無及，五內
摧裂，不能堪忍。惟奉凶諱，號天叩地，五情糜潰，何可勝任
（忍？）。酷罰罪苦。

耶娘違和，冀漸瘳預（豫），何圖不蒙靈祐，以某月日奄遘凶喪，
日月流速，奄經厶節，追慕永遠，觸目崩絕，酷罰罪苦，酷罰罪苦！

___

18　《法藏》（24），第220頁。

孟春猶寒，伏惟　哥姊動止支福。厶不自死滅，苟存視息，未由號
訴，倍增殆絕。因使附白疏，荒塞不次。厶再拜。[19]

3. 張敖《新集吉凶書儀·父母亡告兄姊弟妹等》：

厶月日白：^{弟妹云}^{厶報}。無狀招禍，禍不滅身，上延耶娘。去厶月日膳寢
違和，冀漸平復，何圖以厶月日奄從棄背。號天叩地，無所逮及。伏
惟^{弟妹云}^{念汝}攀慕號絕，荼毒難居。不孝罪苦，酷罰罪苦，未由拜慰，伏增
號絕。^{弟妹云未即集}^{慰，不勝殞絕}。奉謹（謹奉）狀力疏荒迷不次，厶再拜。^{弟妹云20}^{厶報。}

4.《新定書儀鏡·弔兄姊亡書》（《書儀鏡》略同）：

日月（月日）名頓首：凶故無常，賢兄傾逝，貫割拔氣。哀痛奈
何，悲切奈何！　賢兄年未居高，冀保榮祿，仍圖報施無准，奄遘凶
喪，哀痛乃（奈）何，悲痛奈何！春慕（暮春）暄甚，惟動靜支勝，
厶疾弊少理，未由造慰，但增悲仰，謹遣疏慰，慘愴不次。姓名頓
首。（封題略）[21]

以上抄錄的前三件書儀雖題目相同，內容相類，且皆有「月日在
前」的覆書特點，但形式顯然已很不一樣。其中第二件與第一件相

19　P.3637《新定書儀鏡》，《法藏》（26），2002年，第183頁；並見S.361《書儀鏡》，《英
　　藏》（1），1990年，第152頁。

20　P.2622，《法藏》（16），2001年，第317頁。按：「奉謹（謹奉）狀力疏」，趙和平錄
　　文為「奉（奉衍）謹扶力〔奉〕疏」，此處據照片試改。

21　P.3637《新定書儀鏡》，《法藏》（26），第183頁；S.361《書儀鏡》，《英藏》（1），第
　　153頁。

較，明顯抽去了原來中間部分的結書尾語，而將「謹白疏荒迷不次（或曰「因使附白疏荒塞不次」），厶再拜」之類的結語套話移到了書信的最後，三個「名白」，也只剩下了開頭的一個。這個改變看似簡單，卻完成了從原來「覆書皆須兩紙」到「今刪為一紙」的改革。這是因為原來的結書尾語在中間及三個「名白」的存在，正是為了區分兩紙。按照覆書，凡從第一個「名白」到中間結書尾語的部分應為第一紙，這個第一紙先報告亡人（父母）的去世，申訴自己的痛苦無奈心情。從第二個「名白」到第三個「名白」則是第二紙，這個第二紙可以報告亡人的生病經過及死亡原因、死亡時間等，此所謂「重敍亡人」，並再次宣洩痛苦，問候收書人。但中間的結書尾語及第二個「名白」取消，表示第二紙與第一紙已合併為一紙，這應當是杜氏《新定書儀鏡》和《書儀鏡》比之盧藏用《儀例》一卷及他自己的《吉凶書儀》所作的進一步改革。這項改革雖然看似簡單，但是從兩《書儀鏡》開始，唐代覆書書體的變化，卻可以說是走上了新的階段。

　　新的變化產生無疑會有一漸進的過程。從杜友晉《新定書儀鏡》批評將覆書多紙改為單紙「頗為剪浮」，但因「參驗古今，亦將通體」，所以「達者裁擇，安敢執焉」來看，當時社會上恐怕已有用這種改良覆體的書儀了。杜氏《新定書儀鏡》不過是不拘一格地「裁擇」一下，順應潮流罷了。嚴格地說，他所做的只是將這種新形式的書儀納入「大雅」的規範，使之成為登堂入室的儀制。當然這種變化從開始悄然興起，到最後寫入書儀，都是需要一定時間的。這也就是為什麼它在開元前後的《吉凶書儀》中尚未見到，而在比之更晚、年代至少是天寶以後的《新定書儀鏡》及《書儀鏡》中卻終成定式，而得到大量體現的緣故。

　　覆書形式的變化寫入書儀後，可能會得到更快的普及。這在敦煌

社會自也不例外。不過《新定書儀鏡》或《書儀鏡》對覆書的改革尚是初步的。上錄第二件書儀本無分段，筆者抄錄時是為了區分層意而分成兩段。根據分段與第一件書儀作比較，可發現第二件文字雖略有簡化，但原有的兩重意思，或曰兩紙內容仍予保留。取消中間結語和「名白」以後，只是簡單地將兩部分合在一起。這樣，覆書的實質便尚無變化，而一紙之中，即不無重複表達之嫌。這個缺點，似乎在上錄第四件《弔兄姊亡書》已有所克服，這件書儀屬四海弔答書，與前三件內容題目略有不同。或許是屬於非親族弔答，故文字頗有簡化，特別是第一部分。但從兩個「哀痛奈何，悲切奈何」還是多少可以看出重複。而從張敖的《新集吉凶書儀》所錄第三件書儀，則可使我們看到比之更進一步的覆書變體。

新的覆書變體顯得十分簡約。上錄第三件《父母亡告兄姊弟妹等〔書〕》，雖仍然保留著「月日在前」的覆書傳統，但除此外，已無與原來覆書相同的特徵。而除了繼承杜氏將中間結語移向後的變革外，它在文字內容上也作了相應處理。原來的兩重表達已簡化為一層，先敘亡人之死，繼而安慰生人（收書人），宣洩彼此痛苦的心情。文意一氣呵成，不再有所重複。這樣的覆書在形式內容上其實已等同單書，只是由於「月日在前」，而在告哀書儀中保留著與「月日在後」單書不同的使用規格，從而多多少少保持一點傳統（兩者用法區別略同《新定書儀鏡》及《書儀鏡》）。因此覆書至此，已可以認為是走上了書體變化的第三階段。

以上變化雖在張敖《新集吉凶書儀》中有所表現，但由於張敖書儀是自鄭餘慶《大唐新定吉凶書儀》「采其的要」而成，所以反映的應當是鄭氏書儀的內容特點。它證明了以往學者關於唐代單覆書的變化是由盧藏用、杜友晉開始，而由鄭餘慶完成的觀點。不過書體變化至

此，並不是說覆書就此杜絕，完全不再使用。事實上單、覆體交替使用，也許會持續很長時間，這一點，我們可以用《通婚書》的變化說明。

《通婚書》覆體向單體的轉變，已可見於杜友晉《新定書儀鏡》。敦煌 P.2619 寫卷是一件殘書儀。這件書儀的分欄形式及多行文字均與 P.3849 號寫卷對應相同，因此已被譚蟬雪女士和姜伯勤先生定論為屬《新定書儀鏡‧吉上》部分[22]。現將內中有關通婚函書及答函書的內容抄錄於下：

1. 《通婚函書^{往來皆須以函封，}_{無函者可用紙。}》
2. 名頓首：闊展既久，^{雖近、未久，}_{答書准此。}傾展良深。
3. 孟春猶寒，體履如何？願館舍清休。名
4. 第厶息名，^{弟云厶弟兄之，}_{隨時稱之。}未有伉儷，^{亦云}_{婚媾。}
5. 承第（賢？）若干女^{厶弟兄之}_{子任言}（按：當作妹
侄孫任言。）令淑有聞，願
6. 托^{亦云敢希}_{敢結。}高媛，謹因某官姓名，敢
7. 以禮請。名諸弊少理，言展未由，惟增
8. 翹軫，願敬德，遣白書不具。姓名頓首。
9. 《答函書》
10. 厶頓首：乖展稍久，眷仰惟積，辱
11. 月日書，用慰延佇。孟春猶寒，體內
12. 何如？願館舍休宜。名孟（孟疑衍）第某女^{妹侄等隨所}_{出言之。}
13. 四德無聞，未閒禮則^{訓。}，承賢某息

22　參見姜伯勤：《唐禮與敦煌發現的書儀》（見《敦煌藝術宗教與禮樂文明》），中國社會科學出版社 1996 年版。

14.^{隨來書
言之。}未有姻好，^{云欲願
婚媾。}謹因行人某

15. 姓名，敬承來命。名諸疾弊，言敍尚

16. 賒，但增傾眷，願敬勖（？），還白書不具。姓

17. 名頓首。郡姓名白書。

18. 題云：姓官位閣下，前書同。²³

　　以上《新定書儀鏡》的通婚書及答婚書，內容與杜氏《吉凶書儀》
基本相同，但形式顯然已不一致。根據我們上面已說過的單覆書特
點，這件書儀已是徹頭徹尾的單書。它雖然沒有確定月日的位置，但
置於原書體中間部分的「名諸弊少理，惟增翹軫，願敬德，遣白書不
具。姓名頓首」已移到了書尾，並且不再有「名白」的重複。經這樣
一改，兩紙便自然合為一紙。而且由於婚儀覆書兩紙內容，一紙寒
暄，一紙論婚，本不重疊。故從覆到單，是一步到位。文字簡潔順
暢，比杜氏對於凶書儀的改革，顯得更加徹底。而同樣形式的簡體婚
書，在 P.3502v 大中時期張敖的《新集諸家九族尊卑書儀》也有所見，
仍錄於下：

《通婚書》：
　　厶頓首頓首：闊敍既久，傾矚良深。時候，伏惟　體履如何？館
〔舍〕清休。即此厶蒙恩，厶第幾男未有伉儷，伏承第幾小娘子，令淑
有聞，願託（托）高援，謹因媒人厶乙，敢以禮請。厶限以官守，展
敍未由，伏增翹軫，謹遣〔書〕白，不宣，謹狀。厶月厶日厶郡厶乙
狀　厶官位閣下

23　P.2619，《法藏》（16），2001年，第301頁。

《答（婚）書》：

厶頓首頓首：乖展已久，眷仰彌深，忽得　書示，增慰延佇。時候，伏惟所履佳勝，館舍伏（休？）宜。厶第厶女，四得（德）無聞，未閑禮則，承賢〔第厶男〕未有姻媾，謹因媒人厶乙，敢不敬從。厶屬以公務，未由言敘，但增傾屬。謹遣書白，不宣，謹狀。厶月日厶乙狀　厶官位閣下。[24]

此兩通書儀與上錄 P.2619 兩通形式相同，文字也大同小異。且月日明標在後，更證明了是單體書儀。它們的出現，說明杜氏之後，婚書的單體形式也在流行。

不過，很可能是由於婚儀畢竟比較隆重、特殊，也可能是由於敦煌本地的習俗未改，張敖的《新集吉凶書儀》並沒有採取他在《新集九族尊卑書儀》中的相同做法，吸收杜氏、鄭氏以來的婚書單書形式，而是保留了以下另一種覆書式：

《通婚書》　　厶頓首頓首：闊敘既久，傾臨（矚）良深。^{如未相識，即云久籍歲（徽）猷，}^{未由展覿，傾慕之至，難以名言。}時候，伏惟厶位動〔止〕萬福，〔願〕館舍請〔清〕休。^{如前人無妻，不}^{同（用）此語。}即此厶蒙推兌（免）[25]，展拜末由，但增翹軫。謹〔奉〕狀不宣，謹狀。厶郡姓名頓首頓首。

《別紙》　　厶白：弟（第）幾男^{或弟或姪}_{任言之。}年久（已）成立，未有婚媾。承賢弟（第）厶女，^{或姪}_{女妹。}令淑有聞，四德兼備，願結高援，謹因

24　P.3502v，《法藏》（24），2002 年，第 375 頁。

25　按「推兌」乃「推免」之誤，意即蒙恩。

媒人厶氏〔厶乙〕，敢以禮請。脫若不遺，佇聽嘉命。厶白。[26]

　　通婚書照舊詞分兩段，答婚書（略）也是同樣。第二段題稱「別紙」。何謂別紙？或認為，別紙是另件文書之名。敦煌文書中確有稱為「別紙」一類的書儀。如五代後唐時期的《新集雜別紙》（P.4092，S.5623）。但此處意義顯然不同。從通婚書及答婚書的內容可知，其第一段仍為寒暄語，而第二段才是求婚答婚的正題。因此「別紙」乃「別用一紙」之意，也即婚書仍須兩紙。而將此兩紙婚書與杜氏《吉凶書儀》的婚書加以對比，便發現兩者在形式內容上都基本一致，唯一的不同只是張敖書儀中的婚書未註明月日，所以實質上，這件婚書仍是傳統覆書。

　　同樣用「別紙」的婚書覆書我們還在 P.3909《今時禮書本》殘存的「論通婚書法第一」、「論女家答婚書第二」中見到。這件文書中的婚書寒暄語略減，但別紙論婚依舊。年月或年月日竟均書於兩紙之後，可見民間書體格式有時會出現一些混亂而不甚規範。不過，此件禮書對婚書有「公使卿大夫以上男女」和「令長已下及庶人」使用的分別。這個分別只在文字用語，而不在改變書體形式。由此我推測，唐後期通婚書雖已有單書，但官民用覆體的情況仍相當多，且歷時甚久，而這也是覆體向單體轉變及單、覆體走向合流的必然過程。

　　綜上所述，我們探討唐代覆書變化應經過三個階段。第一個階段最晚自睿宗時開始，延至開元、天寶。反映在盧藏用《儀例》一卷、杜友晉《吉凶書儀》中，即是約束了覆書的使用範圍，使之只能用於通婚書和重喪弔答。第二個階段應自天寶以後，至於貞元、元和。以

26　P.2646，《法藏》（17），2001 年，第 89 頁。

《新定書儀鏡》和《書儀鏡》為號召，覆書在這一階段形式發生了自兩紙改為一紙的轉變，其結書尾語的位置也發生了相應變化。第三個階段自鄭氏作《新定吉凶書儀》的元和年中始，覆書在形式結構上已進一步簡化，並向單書靠攏，甚至完全轉變為單書。這在大中張敖《新集吉凶書儀》中已有諸多反映。覆書仍有使用而逐漸減少並與單書合流。唐末五代應是這一階段的繼續。

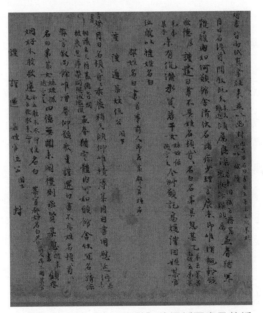

▲ 圖 4　P.3442《吉凶書儀》的通婚覆書及答婚覆書

（三）傳世文獻中的書體形式

最後，談及唐代書儀單、覆書的變化，還應當就敦煌寫本書儀涉及的某些特點與傳世文獻中的書信作一比較。

如同趙和平文中所示，由於種種原因，典型的覆書形式在今天傳

世的文獻中已很難見到。但若仔細搜尋比照，仍不能説是絕無僅有。唐張彥遠《法書要錄‧右軍書記》載王羲之諸雜帖。集這些雜帖本為書法，故有些似是碎簡零函，帖與帖間自然排列，首末不甚分明，很難辨別區分。但是從信函的內容和結構分析，還是可以找到一些運用覆書的痕跡。筆者發現此書卷一〇有二帖云：

> 七月十六日羲之報，凶禍累仍，周嫂棄背，大賢不救。哀痛兼傷，切割心情，奈何奈何。遣書感塞，羲之報。

> 頓首頓首，亡嫂居長，情所鍾奉。始獲奉集，冀遂至誠，展其情願，何圖至此？未盈數旬，奄見背棄，情至乖喪，莫此之甚。追尋酷恨，悲惋深至，痛切心肝。當奈何奈何！兄子荼毒備嬰，不可忍見，發言痛心，奈何奈何，王羲之頓首頓首[27]。

此二帖在原書中並未排列在一起，但顯然都與嫂亡有關。首帖報告嫂亡，並稱嫂為「周嫂」。次帖仍是嘆恨嫂亡，並更深刻地道及沉痛之情：「追尋酷恨，悲惋深至，痛切心肝。」而從第二帖接續第一帖「重敘亡人」的情況看，內容上下聯貫，並且第一帖月日在前，第二帖無月日，「結書尾語」在中間的情況也符合敦煌書儀所説，所以我在本文初發表時懷疑這兩帖本是一件覆書，並且「周嫂」即「期嫂」，乃唐人避諱所改。但祁小春《邁世之風》一書提出質疑，認為這兩首不是覆書，因為一是按書儀習慣，上紙鄭重具禮，故多稱「頓首頓首」；下紙

27　（唐）張彥遠集：《法書要錄》卷一〇，商務印書館 1937 年版，《叢書集成初編》，第 160、159 頁。

言事，多略而僅稱「言」、「白」（也有上下紙用語相同者，皆作「名頓首」）。第二首書「頓首」情況本不多見，而在第一紙已書「報」的情況下，第二紙又書「頓首」之例則更為罕見，何況「報」乃用施於卑輩之例。二是雖以「無月日」做第二首之證，卻沒注意到此帖頭「頓首頓首」之前，亦闕「羲之」名，故原帖中的月日與名一起脫落的可能性比較大。並指出內稱「周嫂」乃其兄王籍之妻，周乃姓氏，並非筆者所以為的期字避諱之意[28]。還指出筆者原來認為的另三帖自然排列的書札也非覆書。

　　筆者認為所指出和批評者甚是[29]。但以上的錯誤並不表明覆書書札的不存在。如祁書也已指出陶弘景《真誥》所收楊羲、許翽尺牘，內中即有覆書。其一帖開頭稱「羲頓首頓首」，末稱「不具，楊羲頓首頓首」。第二帖開頭稱羲白，末稱謹白。陶弘景註稱「尋楊與長史書，上紙稱頓首，下紙及單疏並名白，又自稱名」，將兩帖分稱為上紙下紙，足徵確為覆書[30]。由於年代久遠，存世法帖往往被打散而單獨存立。但如細心辨認，或許會發現更多，按照其特定形式用語，祁書即辨出不

28　祁小春：《邁世之風——有關王羲之資料與人物的綜合研究》，石頭出版公司 2007 年版，第 233-234、391-393 頁。

29　但這裡也有一些意見尚值得商榷，如祁書所舉另一覆書之例，即《法書要錄‧右軍書記》所載 177 帖和 78 帖。177 帖為：「六月二十七日羲之報，周嫂棄背，再周忌日，大服終此晦。感摧傷悼，兼情切割，不能自勝，奈何奈何！穆松垂祥除，不可居處，言已酸切，及領軍信書不次，羲之報。」78 帖為：「日月如馳，嫂棄背再周，去月穆松大祥，奉瞻廓然，永惟悲摧，情如切割，汝亦增慕，省疏酸感。」祁書認為兩信第一時間相同，均在再周忌日之後；第二均言祥除事；第三收信者均為兄子穆松。第四對兄子使用「報」，於弔喪告答書之禮儀亦合。所以更具備覆書之條件。但筆者以為亦有疑問。177 帖的「再周忌日」和「祥除」可以是一日，但「垂祥除」和 78 帖「去月」大祥時間明顯不一致。前者是將要進行，後者是上月就已完成。所以雖然收信者對象統一，仍很難認定是一件覆書。

30　祁小春：《邁世之風——有關王羲之資料與人物的綜合研究》，第 237-239 頁。

少可能屬覆書下紙的論事帖。同理《法書要錄》中也有不少相同形式
的言事、論事帖，是否也是覆書，尚待辨認。

其實比較可靠的還有南北朝時人的弔帖，如陸雲有《弔陳永長書》
和《弔陳伯華書》[31]。其中《弔陳伯華》註明二首，上首以「大君遠資，
高數世之瑰瑋，當光裕大業，茂垂勳名，奈何日朝，早爾喪墜，自聞
凶諱，痛心割裂，追惟哀摧，肝心破剝，痛當奈何奈何」和「東望靈
宇，五情哽咽，割切哀慕，書重感猥不次」等語悼念亡人，下首以「昔
與大君，分義款篤，彌隆之愛，恩加兄弟」及「遠聞訃問，若喪四體，
拊心慟楚，肝心如割，奈何奈何」等語追敘友情並再度表達悼亡的痛
苦心情，正是典型的弔儀覆書。末尾說明「今遣吏恭集薄祭，不得臨
喪，以敘悲苦」和書要致送「貴舍」之意，可見弔儀也是給其親屬的。
《弔陳永長書》更說明是五首，其或悼早逝，或陳傷痛，或敘契闊，文
辭毫不重複，只是其中幾重哀悼，頗疑也是多重的覆書。

如果以上推斷成立，則至少兩晉以後覆書已很流行。魏晉是世家
大族方興之際，其講究門風，修飾禮法事無處不有，故於書信中創置
覆體形式也極有可能。不過，從極少的範例中還看不出當時應用單、
覆體的界限。而且值得注意的是，在一般來往書信中，諸如「月日在
前」的形式似乎也頗多。《法書要錄》卷一〇載王羲之又一帖云：

> 六月十九日羲之白，使還得八日書，知不佳，何爾耿耿。僕日弊
> 而得此熱，忽忽解日耳。力遣不具，王羲之白。[32]

31　《全晉文》卷一〇三，《全上古三代秦漢三國六朝文》，（清）嚴可均校輯：《全上古
　　三代秦漢三國六朝文》（二），中華書局 1958 年版，第 2049-2050 頁。

32　《法書要錄》卷一〇，第 149 頁。

同樣形式也見於《淳化閣帖》所錄魏晉南北朝人書帖。如魏鍾繇《雪寒帖》：

十二日繇白，雪寒，想勝常。得張侯書，賢從帷帳之悼甚，哀傷不可言。疾患自宜量力，不復一一，繇白。[33]

此外，如晉侍中郗愔書、晉太傅陳郡謝安書、宋中散大夫羊欣書、梁蕭思話書、陳〔晉？〕朝陳逵書等也都有相同形式。由於杜友晉書儀所說那種「月日在後」的書信並沒有見到，所以筆者以往將之當作單書，並認為可能單書也可以月日在前，相比月日在後，可能顯得更加鄭重一些。不過現在看來，這樣的形式是屬於覆書第一紙還是單書尚不容易確定，這是今後還應研究的問題。另外 P.3849「黃門侍郎盧藏用《儀例》一卷」關於「書疏之興，其來自久」的敘述中，未言魏晉，卻在「少卿（任安）、子長（司馬遷），殆不可勝紀，並直陳其旨。至於稱謂輕重，闕而不聞」之下，直敘「暨齊梁通賢，賴（顏）立標（？）統」[34]。但就存世史料來看，至少魏晉之際，已有書儀的諸多形式，至於齊梁如何立「標統」，則有待進一步發現和證實。

敦煌所見各類朋友書儀、內外族吉書儀中，所用單書大都是月日在後。但月日在前的情況自唐前期至後期仍有之。《文苑英華》載此類書信甚多，絕大多數用於給長官或地位較高之人，也有用於朝廷上書。如王勃《上絳州上官司馬書》（稱「月日，龍門百姓某謹再拜奉書

33　（清）王澍撰釋文，沈文駿校定《淳化秘閣法帖考正》卷二，清乾隆三十三年（1768）刻本。

34　見 P.3849，《法藏》（28），2004 年，第 366 頁；P.2616《法藏》（16），2001 年，第 284 頁。

于司馬上官公足下」)、陳子昂《諫政理書》(「月日，梓州射洪縣草莽、愚臣陳子昂謹冒死稽首，百拜獻書閣下」)、白居易《為人上宰相書》(「二月十九日某官某謹拜手奉書獻于上公執事」)、權德輿《與黜陟使柳諫議書》(「某月日，試祕書省校書郎權德輿上書閣下」)等等[35]，語氣均顯得較為恭敬。當然這種用法並未有絕對的範圍界限，但與我們前面所說「重喪」書儀尊長者「月日在前」的情況卻似乎是相通的。此外月日在前卻是單書體裁的，還有從敦煌書儀及存世唐人文集中所見各類祭文。如杜氏《新定書儀鏡》中有《父母初薨尊祭文》、《三日小斂祭》、《七日大斂祭》、《堂上啟柩將葬祭》……春、夏、秋、冬等四祭。這些祭文多以「維年月日」開頭，如《春祭》文稱「維年月朔日孤子名等敢昭告於亡考之靈」，末稱「敢薦甘新，伏惟尚饗」[36]。張敖《新集諸家九族尊卑書儀·嫁娶祭文》首稱「維厶年月日某乙，謹薦少牢之奠，敢昭告於先靈之神」，末稱「謹以單酌，伏惟歆饗。再拜」[37]。《新集吉凶書儀·夫祭妻文》：「維厶年歲次厶月朔厶日辰，厶官厶乙謹以清酌之奠敬祭于故亡妻厶氏夫人之靈：……謹以清酌之奠，幸願卿兮降歆，尚饗。」[38]相同形式的祭文見於唐人文集如韓愈《祭馬僕射文》、《祭十二郎文》等[39]。此類祭文的應用相當廣泛，傳統覆書儀簡化之後，與上述單書儀形式已沒有太多不同。這進一步證明了單覆書的合流。而我懷疑，杜氏對覆書儀的改造，也正是因為這類月日

35　《文苑英華》卷六七三、卷六七五、卷六六九，中華書局1966年版，第3463、3472、3437、3443頁。

36　見 P.3637，《法藏》(26)，第183頁。

37　見 P.3502，《法藏》(24)，第375頁。

38　見 P.2622，《法藏》(16)，第319頁。

39　(唐)韓愈：《韓昌黎集》卷二三，《國學基本叢書》第5冊，商務印書館1958年版，第60、64頁。

在前的單書儀本來存在，可以參照之故。

以上我們較多地注意了唐代書儀單覆體和月日的簽署位置問題。那麼書儀在形式上，是否還有其他方面的變化呢？從敦煌寫本書儀中已看到唐人書儀信首往往以「名白」、「名言」或「厶頓首頓首」開言，顯得十分呆板。「名」或「厶（某）」乃寫書人自稱自言，表示客氣，而不是像今天的書信是稱收書人。從傳世文獻所見得知，唐人的這一習慣是上繼魏晉南北朝。前錄《法書要錄》及《淳化閣帖》即多如此。不過更古的書信也許並不完全是這樣，例如司馬遷《報任安書》，「太史公牛馬走司馬遷再拜言少卿足下」即是以作書人拜收書人的形式，而註明雙方。這句開頭語在《漢書·司馬遷傳》中，被省稱為「少卿足下」，正像李陵《答蘇武書》也稱「子卿足下」一樣[40]。但後來書信顯然多未仿照此式，倒是反將收書人省去，唯剩作書人自稱了。而在特別鄭重的場合，也可以保留古式。如《法書要錄》卷一〇的一帖：「十一月四日右將軍會稽內史琅玡王羲之敢致書司空高平郗公足下」即是其例[41]。唐人於此兩種書法都有繼承。敦煌書儀唯見自稱者，恐怕也是表示謙敬之意。不過傳世文獻中，亦有第二種形式。如《文苑英華》蕭穎士《為邵翼作上張兵部書》：「月日，應武藝超絕某乙謹上書侍郎公執事」，韓愈《與于襄陽書》「七月三日，將仕郎守國子四門博士韓愈謹再奉書尚書閣下」，李華《與弟莒書》也以「三兄報汝」開頭[42]。唐人取此式似有復古之意，然逐漸地卻有以呼收書人為主，或直呼收書人的情況。如同書于邵《與郭令公書》信首直呼「汾陽王令公閣

<hr>

40　《文選》卷四一，中華書局 1977 年版，第 573、576 頁；並參《漢書》卷六二《司馬遷傳》，中華書局 1962 年版，第 2725 頁。

41　《法書要錄》卷一〇，第 174 頁。

42　以上見《文苑英華》卷六七〇、卷六七二、卷六八七，第 3445、3457、3537 頁。

下」，白居易《與劉蘇州書》直呼「夢得閣下」[43]，《與楊虞卿書》稱
「師皋足下」，而他的《與微之書》「四月十一日夜，樂天白：微之，不
見足下面已三年矣」雖仍以自稱開頭，但直呼微之，想念朋友之心已
躍然紙上[44]。同樣，杜牧《與池州李使君書》亦直呼「景業足下」[45]。
這種稱呼顯得直截了當、親切自然，一般用於熟人友朋，似乎可以體
現唐人熱情平易的交友風範，它給呆板的書儀格式也注入了一絲活躍
的氣息。而這種形式，雖尚不能稱之為當時書儀之主流，卻顯然已是
後代書儀之先聲。因此，唐朝書儀自覆書向單書簡化，形成覆書與單
書合流，並結合以書首人稱從主體（致書人）向客體（受書人）的變
化，便完成了從古體書儀向近體書儀的轉變與過渡，這，也許就是我
們應該把握的唐代書儀基本規律之一。

43　以上見〈文苑英華〉卷六七〇、卷六八一，第 3447、3514 頁。

44　（唐）《白居易集》卷四四、卷四五，中華書局 1979 年版，第 946、959 頁。

45　《文苑英華》卷六七二，第 3459 頁。

五　再論覆書與別紙[＊]

　　中古時代書信的格式體裁是一個很重要的問題。趙和平《敦煌寫本書儀研究》一書指出，在 P.3849 所錄盧藏用《儀例》一卷中首次出現了「古今書儀皆有單、覆兩體」的説法，與此同時並出示了杜氏《吉凶書儀》中一書兩紙、有著雙重首尾的婚儀覆書形式[1]。繼他的發現之後，筆者撰寫《唐代書儀中單覆書形式簡析》一文，補充了凶儀覆書，並進一步就敦煌吉凶書儀中的單覆書形式及其變化作了對比和介紹[2]。近年陳靜《「別紙」考釋》一文，也就晚唐五代官文書儀中的覆書——別紙的性質、內容等問題加以詳細考證研究[3]。但是筆者認為，關於覆書和別紙的使用範圍、區別，特別是晚唐重疊別紙在敦煌書儀和傳世書信中的出現和意義等，還有繼續深入的必要。故本文擬就以上問題

＊　本文原發表於《燕京學報》新 13 期，2002 年，第 107-123 頁。

1　見該書《新定書儀鏡》題解，新文豐出版公司 1993 年版，第 371-374 頁。

2　宋家鈺、劉忠編：《英國收藏敦煌漢藏文獻研究》，中國社會科學出版社 2000 年版，第 263-281 頁。

3　《敦煌學輯刊》1999 年第 1 期，第 105-114 頁。

再作些探討。

（一）關於婚喪書儀之外的覆書應用

敦煌吉凶書儀中所見的覆書都是雙重首尾。根據書儀本身的規定和趙和平的總結，書信單覆書的區別就在於單書只有一紙，而覆書卻可以是兩紙或多紙；單書月日在後，覆書月日在前；此外，覆書的每一紙末尾都有結語，當鈔到一起時，就出現了好像結書尾語在中間的樣子。這也就是書儀中所見第一紙為「月日名言（或某白）云云（以下為敘事），名言（或某白）」，第二紙為「名言（或某白）云云（以下為敘事），名言（或某白、某再拜）」的形式。另外據《儀例》一卷明謂「今通婚及重喪弔答量留覆體」，說明大致於盧藏用生活的武則天中宗時代到杜友晉所在的開天時期，吉凶書儀中覆書的應用已侷限在通婚書和重喪弔答的範圍之內。中唐以後，書儀中的覆書不斷減少，喪儀不斷簡化，只有婚書尚有少數保留。所以筆者關於覆書形式變化的討論也只侷限於婚書和告哀、弔答書儀。

但是，《儀例》一卷既然指出古今書儀「皆有」單、覆兩體，而且是對書儀「何必一封之中，都為數紙」的批評之後，才決定在以上特殊而隆重的場合「量留」覆體；就說明在此之前，其他的書儀也可以用覆書。那麼，這樣的覆書有沒有呢？

吐魯番出土的 72TAM169：26（b）是一件《高昌吉凶書儀》，殘存吉書十首（內一種僅存 2 行，無書題）。在保有書題的九首中，《相聞儀》、《與伯書》、《與叔書》、《與姑書》、《修兄姊書》、《與外祖父書》六首是給朋友和尊長的，《與兄弟子書》、《與弟妹書》、《姑與兄弟子書》三首是尊長給卑幼的。前六首形式如下（序號為筆者所加）：

〔1〕相聞儀

正月十五日拜疏，厶言：便及春日，伏▭▭▭▭

尊體起居何如？未奉近□（示？），夙夜▭▭▭▭

言疏不備，厶再拜。　　厶言：違遠漸▭▭▭▭

載，思戀之心，不知所喻，如念□□▭▭▭▭

違，益增悲結。時少適，伏願珍重。易▭▭▭▭

厶言。

〔2〕與伯書　　題云伯坐（座）前^{乙言疏}^甲

二月四日拜疏，厶言：便及春中，伏惟增懷。漸暄，不審伯尊

〔體〕何如，不奉動止，下情傾（？）馳。即日厶自慎所

行，謹言疏不備。厶再拜。

厶言，違離易久，忽便秸（稽？）載，仰戀之心，不知為辟

（譬？）。

即日事悠然，奉見未期，益增馳結。少適，伏願

珍重。伺信更承動靜。厶言。[4]

上兩件書儀都是開頭用「某月某日拜疏，厶言（或某白）」；中間
「厶再拜」和「厶言」兩者以空格分開，或「厶言」下另起行；末用「厶
言」結尾。這與杜友晉《新定書儀鏡》通婚書或「重喪弔答」的告哀
書對照完全相同，正是所謂月日在前、結書尾語在中的覆書形式。中
間分開，或「厶言」下另起行的做法就表明是一封書信的兩紙；而且

4　《吐魯番出土文書》壹，圖，文物出版社 1992 年版，第 233-235 頁，下同。錄文並參
　　趙和平：《敦煌表狀箋啟書儀輯校・附錄》三，江蘇古籍出版社 1997 年版，第 452-
　　455 頁，下同。

與前者相同，它們的對象都是尊長（或朋友）。其他《與叔書》、《與姑書》、《修兄姊書》和《與外祖父書》形式也基本相同。

另三首則不同。現僅舉《與弟妹書》為例：

> **與弟妹書　　題云某官弟**
> 六月某報：但熱，如復可不？吾諸弊匆匆，及書。伏願
> 耶婆萬福。吾違離扶持，凤夜思戀，無寧情相（想？），余大小
> 無恙。此某甲等平安，親舊
> 咸宜。別汝逯年，憶延恆深，杳然未知取集期，但增嘆
> 滿。比自愛惜，信數白疏。

這件書儀就文字而言並不比上述書儀為少，但頭尾只有一重。所以，雖然「月日在前」的形式和我們在敦煌書儀中所見的單書不同，但仍是典型的單書。實際上這種形式筆者在前揭文章中也作過討論，它在傳世書信中頗為多見，而且覆書簡化成單書後，基本上也就是這種形式。因此單書只是一紙，月日在前在後並沒有太大關係。後三種皆用這種體例，説明尊長對卑幼的書信是必須用單書的。

以上書儀用單覆書的原則與敦煌書儀中告哀書、弔答書完全一致，也就是説，覆書是一種規格較高、較為鄭重的書體形式。不過，這裡的書儀與婚喪無關，它們只是一些平常的往來問安書信。它們的出現，説明在盧藏用、杜友晉改革覆體之前，一般家族內外的吉書儀也有用覆書的。吐魯番的高昌是個漢化較深的地區，覆體的書儀既然在這裡流行，説明唐初以前，或云南北朝時期覆書的使用是很普遍的。

值得注意的是，在以上覆書書儀中，有《相聞儀》一首，它的對象是朋友，説明朋友之間，為表尊重也可以用覆書。這與傳世索靖《月

儀帖》正相一致。筆者在《關於〈朋友書儀〉的再考察》一文中[5]，已談到這一問題。《月儀帖》按月編排，現存九個月（缺四、五、六月）。這裡為作説明，仍任舉其中如三月帖者於下：

三月具書君白，姑洗育物，馨無不宜。延想吾子，隨運是康。機度推疏，不面逾紀，分逼哀涂，烏咽良展。馳心投情，庶能感應，具書修問，惘然不具。君白。

君白，洪化遐布，率土咸寧。秉卞莊之勇者，口武而精道；抱管鮑之才者，彈冠而待顯。怪以高邁之姿，而懷迷時之志；逮明明之來，緬不識之響。機運稍移，人生若寄，願速龍躍，耀於云漢也。君白。[6]

《月儀帖》的每月分為兩段，對此，周一良先生認為是一月兩首，並指出開頭結尾的「君白」是代替人名的。但是，如仔細觀察，可以發現兩段內容上下呼應。包括三月在內，上段多為敘時景寒暄及遙思朋友之情，下段則誇讚朋友才德，祝福前程或再敘朋友契闊。並且如將其上段以「某月具書君白」開頭、「君白」結束；下段也以「君白」開頭和結尾的形式與杜友晉《吉凶書儀》中的通婚書、告哀書或上揭高昌書儀作比較，就知道《月儀帖》所用乃是完完全全的覆書。所謂「君白」者如不是「名白」之誤錄，則也與「名白」指代相同。由此可見，朋友性質的月儀，和家族間常用的吉凶書儀，在唐人改革之前都

5　《中國史研究》2001 年第 3 期，第 69-71 頁。

6　《全晉文》卷八四，（清）嚴可均校輯《全上古三代秦漢三國六朝文》（二），中華書局 1958 年版，第 1946-1947 頁。

有用覆書的。覆書體與單書體在各種書儀中並存，只是到了盧藏用和
杜友晉這裡，才逐步地縮小覆書使用的範圍，並簡化覆書的層次和重
複性的內容（特別是將告哀弔答書中「重敘亡人」的兩重哀嘆簡化為
一重），使之最終成為類似上述高昌書儀中《與弟妹書》那樣月日在前
的單書形式。關於這一問題，請參見筆者《唐代書儀中單覆書形式簡
析》一文，這裡就不再重複了。

（二）關於別紙的來源和意義

　　覆書的受到限制和被簡化，被論者稱為是「唐代書儀向簡便實用
邁出了重要的一步」[7]。但是正當吉凶書儀中的覆書減少而與單書合流
之時，另一種覆書的形式卻出現並逐漸頻繁化了。這就是在晚唐五代
某些敦煌書儀中常常見到的「別紙」。這一書信形式的出現，同樣引起
學者的注意。趙和平通過對敦煌 P.4092《新集雜別紙》的考釋，提出
「別紙是一種有別於正式公文，如表、狀、牒、啟等正式公文程序的公
私信函的泛稱」[8]；梁太濟先生認為是一種篇幅短小、用於私人之間交
往的書牘文體[9]。近年陳靜《「別紙」考釋》一文則對別紙的源流演變
作了更全面細緻的考察。他提出，從古籍使用的情況看，「別紙」大約
有四種用法：1.另外的紙，另一張紙；2.另一封信；3.覆書第二紙的別

7　《敦煌寫本書儀研究》，《新定書儀鏡》題解，新文豐出版公司 1993 年版，第 371-374
　　頁。

8　趙和平：《〈新集雜別紙〉的初步研究》，《唐五代書儀研究》，江蘇古籍出版社 1995
　　年版，第 253 頁。

9　梁太濟：《「別紙」、「委曲」及其他──〈桂苑筆耕集〉部分文體及其他》，收入《唐
　　宋歷史文獻研究叢稿》，上海古籍出版社 2004 年版，第 22-42 頁，說見第 29 頁。

稱；4.文件的附件，多指書信的附件[10]。他的考察，無疑使人們對別紙的認識深入了。但是，別紙的用法究竟是否完全如陳靜所説？其意義何在？這裡筆者提出自己的一些看法。

　　陳靜所説別紙有四義，其中作為「另一封信」的含義，是以魏晉南北朝史料為依據的。如舉《三國志·吳主傳》裴松之註引《吳歷》曰：

　　曹公出濡須，作油船，夜渡洲上。權以水軍圍取，得三千餘人，其沒溺者亦數千人。權數挑戰，公堅守不出。權乃自來，乘輕船，從濡須口入公軍。諸將皆以為是挑戰者，欲擊之。公曰：「此必孫權欲身見吾軍部伍也。」敕軍中皆精嚴，弓弩不得妄發。權行五六里，回還作鼓吹。公見舟船器仗軍伍整肅，喟然嘆曰：「生子當如孫仲謀，劉景升兒子若豚犬耳。」權為箋與曹公，說：「春水方生，公宜速去。」別紙言：「足下不死，孤不得安。」曹公語諸將曰：「孫權不欺孤。」乃徹（撤）軍還。[11]

　　這裡的別紙，陳靜引王世貞《尺牘清裁》指出是孫權《與曹操》尺牘顯然是對的，但認為是「相對於孫權給曹操的第一封箋而言的另一封信」則似乎根據不足。在這一點上可作參考的是同書《周魴傳》，言鄱陽太守周魴「被命密求山中舊族名帥為北敵所聞知者，令譎挑魏大司馬揚州牧曹休。魴答，恐民帥小丑不足仗任，事或漏洩，不能致休，乞遣親人齎箋七條以誘休」：

10　陳靜：《「別紙」考釋》，《敦煌學輯刊》1999 年第 1 期，第 105-114 頁。

11　《三國志》卷四七《吳書·吳主傳》建安十八年（213）正月條註，中華書局 1959 年版，第 1119 頁。

其一曰：「魴以千載徽幸，得備州民，遠隔江川，敬恪未顯，瞻望云景，天實為之。精誠微薄，名位不昭，雖懷焦渴，曷緣見明？狐死首丘，人情戀本，而逼所制，奉覲禮違。每獨矯首西顧，未嘗不寤寐勞嘆，展轉反側也。今因隙穴之際，得陳宿昔之志，非神啟之，豈能致此！不勝翹企，萬里托命。謹遣親人董岑、邵南等托叛奉箋。時事變故，列于別紙，惟明公君侯垂日月之光，照遠民之趣，永令歸命者有所戴賴。」[12]

周魴所說「時事變故，列于別紙」的內容，根據本傳對「齎箋七條」的全文記載，原來就是後面另紙所書寫的六條。而且本傳還說到周魴另向吳主上密表，內稱自己「竭盡頑弊，撰立箋草以誑誘休者，如別紙。……謹拜表以聞，並呈箋草」，說明是將上述「箋草」作為「別紙」附在表後，報告孫權。宋任廣《書敘指南》卷七解釋「別幅載事曰列於別紙」，下之註文曰「吳周魴」[13]，即可證筆者之判斷。所以別紙的意思就是同一書信的另紙，而所謂「七條」其實是從各方面擺明形勢利害，而且一條述一事，一事乃一層，觀其形式恐怕已是晚唐五代「重疊別紙」的濫觴。

這裡別紙既專指同一書信之另紙，則見於同一時代的孫權給曹操的「別紙」，我推測是相同含義而不指「另一封信」。

以此類推，《南史·豫章文獻王嶷傳》中豫章王嶷讓居邸給太子的「別紙」也是同樣。其原文曰：

12　《三國志》卷六〇《吳書·賀全呂周鍾離傳》，第1387頁。

13　（宋）任廣：《書敘指南》卷七，商務印書館1937年版，《叢書集成初編》第2979冊，第76頁。

又啟曰：「北第舊邸，本自甚華，臣往歲作小眠齋，皆補接為辦，無乖格制。要是檉柏之華，一時新淨，東府又有此齋，亦為華屋，而臣頓有二處住止，下情竊所未安。訊訪東宮玄圃，乃有柏屋，制甚古拙，臣乃欲壞取以奉太子，非但失之于前，且補接既多，不可見移，亦恐外物或為異論，不審可有垂許送東府齋理不？」上答曰：「見別紙，汝勞疾，亦復那得不動，何意為作煩長啟事。」竟不從。[14]

這裡皇帝（齊武帝）「答曰」的一段話，《南齊書》卷二二同人傳作「茹亮今啟汝所懷及見別紙，汝勞疾亦復那得不動，何意為作煩長啟事」。陳文認為，所說「別紙」是指蕭嶷在上述讓屋的長啟之外另作的《疾篤啟》。據同傳，蕭嶷死前確曾作《疾篤啟》，但那已是永明十年（492）的事，而《南史》和《南齊書》本傳記上件讓啟卻是在永明元年（483）、二年（484）。據《南齊書》傳稱其永明元年（483）上手啟已有「自傾以來，宿疾稍纏，心律恍惚，表于容狀，視此根候，常恐命不勝恩」語。所以「勞疾」未必是指「疾篤」。另外據《南齊書》載讓啟全文中有「前侍幸〔蕭〕順之宅」語，根據史料所載蕭順之死的年代，作啟時間即使不在元、二年，也不會超過永明八年（490）[15]。因此，別紙不會是指《疾篤啟》，而是指讓屋的「煩長啟事」本身。

那麼，為什麼要稱讓啟為別紙呢？這是因為，讓啟可能是蕭嶷同時上齊武帝書中的一件。例如上揭永明元年手啟就是因其授官「領太子太傅，解中書監，餘如故」而上。啟中說道「陛下同生十餘，今唯臣而已，友于之愛，豈當獨臣鐘其龍遇。別奉啟事，仰乞恩照」；所謂

14　《南史》卷四二《豫章文獻王嶷傳》，中華書局 1975 年版，第 1062-1063 頁。

15　《南齊書》卷二二《豫章文獻王傳》，中華書局 1972 年版，第 412-413 頁。按：蕭順之死於永明八年，見《資治通鑑》卷一三七，第 4296 頁。

「別奉啟事」也是別紙。試想授官當有謝表，或按規定有其他公文程
序。然啟中言事，甚及於私，與固定格式的公文體例不合，故別附於
外，於是便有了所謂別紙。作為「煩長啟事」的讓啟情況大體相類，
而周魴所上孫權表外的「箋草」七條也是同樣性質。這種附於表狀公
文的「別紙」的使用也許就是盧藏用《儀例》一卷所說「齊梁通賢，
頗立標統」之一吧。因此筆者認為，根據文書和文獻，「別紙」除了有
作為「另一張紙」解的原始之義外，從它出現時始，最基本的用途就
是一封書信的另件或另紙，也就是上述第三第四義的綜合，它是一個
專有名詞而非泛指，特別是用在官牘中的時候。

（三）別紙作為官場酬應和別幅載事的專門應用

關於別紙的具體運用，陳文已引述 P.3906 書儀所說：

凡修書，先修寒溫，後便明體氣，別紙最後。

並指出別紙應當放在寒暄時節天氣、問候身體平安的禮儀之後，
而且要與這些套話分開，另成一個部分。按照這一規定，別紙其實是
和吉凶書儀中的吉儀覆書很像。例如前揭吐魯番出土高昌書儀中的《與
伯書》前紙有「便及春中，伏惟增懷。漸暄，不審伯尊〔體〕何如，
不奉動止，下情傾（？）馳」語，就是專門用於「修寒溫，明體氣」
的。此外更有通婚書。如陳文已指出，敦煌 P.3909《通婚書、今時禮
書本》中已明確將「別紙」作為通婚書和女家答婚書的覆書第二紙，
而它的前一紙，本來也是「修寒溫，明體氣」的，正式求婚的意思都
是放在第二紙當中。

《月儀》或者朋友性質的《相聞儀》等大體也不違背這一原則。如索靖《月儀帖》「正月具書」的「大蔟布氣，景風微發，順便綏寧，無恙幸甚」，或是「三月具書」的「姑洗育物，馨無不宜。延想吾子，隨運是康」等就都是寒暄問候語，而下紙才輪到暢敘友情和對朋友思念之意。因此在這個意義上，別紙和覆書不過是對同一事物的不同稱呼罷了。它所遵循的原則和原來吉儀覆書完全一樣。不過，有兩點值得注意，一是如陳靜所說，由於如「孟春猶寒，伏惟某官尊體動止萬福」一類套話盡人皆知，所以在書儀中便往往可以省略，盡剩「別紙」作為主要內容。這樣別紙便有了獨立而特殊的作用，而且別紙的內容大多不重複，沒有特別的限制，這又是它們與固定格式的覆書不盡相同之處。二是別紙在唐代出現的時間。唐代前期的書儀中只見覆書而不見別紙，別紙一稱更多的是出現在唐後期五代，而且多是在官牘文範或稱表狀箋啟書儀中，這種情況幾乎很少例外。

出現在官牘文範或表狀箋啟書儀中的別紙，甚至成為某種官文的別稱。《新唐書・藝文志》記有薛逢《別紙》十三卷（《通志》卷七〇又載有《薛逢刀筆》一卷）[16]。薛逢，新舊《唐書・文苑（文藝）傳》言其曾為河中節度使崔鉉從事，後入朝歷侍御史、尚書郎，官至秘書監[17]。別紙或者「刀筆」，應當就是他任藩鎮記室或入朝後代他人或自己的官場應酬之作。今《全唐文》和《唐文拾遺》僅存其文十六篇，內有書、啟等十三篇，均不以「別紙」為名。不過，這些書啟大都直敘其事，並無寒暄問候語，如《謝西川白相公寄賜新詩書》直言「伏蒙仁恩，猥垂下顧，兼賜新詩三十首」，《上崔相公（鉉）罷相啟》也

---

16 《新唐書》卷六〇《藝文志》，中華書局 1975 年版，第 1613 頁。

17 《新唐書》卷二〇三，第 5793-5794 頁；《舊唐書》卷一九〇下，中華書局 1975 年版，第 5079-5080 頁。

是從頭即慰罷相事，不知其中是否有省卻第一紙問候語的「別紙」在內[18]。此外標明別紙的，還有存世如崔致遠《桂苑筆耕集》中《上座主尚書別紙》、《賀除禮部尚書別紙》、《濟源別紙》、《迎楚州行李別紙二首》等多首[19]。可以肯定，以上別紙基本上都屬於官牘性質。

敦煌表狀箋啟書儀中，也有大量散見於起居、賀官、賀節、贈物和用於其他各種場合的官文別紙。其中確實有不少是刪去了修寒溫、明體氣客套話的專門敘事奏事之文。例如 P.4092《新集雜別紙》有《貝州司空》一首，開頭即是「伏以司空定難功高，平戎績著，散廄金而不慚往哲，碎玉壺而寵邁昔賢；故得迴住宸襟，允膺殊渥」[20]。雖有吹捧，但非寒暄，可以說是直入賀官「正題」的。又如 P.3931 中靈武節度使致甘州回鶻的書狀別紙，都是涉及與回鶻關係的具體事實。但是這種情況並不是全部，同是《新集雜別紙》的「月旦賀官」即不是如此。例如「三月」一首道「伏以畫鴨嘉辰，鬥雞令節；柳坼而黃鶯顯瑞，花鮮而日（白？）鷺呈祥。伏惟司空賈寇齊聲，龔黃並價；夙著治民之績，久彰及物之仁。（下略）」，內中雖無「明體氣」，卻不少敘節令的「修寒溫」，可見別紙的內容並不是絕對不寫套話，而是可以根據情況要求所定。其用途也不一。有的只是為了表示賀節、賀加官晉爵的鄭重，如上述給節度使、朝廷大僚等的「月旦賀官」及「賀端午別紙」、「賀正別紙」（P.3906、P.3931）；有的是贈物，稱「寄信（物？）別紙」（P.3906）、「具信」（P.2539v）；有的就是切入主題的奏事或具體

18　《全唐文》卷七六六，《唐文拾遺》卷三〇，中華書局 1983 年版，第 7966-7971、10717 頁。

19　（唐）崔致遠：《桂苑筆耕集·目錄》，《韓國文集叢刊》1，首爾：景仁文化社 1996 年版，第 3-11 頁。

20　錄文見趙和平：《敦煌表狀箋啟書儀輯校》，第 136 頁，下引文見 128 頁。

談事了。別紙既然種類不一，寫法也不相同。《太平廣記‧謝柴書》一則提到「唐有內大臣學作別紙言語」[21]，是別紙也有專門「言語」可令學習。而書儀中別紙，乃至薛逢《別紙》和敦煌《新集雜別紙》一類別紙集的出現，都可以說明別紙的製作已為一工。

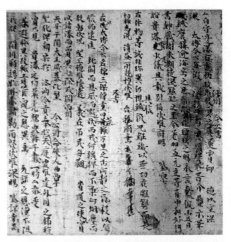

▲　圖5　P.2539v 的一書三紙（《沙州令公書》、《具信》、《又書》）

官場中奏事或談事採取別紙形式，原因之一是官文的格式、用法嚴格。表是表，狀是狀，奏（啟）事是奏（啟）事，不能混為一談。這一點其實 P.3900《武則天時期（？）書儀》已經反映。此書儀在給皇帝《慶正冬表》的「題函面〔語〕」中說明「應奏事者，但修狀進其〔狀〕如前」，並在下面記述了奏事的格式[22]。奏事狀附於表後，但與表不相連，後且要另具月日官名，可見如果奏事與表的內容無關，很可能是要別紙書寫。

21　《太平廣記》卷二六二《謝柴書》（出《盧氏雜說》），中華書局 1961 年版，第 2048 頁。

22　《法藏》（29），上海古籍出版社 2003 年版，第 133 頁。

　　給皇帝的表狀、奏事需要分開，給各級長官或藩鎮節察彼此間的
公文也有同樣的講究。如陳文所示，晚唐五代別紙於官場申事啟事的
特別多，恐怕就是由於有這樣的需要。另在固定程序的公文書狀之
外，又有私事私情的表達，就更需要放到另紙之上了。李匡文《資暇
集》卷下提到：「大僚紙上題籤，起於丞相李趙公（李吉甫）也。元和
中，趙公權傾天下，四方緘翰日滿閣者之袖，而潞帥郗士美時有珍
獻。趙公喜，而振武別紙則附于潞（按此句似應改為「而潞之別紙則
附於振武」）。時阿跌光進（李光進）帥麟，覽盈幅手字，知誤，畫時
飛還趙公。趙公因命書吏，凡有尺題，各令籤記以還，故於今成風
也。」[23]其中「別紙」明謂屬於「尺題」，應在正式的公文之外，附著
於公文，故稱別紙。又如呂溫《代李侍郎與徐州張尚書書》提到「奉
別紙示諭，眷待殊異」[24]，應當是徐州節度使張建封給工部侍郎、鹽鐵
轉運使李巽在公文事狀外附加的私人信函。白居易《代忠亮答吐蕃東
道節度使論結都離等書》稱「遠垂惠貺，愧佩殊深。今因押衙回，亦
有少答信〔物〕，具如別紙，恕輕鮮也」的別紙[25]，也是前面已提到的
公文信件外用以聯絡感情的具物狀或稱禮單。

　　此外，宋人對於別紙的使用也可以説明別紙的用途。《景定建康
志》載葉夢得《與丞相論防冬書》，言金人入侵之防務謂：「本府惟有
民間自欲團結可使保鄉里，漸已料理，復恐議者不知本末，謹具札子
稟達。其餘數十條並附之別紙。」[26]朱熹《與丞相別紙》：「熹區區愚懇，

<hr>

23　（唐）李匡乂：《資暇集》卷下《書題籤》，《叢書集成初編》第 279 冊，商務印書館
　　1937 年版，第 26 頁。

24　（唐）呂溫：《代李侍郎與徐州張尚書書》，《呂和叔文集》卷三，《四部叢刊》本，
　　商務印書館 1927 年版。

25　（唐）《白居易集》卷五七，中華書局 1979 年版，第 1221 頁。

26　（宋）周應合：《景定建康志》卷三五，南京出版社 2009 年版，第 892-894 頁。

已具前幅。復不自量，輒有踰涯之請，忘其罪戾，敢私言之。」[27]別紙在給丞相的書外，或作為公文補充，或表述額外之請。連繫前揭魏晉南朝「別紙」用例，也基本上是在公文中。所以別紙的創作，應當來源於公文，但是「別幅載事」顯然用處在公私之間。這是別紙和覆書兩者最大的區別。即覆書原來是用於家族朋友的一般場合，而別紙卻是官場酬應之作。晚唐五代書儀中雖有將通婚書的第二紙也稱作「別紙」的，但那只是後來兩者被混淆了，並不是原來就不分。唐後期五代社會日益官僚化，時人也愈來愈重視官場生活。別紙是官場酬應中少不了的，可以作為固定格式的公文之後的另外敘事和説私話，當然更用在對長官的賀官、賀節、起居儀中以表達恭敬和鄭重之意──在這一點上，它的性質又同於覆書。所以，它才會在唐後期表狀箋啟書儀中大量出現並流行於社會。

（四）關於重疊別紙

別紙並不一定是正書外僅加一紙。《北夢瑣言》卷四稱唐宰相盧光啟「受知於租庸張濬。清河出征并、汾，盧每致書疏，凡一事別為一幅，朝士至今效之。蓋八行重疊別紙，自公始也。唐末舉人，不問士行文藝，但勤于請謁，號曰『精切』，亦楷法于范陽公爾」[28]。盧光啟《新唐書》有傳，稱其「字子忠，不詳何所人。第進士，為張濬所厚，擢累兵部侍郎。昭宗幸鳳翔，宰相皆不從，以光啟權總中書事，兼判

27　（宋）朱熹：《晦庵先生朱文公文集》卷二六，《朱子全書》第 21 冊，上海古籍出版社和安徽出版社 2002 年版，第 1153 頁。

28　（五代）孫光憲撰，賈二強點校：《北夢瑣言》卷四《陸扆相六月及第（盧光啟附）》，中華書局 2002 年版，第 78-79 頁。

三司，進左諫議大夫，參知機務。復拜兵部侍郎、同中書門下平章事」[29]。盧光啟後被朱全忠所殺，但原先仕途不可謂不順。《北夢瑣言》同條説他「先人服刑，爾後弟兄修飾赴舉。因謂親知曰：『此乃開荒也。』然其立性周謹，進取多塗（途）。著《初舉子》一卷，即進取諸事，皆此類也」。薛廷珪《授盧光啟等遂王友制》也稱其人「皆以麗藻雅文，獨行當代」[30]。是盧光啟以文學進身，雖因先人犯罪服刑而致出身不佳，但他善於逢迎進取。「凡一事別為一幅」的「八行重疊別紙」是否由其創造，尚有可疑（詳下）；但這種別紙既是迎合了「勤於請謁」之需，又號稱「精切」，就必然在禮數周詳的同時，具備了使官場奏事清楚明白的特點，所以它的流行可想而知。問題是「重疊別紙」究竟是怎樣的一種形式呢？《雲麓漫鈔》卷四曾提到在盧光啟之後別紙形式的發展。説是「唐末以來，禮書慶賀為啟，一幅前不具銜，又一幅通時暄，一幅不審邇辰，頌祝加餐，此二幅每幅六行，共三幅。至宣政間，則啟前具銜，為一封，又以上二幅六行者同為公啟，別疊七幅」[31]。其形式今天固很難見到，是否重疊別紙也很難説。不過敦煌P.2945 被定名為《權知歸義軍節度兵馬留後使狀稿》的一件書狀使我們得到啟發。這件書狀的前八行如下：

1. 時候，伏惟

2. 相公尊體動止萬福。即日厶乙蒙恩，限守遐方，□（未）□（由）

3. 拜謁，謹奉狀不宣，謹狀。

29　《新唐書》卷一八二，第 5377 頁。

30　《文苑英華》卷四〇五，中華書局 1966 年版，第 2055 頁。

31　（宋）趙彥衛撰，傅根清點校：《雲麓漫鈔》卷四，中華書局 1996 年版，第 63 頁。

4. 七月九日權知歸義軍節度兵馬留後使　　　某乙□（狀）□（上）

5. 相公^{閣下}_{謹空}

6. 不審近日　尊體何似？伏願精嘉（加）藥膳，以安社稷

7. 生靈。伏惟　　　恩察，謹狀。

8. 權知歸義軍節度兵馬留後使　　　　　某乙□（狀）□（上）[32]

　　非常值得注意的是，這八行實可分兩件，其前件五行，後件三行；前件到「相公^{閣下}_{謹空}」為止，意思是問候，即《雲麓漫鈔》所謂「通時暄」，後件「伏願精嘉（加）藥膳」，也正是所説「頌祝加餐」。在這兩件的下面還有六件，除最後一件是「涼州書」以外，餘皆註明「又賀別紙」或「又別紙」。關於這卷文書，雖然論者對於它的年代及歸義軍留後究竟是誰尚有爭論，但一致認為前七件書狀和別紙都是留後致朔方節度使的，只有最後一件《涼州書》與之不同，且都認為各件反映了歸義軍從初次通使到通使成功的過程[33]。

　　但從書狀的內容分析，自第三件開始，其別紙或説明已派出朝貢使團，請求朔方節度使在沿路予以關照和保護；或感謝朔方遣人「貴達方音，申陽關之寧謐」的厚意，告知得到朝廷來使「澤漏西天，詔宣荒裔」的歡欣；或解釋朔方來人耽留，「蓋緣（朝廷）使臣未行，所以稽遲回轍（撤）」的原因；或讚頌朔方節度使溝通敦煌與中原關係的

32　《法藏》（20），上海古籍出版社 2002 年版，第 188 頁。

33　李正宇《曹仁貴歸奉後梁的一組新數據》（載武漢大學《魏晉南北朝隋唐使資料》第十一輯，1991 年，第 274-281 頁）首次提出這件文書的年代在後梁貞明中，留後是曹仁貴（議金）。之後，榮新江《歸義軍史研究》一書（上海古籍出版社 1996 年版）也同意這一説法。趙和平《敦煌表狀箋啟書儀輯校》則認為留後是曹元德。相關看法，參見楊寶玉、吳麗娛：《P.2945 書狀與曹氏歸義軍政權首次成功的朝貢活動》，載《敦煌吐魯番研究》第 11 卷，上海古籍出版社 2009 年版，第 269-296 頁。

功德，表達感佩和敬羨之心。單看每一件別紙，可以認為各是一事，但是合而觀之，卻可以看得出皆有連繫，並都關係到歸義軍遣使中原的問題，前後所說是一件事。由於信的內容與中間提到的事件似乎發生時間有所參差，或會認為，文書中的一件件別紙都是歸義軍在不同時間給朔方節度使的致信。但是其中一件別紙分明說道：「伏以邊荒古戍，元本以（與）朔北通煙。十五年來，路鯁艱危阻絕」；《涼州書》也點明「前載得可汗旨教，始差朝貢專人，不蒙僕射恩隆，中路被溫末劫殺」的事實，和提出「今乃共使臣同往，望僕射以作周旋」的請求。這就是說，歸義軍方面通使曾經失敗，所以準備再次派遣朝貢使團與朝廷使臣同往。在此之前，敦煌與朔方之間的道路是多年來始終未打通的，所以就是朔方來人，也不得不等著與使臣一起出發返程。既然如此，敦煌怎麼可能一次次派人前往送信？由此推測，這些反映一段時間以來（從朔方遣人送信到朝廷來使到敦煌最後派使團出發）敦煌歸義軍動態和運作的別紙，只能是在派遣使團的同時一同帶走。據書狀中的第三件寫道：「謹差節度都押衙張進誠奉狀陳謝」，帶走書狀的使人是張進誠。

　　而如果這樣來解釋，則除了《涼州書》之外的七件文書應當併為一狀。第一件是狀的開頭，第二件是狀的繼續。此狀雖然沒有註明「別紙」，但事實上應為第一張別紙。唯其如此，才可以解釋為什麼以下的別紙都加「又」字，而只有這張別紙與第一狀結合，並加上其他五件「又賀（謝）別紙」、「又別紙」（不包括《涼州書》），才組成一件完整的書狀。且各件基本上是一事一紙，涉及中原王朝來使示意，並通過朔方節度使斡旋和歸義軍決心通使中原的全過程。它的別紙、又別紙的層層套疊的形式，正是重疊別紙的典型。雖然書狀中未見到「前不具銜」的第一幅，且前二紙不符合《雲麓漫鈔》所說各為六行的規範，

亦並非公啟而是禮儀書狀的形式，但與「別疊七幅」的説法也有相似
之處，可見這樣的形式也在五代時期的敦煌使用和流傳。

　　以這件書狀提供的範式去尋找，在存世文獻中其實也能夠發現「重
疊別紙」或者多重別紙的書狀。比較典型的一件是崔致遠《上太尉別
紙五首》[34]。崔致遠是淮南節度使高駢巡官，該書為其任職藩鎮時作，
是一部典型的「掌書記文集」。別紙五首是其本人上使主書狀。五首
中，自第二至第五都標明「又」，很像是 P.2945 的情況。第一首稱「某
啟，昨以鄉使金仁圭員外，已臨去路，尚闕歸舟，懇求通行，仰候尊
旨。伏蒙恩造，俯允卑誠，今則共別淮城，齊登海艦」。這是説明得到
高駢准許登船出海，並為此表示感謝和懷戀之情。第二首稱「某啟，
伏奉手筆批誨，一行人並善將息穩風濤者，俯顧微流，仰窺尊念，望
淮海則陟遐自邇，指風波則視險如夷」。這是説在海上行進，並再次表
示「下情無任感激攀戀號灼之至」。第三首是「伏奉尊誨，藥袋子懸于
船頭，不畏風浪，慎勿開之者。仰掛青囊，遠逾碧海，必使天吳息
浪，水伯迎風。既無他慮于葭津，可訪仙遊于蓬島。惟願往來無滯，
忠孝克全」。這是企求海上的平安。第四首稱「某舟船行李，自到乳
山，旬日候風，已到冬節，海師進難，懇請駐留。某方忝榮身，惟憂
辱命，乘風破浪，既輸宗愨之言；長楫短篙，實涉惠施之説。雖抑
（仰？）資恩煦，不憚險艱，然正值驚波，難逾巨壑。今則已依曲浦，
暫下飛廬，……候過殘臘，決撰行期」。這是説明遇風浪不得不停留的
苦衷。第五首稱「某啟，自叨指使。惟欲奮飛，必期不讓秋鷹，便能
截海；豈料翻成跂鼇，尚類曳泥。雖慎三思而行，且乖一舉之俊。既

34　（唐）崔致遠：《桂苑筆耕集》卷二〇，第 123-124 頁；《唐文拾遺》卷四三，第
　　10881 頁。

勞淹久，合具啟陳（下略）」。這是再度表達了遭阻不能成行的無奈，最後並用「龍鵠無失，藩羊無失，唯願時然後行，必當利有攸往」之類的話以自解，示將隨遇而安[35]。總之，五首所言都是出海之事，有一定的時間性和過程，但主題、中心為一，前後貫通。出海時不大可能一次次地派人送信，這些別紙也應當是一次送出。如果我們判斷的不錯，在這五首別紙之前，還應有一紙正狀，內有「相公尊體動止萬福」、「即日某乙蒙恩，……謹奉狀不宣，謹狀」之類問起居的套話，否則會顯得突兀和無禮。正狀加上五首別紙，才是一件完整的書狀。

　　另外從上例也同樣說明，有時重疊別紙的使用可以記載一段以來發生的事情。須知盧光啟的「八行重疊別紙」就是使用於「清河（張濬）出征并汾」之際，則由於征戰之際通信不便也應是重疊別紙產生的一個原因。晚唐五代常常出現動亂局勢，交戰期間書信不方便寄出大概是常事，所以只能隨時寫下一併送到。敦煌 P.2945 卷尤能說明這一問題，試想其時道路不通，朝貢如不組織使團且無各方保護則不能到達。在這種情況下，不可能一次次派出使人送信，靈武使者長期逗留敦煌和七件書狀別紙的時間跨度長由此不難理解。所以除了敘事清楚外，可以將一段時間內隨時發生的情況連續奏報並集中發出，這也是重疊別紙使用的意義所在。

　　崔集卷一九又有《迎楚州行李別紙二首》和《與金部郎中別紙二首》[36]，均為代高駢所作，其第二首均標明「又」，是否重疊別紙也甚可疑。雖然一為接楚州來的「尚書」，一為與出牧州郡的某「金部郎中」的應酬文字而內容有別，但兩件的形式非常相似。其第一首都以「不

35　（唐）崔致遠：《桂苑筆耕集》卷一九，第 116-117 頁；《唐文拾遺》卷四三，第
　　10855-10856 頁。

36　（唐）崔致遠：《桂苑筆耕集》卷一九，第 116-117 頁。

審近日尊體寢膳何似」之類語開頭，接下都有天氣或者時景的寒暄，如「伏以源滋桐柏，浪接蓬萊，雖漸臨鬱燠之期，而宛對清虛之境。開樂鏡而真同月映，泛膺舟而況值風調」；或「況屬遲日載陽，光風遍煦，燕歌鶯舞，深資酌桂之歡；智水仁山，靜悅據梧之興」一類。接下來的第二首才是更具實質性的。文皆以「某啟」開頭。「迎楚州行李」言及「今月某日專使至，伏蒙恩慈，特降尊誨。跪讀欣忭，不任下情。伏審尚書遠赴天庭，將遵水道。整蘭橈而思郭泰，指桂苑而訪劉安」的來龍去脈和「今者佇迎鶴駕，即覷龍章；既知天幸遭逢，唯切日深踴躍」，準備迎接的急迫心情。「與金部郎中」也在其第二首中用大量的形容詞吹捧對方的德行和出任地方官得以發揮才能，以致「入覲冀階，坐調梅鼎」亦非「月中之夢」的遠大前程，表達了自己「仰趨馬帳，忝預生徒，無任攀戀禱祝兢惕之至」的企羨之心。兩件書狀文字優美，很像是早先月儀或者朋友書儀的翻版。這樣的書狀，可以使人瞭解到在文人的筆下，怎樣「古為今用」地將原來的文學形式改頭換面地搬到官場酬應中來，致使別紙幾乎完全取代了原來的覆書。不過，既然稱作別紙，則我認為兩件書狀也都是不完整的。在別紙之前，理應還有一件正狀。

　　崔集中還有許多別紙，除了上面提到的之外，如卷七還有「別紙二十首」，其中《滑州都統王令公三首》、《鄭畋相公二首》、《吏部裴瓚尚書二首》、《宣歙裴虔余尚書二首》、《鹽鐵李都尚書二首》等也都是一人兩首以上。但這些別紙並不一定都是重疊別紙。如《鄭畋相公二首》就明顯為兩次，一次時間在中和二年（882）二月鄭畋命相，一次卻在他被罷為太保之後。此外崔集卷八、卷九、卷一〇的書狀中有《徐州時溥司空三首》、《幽州李可舉大王四首》、《都統王令公三首》、《浙西周寶司空五首》、《宣歙裴虔余尚書三首》、《護軍郤公甫將軍三

首》、《壁州鄭凝續將軍二首》等；雖然也是一人多首，但原集既沒有指出，也很難從內容上認定它們就是別紙或重疊別紙。所以別紙有時不宜判斷。不過有一點可以肯定，別紙和重疊別紙基本上用於下對上或雖平級卻須表尊敬的場合，一般平交之間或上對下則不用。它們與一般表狀箋啟官文書狀一樣，顯然都是藩鎮與朝廷或藩鎮之間、中央地方官員之間相互往來的產物，是當時各種政治關係的真實反映。別紙的大量使用，的確是適應唐末五代中央地方政治生活和官場交際的各種需要。

　　崔集中重疊別紙的出現，也使我們發現了一個很重要的問題。即《北夢瑣言》提出「蓋八行重疊別紙，自公（盧光啟）始也」，並不一定正確。因為如說盧光啟創始，則時間不早於「清河（張濬）出征并、汾」的大順元年（890）[37]。崔致遠是與盧光啟同時代的人。但是，根據崔致遠進《桂苑筆耕集》的奏狀，其時間是在中和六（元？）年（881）的正月。如果本文對崔集中重疊別紙的判斷無誤，則重疊別紙的形式在中和以前就已經有了。《北夢瑣言》的作者孫光憲提出其為盧光啟始創，是由於看到當時社會流行和模仿的情況，並且用一「蓋」字，說明也是一種推斷。筆者推測，社會以盧光啟為榜樣是因他名氣大、文筆好，或者是因他將已流行的重疊別紙用八行箋又規範了一下，且一事一紙更為嚴格，亦更加簡明清楚。如果只說重疊別紙的話，其創作應在崔致遠之前，而且至少文人薈萃的江淮一帶早就有了。筆者曾經討論過掌書記文學對表狀箋啟書儀文集製作的影響，重疊別紙也有可能是在藩鎮地方首創而流行到中朝的，這種情況其實很符合唐末五代文學傳播的規律特點。

37　詳《資治通鑑》卷二五八，第 8399-8411 頁。

　　以上是關於別紙的一些補充。由於史料闕失和記載不明，我們在文獻中發現的唐五代別紙和重疊別紙還不是很多。另外我懷疑有些官文書啟雖然從名稱及形式看都是一紙單書，實際卻是無開頭語而直敘其事、去掉了第一紙寒暄的別紙，這就使人無從分別。關於這一點，我們確實還需要進一步的證明和發掘。不過有一點是值得思考的，即魏晉南北朝時期開創的覆書和別紙本有民間和官場的兩種功用，但唐以後隨著民間吉凶書儀中覆書應用的不斷減少，表狀箋啟書儀和傳世文獻中的官牘別紙卻是逐漸增加。這就是説，一方面貴族創造的煩瑣禮儀隨著庶民社會的發展需要走向簡約，但是另一方面新的繁文縟節卻又在業已成熟的官僚社會中滋生發展，成為一種新的模式。中古社會的禮儀就在這樣的一種矛盾中遞進，書體的變化也是如此。不過，形成兩紙或多紙的「別紙」並不是以往覆書的簡單重複，而是有著實際內容並有著自己的規格，從而體現了時勢的特殊要求。所以進入宋代以後，別紙仍然被廣泛地使用著。宋人文集除前揭朱熹《晦庵集》外，類如《文忠集》、《東坡集》、《山谷集》等都有大量書狀提到或使用別紙。蔡襄《端明集》的某些卷篇甚至辟有別紙專目。別紙被中古的文人和官僚們所習見和接受。由此出發，它的頻繁使用顯然不能簡單地認為完全是一種書信形式的倒退。

▲ 圖 6　P.2945 中的多重別紙

中編

禮法與制度

　　中古書儀最初是由世家大族創立的，因此，在早期的月儀和吉凶書儀中，士人交往和家族的吉凶禮儀占了主要成分，這些內容也被唐代的書儀繼承下來。除此之外，唐朝的官僚社會形成，行之於朝廷和官員間的禮儀大大發展，在吉凶書儀和表狀箋啟書儀中都有很多名目以體現之。本編以表狀箋啟書儀為主，收入了一些朝廷和官員行用的禮儀，其中既包括一些官僚制度的規定，也包括一些官場上下、公私之間往還的內容，類如起居儀和起居書儀的形式、使用的場合、層次與種類對象；圍繞節度刺史拜官中謝和上事為中心的晚唐五代中央地方的禮儀交接；與藩鎮體制相對應的接待機構──中央客省與地方藩鎮客司客將的設置與職能；以及敦煌文書中的祭文所反映的地方官方祭祀，從某些側面反映了禮法與現實制度的結合，同時也反映了時代變革下的官場禮儀文化。

六　試論敦煌書儀中的官場起居儀*

　　起居儀是敦煌書儀中所見唐五代從民間到朝廷和官場都普遍存在的一種禮儀書式。周一良先生《敦煌寫本書儀考（之一）》曾討論過《刺史書儀》及傳世文獻中關於「起居」一詞的應用[1]，筆者在《關於〈朋友書儀〉的再考察》[2]和《從敦煌書儀的表狀箋啟看唐五代官場禮儀的轉移變遷》[3]兩文中也都對起居儀有所涉獵。但是，具體到起居儀的性質，特別是它的形式以及在官場中的使用與發展，以往的研究尚有意猶未盡之處，故本文擬就這些方面再作些探討。

---

*　本文原載劉進寶、高田時雄編：《轉型期的敦煌學》，上海古籍出版社 2007 年版，第 263-278 頁。收人本書略有修改。

1　《敦煌寫本書儀考（之一）》，《敦煌吐魯番文獻研究》第 1 輯，中華書局 1982 年版。收入周一良、趙和平著：《唐五代書儀研究》（文有增補），中國社會科學出版社 1995 年版，第 53-70 頁，說見第 58-59 頁。

2　《關於〈朋友書儀〉的再考察》，載《中國史研究》2001 年第 1 期，第 65-66 頁。

3　《從敦煌書儀的表狀箋啟看唐五代官場禮儀的轉移變遷》，載《中國社會歷史評論》第 3 卷，中華書局 2001 年版，第 355-356 頁。

（一）書儀中的起居啟和起居狀

從敦煌書儀中所見唐朝官場中使用的一種書狀被稱為起居啟或起居狀。如開、天時期的 P.3637《新定書儀鏡》有《重賀官書》，內「於起居狀『名蒙恩』之下云：『伏承公簡自聖心，特沐天恩加榮命，〔下情〕不勝喜悅』」語[4]，就提到了起居狀。起居的原意是指作息或動靜居止。《尚書》有云：「出入起居，罔有不欽；發號施令，罔有不臧。」[5]《孔子家語·儒行解第五》「雖危，猶起居」下王肅註曰：「起居猶動靜也。」[6]唐王冰註《黃帝內經素問·上古天真論篇第一》「食飲有節，起居有常」亦曰：「起居者，動止之綱紀。」[7]《漢書》卷八一《匡張孔馬傳》：「天子愈益敬厚（張）禹。禹每病，輒以起居聞。」顏師古曰：「謂其食飲寢臥之增損。」[8]也是此意。從此出發，記天子言動之官稱為起居郎、起居舍人，所記錄者為起居注。而起居既是動靜居處，則參問起居就是請安問好、問身體生活適宜與否，在家族之內就是子女對父母應盡孝道的晨昏定省，而當長期不見面時就有書信代替。敦煌書儀中有著各種各樣的禮書，平居問安的起居書儀是最常見的一種，在吉凶書儀中屬吉儀。它在民間百姓是問候父母、祖父母等長輩的平安書信，到了官場中，就成了致上級長官或高級官員的起居狀與起居啟。

起居儀在敦煌書儀中雖然十分多見，但「起居」一詞卻不是隨便

4　《法藏》（26），上海古籍出版社 2002 年版，第 181 頁。

5　見《尚書·周書·冏命》，《尚書正義》卷一九，《十三經註疏》，中華書局 1980 年版，第 246 頁。

6　（魏）王肅註：《孔子家語》卷一，上海古籍出版社，《景印文淵閣四庫全書》第 695 冊，第 11 頁。

7　（唐）王冰註，（宋）林億等校正：《黃帝內經素問》卷一，《景印文淵閣四庫全書》第 733 冊，第 9 頁。

8　《漢書》卷八一《匡張孔馬狀》，中華書局 1962 年版，第 3350 頁。

使用的。例如我們在一般家族內所用的平居書儀中常常見到「孟春猶寒，不審尊體起居何如」這樣的套語，但其所面向的對象卻有一定的限制。例如 P.3442 杜友晉《吉凶書儀》內族凶書儀中《祖父母喪告答父母伯叔姑書》「不審尊體起居何如」句的「起居」下，註云「伯叔姑不用起居字」；《伯叔祖父母喪告答祖父母父母姑書》同一句的「起居」下，註云「姑不用起居字」[9]；此外司馬光《書儀》卷一《家書》下有《上祖父母父母^{上外祖父母改孫為
外孫著姓，餘同。}》一首也稱「伏惟　某親尊體起居萬福」，但是《上內外尊屬^{謂伯叔祖父母、伯叔父母姑、舅、
妗母、姨夫、姨母、妻之父母。}》一首就註明「改起居為動止」，《上內外長屬^{謂兄姊、表兄姊及
姊夫，妹與嫂亦同。}》一首也說明「改尊體起居萬福為動止康福」[10]；對這一點十分明確。可見起居是個特殊字眼，照規矩只能問候父母、祖父母等最親近的直系家長（至多還有外祖父母，以及婦女對公婆），而不用此詞、不施此禮於旁系親屬或者朋友。所以一樣是請安問好，但是書信中遇到相同語意或規避，或用其他字眼如「動止」來代替。我們在杜氏《吉凶書儀》所見到的一般親屬往來或給尊者吉凶儀中，凡涉及問候，也是「伏惟尊體動止萬福」或「不審尊體（或體內、體履）何如」。這一點，在同書儀《四海吉書儀五首》的《與極尊書》中尤可見一斑。此書儀說明對象是「同居繼父、父之摯友、疏居屬長、見藝師、姑夫姨夫、族祖叔祖」，但是問候語也是「動止萬福」。足見親至繼父，尊至師長一般不能輕易就稱「起居」，是家族內外「起居」用語的一個基本界限。不過後來用起居字眼已不如書儀規定之嚴格。諸如敦煌晚唐的書信中，已見有從弟致從兄、表弟致表兄

9　《法藏》（24），2002 年，第 220 頁。

10　司馬光：《書儀》卷一，《景印文淵閣四庫全書》第 142 冊，上海古籍出版社，第 465頁。

亦用「起居」的[11]。而官場中對於位重、位尊，特別是直接的長官，更常常不免於「謹奉狀起居不宣」之類的套語，而不論是用詞如何，這類上於長官、高官的起居儀形式卻是基本固定下來了。

起居啟、狀在官場中被下級上於高級長官，比較典型的可見於天寶時代的《書儀鏡》（S.329+S.361），其內「四海書題」一目下有「重書」一首：

孟春猶寒，伏惟　　　　官位公尊體動止萬福。即此蒙恩，如蒙恩 如有事意，即于 蒙恩之下論。所守有限，拜奉未由，無任下情，伏增馳戀。謹遣使次 即謹因 ム官ム乙使次 即云 使次 奉狀　　　起居不宣，謹狀。　　　官位公閣下 月日行官姓名狀上。[12]

這件書狀也是問安性質，但它指明是給「相國、左右丞相、御史大夫、中丞、侍御、六尚書、三公九卿、節度使和太守」等重要官員，書中不但有「尊體動止萬福」和「謹奉狀起居不宣」一類的字眼，而且於「官位公」、「起居」等指代收信人的語詞前都用了平闕，所以一望而知是給大官的。和這件書狀相比，另一件「次重書」規格稍低，其問候語雖也有「伏惟　　　公尊體動止萬福」，但末尾謹用「謹因使奉狀不宣，謹狀」而無「起居」字，兩件書狀的答書也只有「惟動息兼勝」之類語而同樣不問起居，明顯規格更低，和重書不是一個等級，則官場中的問起居顯然和官位高低直接有關，只有給重官要職者

11　見 S.76《某年十二月廿四日潘夐（？）致秀才十三兄狀》、《宗緒與從兄狀稿二通》，錄文見郝春文編著：《英藏敦煌社會歷史文獻釋錄》第 1 卷，科學出版社 2001 年版，第 69-71 頁。

12　《英藏》（1），四川人民出版社 1990 年版，第 132、151 頁。

上書才能用起居儀。

　　類似的書狀後來在 S.6537v 鄭餘慶元和《大唐新定吉凶書儀》中被更明確地安置於《僚（僚）屬起居第六》和《典吏（史？）起居啟第七》的儀目中。其《僚屬起居第六》中的《起居啟》內容如下：

　　孟春猶寒，伏惟　官位尊體動止萬福。即日某蒙恩，限以卑守，不獲拜伏；下情無任惶懼。謹奉啟起居不宣，謹啟。

　　《典吏（史？）起居啟第七》中的《起居啟》內容幾完全相同，只是「官位尊體動止萬福」的「動止」改作「起居」，「卑守」、「惶懼」也改作「卑役」、「戰懼」，顯得更加謙卑。「僚屬」是對長官而言，是某一高官的幕僚從屬；典史則是某一部門的吏職，比僚屬地位更低。不僅如此，由於唐後期有僚屬的主要是地方長官特別是藩鎮，所以兩種起居儀，作為日常所用，其實代表了僚屬給藩鎮和下吏給所在部門長官的兩種情況。除此之外，《僚屬起居第六》和《典吏（史？）起居啟第七》還都將賀元日、冬至的《賀正冬啟》列入在內，前者甚至包括《賀人改官啟及加階》，說明節日的賀啟或者賀加官階的書信總體上也可以劃定在「起居」的範圍之內。其《賀正冬啟》如下：

　　某啟，元正啟祚，萬物惟新。冬至云晷運推移，日南長至。伏惟　官位膺時納祐，罄無不宜。某乙限以卑守，不獲隨例拜賀，下情無任惶懼。謹奉啟不宣，謹啟　某月日具官銜姓名啟。[13]

13　以上見《英藏》（11），1994年版，第104頁。

　　以上只是將節候用語和起居字樣換成了節慶日的祝福。在敦煌吉凶書儀中，包括節日、賀官和日常問候在內的起居儀用於藩鎮僚屬對節度使最多最經常，除了鄭氏書儀外，P.2646 等卷宣宗時河西節度使掌書記張敖《新集吉凶書儀》、P.3502v 同人撰《新集諸家九族尊卑書儀》和 P.3691 等五代《新集書儀》中也都保留有《僚屬起居啟狀》、《官僚起居啟狀》或形式相同的《與重者書》。S.1725v 卷含多首賀謝儀，內中不但有《諸起居啟》、《賀至歲啟》，還有《牧宰初授故舊及名位相亞者起居啟》、《有疾及馬墮損起居啟》等，這種書啟中大都有「名卑守有限，未（末）由拜伏，下情無任馳戀」或「名卑守有限，不獲隨例起居，伏增戰灼」一類顯示著「下對上」關係的極其謙卑的詞語[14]。它們在敦煌流通，帶有鮮明的地方色彩，特別是晚唐張敖的兩件書儀和五代《新集書儀》都是用在歸義軍的治下，所以事實上頗具藩鎮特色。

　　起居啟、狀在專門的表狀箋啟書儀中更為常見。P.3449 和 P.3864《刺史書儀》，表現刺史授官後前往赴任路上的活動，其中就有給本道節度使和行軍副使等主要長官的書狀。內《申本道狀啟各一封》稱：「具全銜某　右厶伏蒙　聖恩除受（授）厶州刺史。有幸得伏事　臺階，下情無任抃躍。去今月日謝恩訖，謹先具狀啟　起居申聞。謹錄狀上。牒件狀（按此三字疑衍或後有脫文「如前，謹牒」二字，此是將起居狀與公文混在一起，詳下說明）。」另一件《行軍副使啟頭書》是：「厶啟：厶南北差池，早乖趨謁，今者出于際會，幸契卑誠。披仙霧以非遙，積光榮而倍切。遙瞻　重德，每役夢魂。謹先修狀　起居。伏惟照察，謹狀。」兩件書狀一望而知是刺史在剛剛得到任命時分別給節度使和行軍副使的，也就是說，刺史一旦任職，就要先向道的

――――――――――
14　《英藏》（3），1990 年，第 134-135 頁。

長官報告，並以起居儀致禮節性問候。另外又有《經過州郡節度啟狀》：「右厶伏蒙　聖恩，再除　郡印。今者徑赴本任，已達貴封，將獲袛候　臺階，下情伏增抃躍。謹差厶具狀啟　起居申聞。謹錄狀上。云云。」[15]經過州郡的節度使雖然不是刺史的直接長官，但官階職位在上，所以也以書信通問起居致意，等於客中打一招呼。

　　P.2996 書儀殘存二十行，趙和平介紹它「共有六首『起居狀』」，並考證它製作於五代，「從書儀的行文風格看，沒有瓜沙地方的鮮明地方性特色，而寫本內容具有較濃的文學性，推測是由中原傳入的某種書儀傳抄本」[16]。其書狀中，大多道想念感激或攀戀之情，看得出是一般的通問語，但語氣謙卑。末尾也有「謹修狀起居陳謝」、「謹修狀起居兼伸陳賀」或者「謹修狀起居兼咨問體氣」等語，確是典型的起居狀，說明這類書狀在當時是非常流行的。

　　P.4092《新集雜別紙》從內容看也有起居儀多首。如一首道：「右厶限以職守，不獲袛候臺階，下情無任惶灼之至。謹具狀啟起居，謹錄狀上。」一首道：「右厶伏審　司徒臺旗已離京闕，將獲參觀，卑情無任喜抃之至，謹具狀起居（以下略）。」[17]同件書儀與 P.3723《記室備要》、P.3931《靈武節度使表狀集》都有稱作「月旦賀官」或從正月到十二月的月賀儀，事實上大多也是起居儀或類似性質。

（二）官場起居儀使用的不同場合、層次與種類對象

　　官場起居儀是由家內起居儀發展起來的，但是其實行有不同的層

15　以上引文見 P.3449（24），2002 年，第 240、246、242 頁。

16　趙和平：《敦煌表狀箋啟書儀輯校》，第 378-380 頁。

17　《法藏》（31），上海古籍出版社 2005 年版，第 109、111 頁。

次及內涵。朝廷的起居表是皇帝因故不能舉行朝參或者節日、朔望之際，見不到皇帝的官員所上；而藩鎮地方的起居，也是朔望、節日等時間必行，而「月旦賀官」或者正至、端午的起居書儀也是藩鎮衙參或廷（庭）參的替代。不同的起居儀實行的場合、層次及種類對象有別，但是除給皇帝的起居表，其他起居書儀都劃入「私書」範圍之內，這種官牘的使用，體現了官場內複雜的人際關係以及官僚社會中官風逐漸習染社會大眾的過程。

1. 上朝廷的起居表

起居書儀使用的層次、對象不同，不但如上所說民間家族內外及官場都有起居書信和箋狀，且在朝廷之上，又有上於皇帝的起居表。敦煌 P.3931《靈武節度使表狀集》就有《起居》一件，內稱：

> 聖躬：臣伏限守鎮，不獲親赴　　闕庭，臣無任瞻　天望日，〔激切？〕屏營之至。謹奉表起居以　聞。臣頓首。[18]

這件文狀對指代皇帝和朝廷的「闕庭」、「天」、「日」等名稱和「聞」字前都用了平闕。從開頭「聖躬」的稱呼和末尾的「臣頓首」語以及研究者已論證的卷子時代，知它應當是靈武節度使致後唐皇帝的起居表。且對比存世表狀，知所用語「謹奉表起居以聞」乃當時所習見，唯對「聖躬」稱呼在前不大符合一般規範，可能已是五代以後發展的一種形式。按關於起居表《唐六典》卷四禮部郎中員外郎條有曰：

> 凡車駕巡幸及還京，百官辭迎皆于城門外，留守宮內者，在殿門

18　《法藏》（30），2003 年，第 216 頁。

外。行從官每日起居，兩京文武職事五品已上三日一奉表起居，三百里內刺史朝見。東都留司文武官每月于尚書省拜表，及留守官共遣使起居，皆以月朔日，使奉表以見。中書舍人一人受表以進。北都留守每季一起居。[19]

《唐會要》卷二六《箋表例》：

〔開元〕十一年（723）七月五日敕：「三都留守，或：兩京每月一起居，北都每季一起居，並遣使。即行幸未至所幸處，其三都留守及京官五品已上，三日一起居。若暫出行幸，發處留守亦准此並遞表。」[20]

另外《新唐書·百官志》一也記：「皇帝巡幸，兩京文武官職事五品以上，月朔以表參起居。近州刺史，遣使一參。留守，月遣使起居。北都，則四時遣使起居。」[21]由此可知，凡皇帝巡幸不能舉行朝參時京官職事五品以上和三都長官要上起居表，皇帝在京城時外州刺史等也要上表。《文苑英華》卷六〇五有崔融代高宗李治作《皇太子請起居表》一首，卷六〇九有武后時富嘉謨《駕幸長安起居表》、于公異、羊士諤各作《代人行在起居表》、呂溫《代張侍郎起居表》等[22]，李商隱《為滎陽公上西川張相公狀》有云：「即以今月七日，進發到府，續

19　《唐六典》卷四，中華書局 1992 年版，第 114 頁。
20　《唐會要》卷二六《箋表例》，上海古籍出版社，第 589 頁。
21　《新唐書》卷四六《百官志》一禮部郎中員外郎條，中華書局 1975 年版，第 1194 頁。
22　分見《文苑英華》卷六〇五、六〇九，中華書局 1966 年版，第 3137、3159-3160 頁。

差專使起居，伏惟恩察。」《為滎陽公上西川李相公狀》稱：「感知懷戀，無喻下情。更須旬日，遣專使起居，伏惟俯賜照察。」[23]也可見一斑。

　　唐朝廷還規定在元日舉行大朝會，「皇太子獻壽，次上公獻壽，次中書令奏諸州表」[24]，建中二年（781）十一月敕「宜以冬至日受朝賀」，至貞元四年（788）十一月十三日，中書侍郎李泌奏，「冬至朝賀，請准元日，中書令讀諸方表」[25]，是正、冬的讀賀表被作為朝會中的一項大禮儀活動。仁井田陞《唐令拾遺》據《唐六典》復原開元《儀制令》文曰：「帝踐祚及加元服、皇太后加號、皇后皇太子立，及赦、元日，刺史、若京官五品以上在外者，並奉表疏賀。州遣使余附表，皆禮部整比，送中書總奏之。」[26]説明節日的賀表是各類必須上達皇帝的賀表之一。關於這類賀表 P.3900《武則天時期（？）書儀》有《慶正冬表》一首，可作參考：

　　臣名言：元正肇祚，萬福惟新。^{冬至即言晷運環周，日南長至。}伏惟　陛下^{此須平闕。}膺乾納祐，與天同休，罄無不疑。臣限所守，不獲稱慶　闕庭，^{此須闕二字。}不勝悅豫之至。謹遣所部某官^臣某乙奉表以聞。臣某誠歡誠喜，頓首〔頓首〕，死罪死罪，謹|言？|。某年某月日官臣姓名上表（下略）。[27]

23　《李商隱全集・樊南文集補編》卷四，上海古籍出版社 1999 年版，第 245 頁。

24　《唐六典》卷四禮部郎中員外郎條，中華書局 1992 年版，第 113 頁。

25　以上參見《通典》卷七〇《元正冬至受朝賀（朔望朝參及常朝日附）》，中華書局 1988 年版，第 1933-1935 頁；《唐會要》卷二四《受朝賀》，第 534 頁。按貞元七年四月敕，又下令每年五月一日御宣政殿與文武百僚相見，實同大朝會；至元和三年四月詔停。

26　仁井田陞：《唐令拾遺・儀制令第一八》，東京：東方文化學院東京研究所刊 1933 年版，第 478-479 頁。

27　《法藏》（29），2003 年，第 133 頁。

　　來自地方的賀表常常須專人遞送，代表著地方對中央的恭奉，所以朝廷非常重視。《通典》卷七〇載天寶六載十二月敕，鑑於諸道差使賀正，有十二月早到，「或有先見，或有不見。其所賀正表，但送省司，又不同進，因循日久，于禮全乖」的情況，下令「自今以後，應賀正使，並取元日，隨京官例，序立便見，通事舍人奏知，其表直送四方館，元日仗下後一時同進」[28]。唐武宗時，要求「應諸道管內州，合進元日、冬至、端午、重陽等四節賀表，自今已後，其管內州並仰付當道專使發遣，仍及時催促同到」[29]，説明在主要節日代表外官朝賀的賀表應和京官的朝賀同時。

　　另除了正、至節日朝賀之外，唐朝的朝參又有朔望朝參和常朝。朔望朝參的參加者是在京九品以上官員，比只有五品以上官員及供奉官參加的常朝規模要大。高宗永徽二年（651）八月二十九日下詔：「來月一日，太極殿受朝。此後每五日一度，太極殿視事。朔望朝，即為恆式，准元日令，中書令讀諸方表。」[30]「讀諸方表」應當就是來自蕃國或地方的賀起居表，這也許就是地方承平之際上起居表的由來。當然説是朔望讀有可能就是朔日，如此則月旦起居表之上應與朔日朝參一致。而前揭《唐六典》關於皇帝出行，「兩京文武職事五品已上三日一奉表起居」很可能即相當「三日一臨朝」，表是代替朝參的，由於禮制是依從貞觀，故即使後來朝參日改變而制度卻未改。而朔日朝參儀式隆重，月旦起居表也就成為僅次於節日賀表的最經常最不可缺少的禮儀表狀。《大唐開元禮・嘉禮》有「群臣詣闕上表」一目，是關於奉表的儀式。説明是「前一日守宮設文武群官次于朝堂」，到時集合文武

28　《通典》卷七〇《元正冬至受朝賀》，第 1934 頁。

29　《唐會要》卷二六《箋表例》，第 589 頁。

30　《通典》卷七〇《元正冬至受朝賀》，第 1935 頁。

群官俱就次。當典謁引中書令出就南面位後，由「禮部郎中引表案詣中書令前，郎中取表以授中書令，中書令受表，郎中舉案退」，群官行再拜禮後通事舍人引中書令以表入奏，然後再出以宣詔受拜[31]。此條未言奏表內容、時日，但同條與下面所說「群臣參賀起居」並列在一卷，頗疑朔望起居賀表最後也應履此程序而遞達朝廷和皇帝。

正至、朔望和常參從某種角度可以看成是對皇帝的「起居」，所以晚唐五代的常參又被稱之為「起居」。起居表應合著各種朝參的內涵，是見不到皇帝時所上，因而也就成為官員在不同時日親身參加朝參的代替與象徵。

2. 地方的節日與月賀起居

如同皇帝坐朝一樣，地方長官也須坐衙，則屬吏即須日見長官，這就形同對朝廷的朝參。不過州長官的衙署畢竟只是地方的二級衙門，所以唐後期藩鎮制度下更突出的便是藩鎮僚屬對其長官節度、觀察使的參見之禮。藩鎮僚屬參見使主稱為衙參或廷（庭）參。《太平廣記・兗州君將》一則即記載了兗州節度使崔尚書為衙參不到而處斬軍將一事[32]。宋朝也有「今監司郡守初上事，既受官吏參謁」的「衙參之禮」，洪邁舉岑參《衙郡守還》詩以為由來已久[33]。《新五代史》則載明宗時加李從榮天下兵馬大元帥，有司言「元帥或統諸道，或專一面，自前世無天下元帥之名，其禮無所考按。請自節度使以下，凡領兵職者，皆具櫜鞬以軍禮庭參」[34]，即其禮也。本文上面說到刺史拜官後先

31　《大唐開元禮》卷一二九《嘉禮》，洪氏公善堂本，民族出版社 2000 年版，第 609頁。

32　按「衙參」一詞可見《太平廣記》卷一〇八《兗州君將》，中華書局 1961 年版，第735頁。

33　（宋）洪邁：《容齋隨筆・三筆》卷一四，上海古籍出版社 1978 年版，第 586 頁。

34　《新五代史》卷一五《明宗子・秦王從榮》，中華書局 1974 年版，第 163 頁。

要有給本道節度使的起居儀，在到達任所前又先要去拜見節度使，這個初次的見面亦是「廷（庭）參」。廷參要穿著櫜鞬服，所謂「戎服趨庭致禮」，表示是節度使的屬吏，也相當於第一次正式的拜問和參「起居」[35]。韓愈《送鄭尚書序》有關於「嶺之南，其州七十，其二十二隸嶺南節度府，其四十餘分四府，府各置帥，然獨嶺南節度為大府。大府始至，四府必使其佐啟問起居，謝守地，不得即賀以為禮。歲時必遣賀問，致水土物。大府帥或道過其府，府帥必戎服，左握刀，右屬弓矢，帕首袴靴迎郊」的描述[36]，雖說是邊遠地區的大小府之間，但正可以作為這種起居禮的參照。

　　按照規定，不管是刺史、縣令還是其他官員，作為藩鎮僚屬，大節日如正至、端午、重陽都須拜見長官，「特申陳賀」。如果「限以職守」（亦稱「卑守有限」）或因什麼緣故「不獲祗候臺階」，「不獲隨例拜賀」；就要「謹具狀啟起居」，這是諸如敦煌書儀中不少賀正至、賀端午等書儀的由來。上面說到鄭餘慶《大唐新定吉凶書儀》也將賀節儀置於《僚屬起居第六》和《典史起居啟第七》中，說明節日僚屬的賀起居正可比朝廷大朝會中的群臣朝參。前揭 P.2646 等卷宣宗時河西節度使掌書記張敖《新集吉凶書儀》、P.3502v 同人撰《新集諸家九族尊卑書儀》和 P.3691 等五代《新集書儀》中相沿均有這類賀節書與節日獻物狀。S.1725v 卷中的《賀至歲啟》也是「卑守有限」的下級賀長官。而此類書儀在敦煌的流傳以及節日謝賜物（如 P.2652「謝冬至賜節料」、「謝歲日賜」，S.3399「端午節賀扇」）等也說明同樣的禮節在各

35　關於刺史拜見節度使要「戎服趨庭致禮」，參見黃正建：《唐代戎服「櫜鞬服」與地方行政長官的軍事色彩》，載《中國史研究》2002 年第 4 期，第 55-59 頁。

36　（唐）韓愈：《韓昌黎集》卷二一，《國學基本叢書》第 5 冊，商務印書館1958 年版，第 35 頁。

時期的歸義軍內部實行。

　　但是在敦煌書儀中更引人注目的乃是按十二個月次序排列的月賀起居儀。上面已經說到鄭氏書儀是將賀人加官階放到起居儀中，而十二月賀這類起居儀也常常與祝福加官晉爵結合起來，如 P.4092《新集雜別紙》便是將十二月儀與元正、冬至兩首共同列於「知聞來往別紙八十八首」中的最前部，稱之為「月旦賀官」，其對象是「僕射」、「司空」等。內容多是用月儀一樣形容月景時候的詞語，再加上一些頌揚德政、祝福加官的吉慶話。例如四月的一首道：「伏以巽風乍變，離日方臨，庭樹陰濃，岫云峰出。伏以司空家傳鐘〔鼎〕，慶襲弓裘，顯倅名藩，屢彰懿績，爰因改候，更集寵恩。厶叩休（沐）知憐，未經趨謁，禱戀之懇，夙宵不忘，謹奉狀　起居。」九月的一首道：「伏以云蒼〔霄？〕漢，露自高梧；孟嘉之帽落將時，陶令之菊開此日。伏以司空清朝獨立，劇郡分憂；政績已成，芳聲益振。爰因改朔，必降寵恩。厶叩休（沐）仁私，尚榮簪履，徒增禱祝，闕詣旌麾。謹奉狀　起居。」[37]很明顯，其中月敘節候景緻是陪襯，重點則是賀官，而且從稱呼、用語都可以看出是給藩鎮長官的。值得提到的還有被趙和平考訂是「歸義軍曹議金時期」的 P.2621v 書儀，由按孟春、仲春、季春排列的幾首書狀組成，對象是令公、常侍、都頭等，作書人自稱是「卑守邊鎮」的屬吏，書中也多有「尊體起居（或動止）萬福」、「謹奉狀起居不宣」之類的字樣[38]。

　　那麼，為什麼將這些標誌著時季月份的賀官儀或賀儀認定是月賀起居儀呢？除了這些書儀末尾常有「謹奉狀起居」、「謹專奉狀起居」

37　《法藏》（31），第 101-102 頁。
38　《法藏》（16），2001 年，第 312 頁。

一語之外，《新集雜別紙》中另外的一些書狀也能說明它們與藩鎮僚屬月旦起居的關係。如一首道：「右厶伏以月旦之辰，今（合）申拜覲；限已（以）職守，不獲隨例祗候臺階，下情無任惶灼之至。」一首道：「近以朔辰，合奉箋翰。況蒙恩異，特枉榮函（下略）。」又一首道：「近以月旦，曾附狀起居，伏計已達聰聽（下略）。」[39] 這幾件書狀雖未標明是起居儀，但它們實際上都強調了「月旦」、「朔辰」本應「隨例祗候」官衙或者是「合奉箋翰」的問題。也就是說，正像朝廷有朔望朝參，節度使治下也有拜見長官的朔望起居。《唐語林》卷七一則謂杜牧初辟淮南牛僧儒幕，夜游妓舍被廂虞候所告。結果逾年，牛因朔望起居勸杜不可夜中獨游，就是藩鎮舉行朔望起居的一例[40]。《十國春秋》卷三一稱南唐胡元龜授臨川令，「是時齊王景達出鎮撫州，而元龜朔望起居有慢色，又常庭辱王府公侯」[41]，也可證唐制影響五代十國。而且朔望起居參加者的範圍比平常為大，不僅有衙內僚屬，可能也包括管內州刺史縣令。如果他們不能參加，自然也有啟狀為賀。這樣月旦儀之上也就不奇怪了，這是上述敦煌書儀中大量起居啟特別是「月旦賀官」的一個來源。因此可以肯定，在節度使治下的「月旦起居」或是「朔望起居」，與中央的朔望朝參相比不過是大小之別。

　　不過在官場之中，上述賀節儀、月旦儀似乎也都不僅限於僚屬對長官。例如 P.4093《甘棠集》中就有不少劉鄴代使主、陝虢觀察史高少逸致朝廷宰相、使相乃至「賀諸道節、察正」一類的賀正冬書。作於五代的 P.3906 書儀內有「賀正別紙」、「端午別紙」、「冬至別紙」，其

39　《法藏》（31），2005 年，第 110 頁。

40　（宋）王讜撰，周勛初校證：《唐語林校證》卷七，中華書局 1987 年版，第 621 頁。

41　《十國春秋》卷三一《南唐·胡元龜傳》，中華書局 1983 年版，第 447 頁。

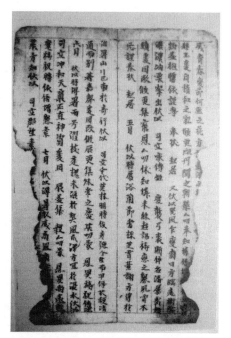

▲ 圖 7　P.4092《新集雜別紙》中的月賀起居

「賀正別紙」中還附帶說明有禮物，三紙均是致『厶官』的[42]。這個『厶官』雖然位重，但不一定僅指直接長官。同樣，月旦儀如果去掉了「起居」字眼，也可以作為平居問好或表示祝福之意而常常可以用於官員往還之間，例如 P.3931《靈武節度使表狀集》中就是這樣從正月一直排列下去的十二月「賀」，如二月的一首有「伏惟厶官，望美官常，德光盛世，乘茲令序，用納休征，伏惟照察」[43]，從語氣可以看仍是給官位高者。P.3723《記室備要》形式、內容大同小異，只不過是依《月令》按孟、仲、季來區分春、夏、秋、冬四季和月份，如「孟春月」、「仲

42　《法藏》（29），第 180 頁。

43　《法藏》（30），第 217-219 頁。

夏月」等，每一月都有可供選擇的多通[44]。P.2539v《靈武節度使書狀集》中還有《延州汝州鳳翔陝府侍衛左衛月旦書》一首[45]，其名稱可以說明是藩鎮致各方官員，當然所致書對象都是位尊權重者，內容也可以反映是節度使與各方的應酬往來，由於這些書儀大都在晚唐以後，因此可以說從月旦起居發展而來的月旦賀官在晚唐五代的藩鎮中是十分普遍的。

賀起居由於有著下對上乃至於臣屬的意義，所以本身又牽連著藩鎮與朝廷、藩鎮與藩鎮乃至一般下級對上級彼此間十分敏感的關係和禮儀需要。P.3691 等《新集書儀》中有一項是「奉差入奏及諸道充使」，內容並不是書面語而是一些臨時要說的口語。例如先是「辭本使」，道：「厶已奉命發臨，乍別，^{亦云遠離}。無〔任〕企戀惶懼。^{亦云攀戀}。」以下便是見到皇帝的「初對聖人起居」：「臣等起居聖躬萬福。」並附上「本道節度使起居」：「臣離本道日，厶州厶軍節度使某甲^{稱姓名}。附臣起居聖躬萬福。」即不但自己要問候皇帝，同時也要代長官節度使敬問皇帝，道祝福語，然後才是感謝朝廷賞賜的「賜分物銀器謝」，有「臣等進奉無勞」等謙辭[46]。可以知道，所謂起居諸語是藩鎮官員拜見皇帝時必須要說的，這當然也就是一般朝參的規矩。《刺史書儀》記刺史得替回朝時見皇帝禮有「初拜，兩拜，拜後舞蹈，舞蹈後又三拜，拜後不出班。〔奏〕聖躬萬福，又兩拜出班。致詞：臣厶等得替歸闕，獲面天顏，臣無任瞻天荷聖激切屏營之至。致辭後又拜，三拜便出」[47]，體現外臣觀見起居的全部禮節。參見有繁有簡，《五代會要》卷六《開延英

44　《法藏》（27），2002 年，第 135 頁。

45　《法藏》（15），2001 年，第 236 頁。

46　《法藏》（26），2002 年，第 321 頁。

47　P.3864，《法藏》（29），第 24 頁。

儀》記次對官御史中丞、三司使、京兆尹等奏所司公事，須「贊，兩拜，搢笏舞蹈，三呼萬歲，又三拜訖，奏聖躬萬福」[48]；可見奏「聖躬萬福」或者「臣等起居聖躬萬福」也是平時朝參的習用語。

　　另外《新集書儀》在同項內容下還有使者進京途中路過別的藩鎮見節度使時的「初到相見起居」，其辭與見皇帝也幾乎一個模式：「厶乙來日，本使厶官附起居，厶官尊體萬福。」很有趣的是，這裡特別說明：「若是當道使見節度使官位極高者，即附起居，如是橫過使則不用附起居，如例不管，不用附起居。」顯然又一次強調了起居是對「官位極高」或自身隸屬其下的所「管」之官的意義。還有「迎天使頓上送書」中「初馬上相見，呼本使官，厶官起居　厶官尊體萬福」之語[49]，是代節度使對朝廷派來的「天使」問起居以表示特別的尊重。這可以說明為什麼在《書儀鏡》給朝廷大官和節度使的「重書」中用「起居」字眼。實際上，問起居已經成了官場中必行的禮節。P.3773v《節度使新授旌節儀》記節度使接受朝廷所派「天使」送來的旌節，要在「見天使之時，先問來日聖人萬福，後序（敘）寒冷（溫）」[50]。《全唐文》載高居誨《于闐記》稱後晉使者到敦煌，沙州節度使「曹元深等郊迎，問使者天子起居」，頗與此合[51]。S.3399《雜相賀》中有「參天使語」，曰：「時候，伏惟常侍尊體起居萬福。」[52]也是藩鎮員僚見到朝廷使臣時說。《玉泉子》一則記會昌中討昭義，使李回為催鎮使，至河中，節

48　《五代會要》卷六《開延英儀》，上海古籍出版社 1978 年版，第 91 頁。

49　《法藏》（26），第 321 頁。

50　參見暨遠志《張議潮出行圖研究──兼論唐代節度使旌節制度》，載《敦煌研究》1991 年第 3 期，第 30 頁。

51　《全唐文》卷八五〇，中華書局 1983 年版，第 8926 頁。

52　《英藏》（5），四川人民出版社 1992 年版，第 77 頁。

度使王宰等至界迎候，李回「立馬受起居寒溫之禮」[53]。問起居作為藩鎮對朝廷、官卑者對尊者的致敬是毫無疑義的。

　　而正是由於如此，向朝廷上賀節表、起居表或者官員間的起居啟狀（或相同性質的問候書狀）也就常常喻示著不尋常的含義。例如前揭李克用遣人送起居表實際上是表示對朝廷的忠心，《資治通鑑》載清泰元年（934）後唐閔帝被潞王逼至衛州，「惟磁州刺史宋令詢遣使問起居，聞其遇害，慟哭半日，自經死」，與此同。故胡三省註謂「閔帝有始終者，宋令詢一人而已」[54]。由敦煌出現的各種書儀也可以知道，藩鎮間若互通問候則表示親和與禮貌，而僚屬對長官問起居附帶賀升遷、賀壽等不僅從來就表現著一種感恩戴德的從屬精神，某些時候還表示一種投靠。《資暇集》卷下謂：「門狀，文宗朝以前無之。自朱崖李相貴盛於武宗朝，且近代稀有生（升？）一品，百官無以希取其意，以為舊刺輕，（原註：刺則今之名紙。）相扇留具銜候起居狀，而今又益競以善價紙，如出印之字，巧謟曲媚，猶有未臻之遺恨。」[55]可見從「刺」到問候起居的「門狀」，本身竟有謟媚的成分。這樣，起居類的啟狀如此數量眾多並受到重視也就不難解釋了。

（三）關於「公牒」與「私書」

　　由於起居儀在官場的普及，使它逐漸成為一種特殊的書信。司馬光《書儀》卷一有《上尊官時候啟狀》、《上稍尊時候啟狀》、《與稍卑

53　（唐）《玉泉子》，中華書局 1958 年版，第 21-22 頁；並參《太平廣記》卷四九八《催鎮使》（出《芝田錄》），中華書局 1961 年版，第 4087 頁。

54　《資治通鑑》卷二七九，中華書局 1956 年版，第 9117 頁。

55　（唐）李匡乂：《資暇集》卷下《門狀》，《叢書集成》第 279 冊，1937 年，第 26 頁。

時候啟狀》等，其《上尊官時候啟狀》內容如下：

某啟：晷度推移，日南長至。此冬至之儀也。^{正旦則云元正啟祚，萬物維新。月朔及非時起居則各用}其月時候，如孟春猶寒之意（類）。伏惟　某位膺時納祐，與　國同休。^{正旦同，月朔及非時起居則云尊體起居萬福。}某即日蒙　恩。事役所縻，^{有官則云職業有守。}未獲趨拜　門庭。伏乞　上為　廟朝善保崇重，下誠不任瞻　依懇禱之至。謹奉狀陳賀。^{月朔及非時起居則改陳賀為恭候。}不宣，謹狀。月日具位姓某狀上　某位　謹空（以下封皮略）⁵⁶

從註文可以知道，這件書狀同樣是彙集了正旦冬至和日常問候的詞語，以便用於不同場合，到時只要稍加變換即可。其中有「月朔及非時起居則云尊體起居萬福」語，可以判定仍然是承唐起居儀性質，規格、措辭亦多仿唐人而稍加綜合。等級稍低的《上稍尊時候啟狀》在「伏惟　某位膺時納佑馨無不宜」下註明「月朔及非時起居則云尊體萬福」，《與稍卑時候啟狀》則更註明「月朔及非時起居則云動止萬福」，可見對於「起居」用語也還是延續唐人專對尊者的習慣。

但是，唐人在使用上述書儀時，並沒有特別區分它們的性質。司馬光在同卷中卻將書儀分為表奏、公文、私書和家書四大種類，而以上致尊官的起居儀等雖然是用了啟狀一類的官文書形式，卻無一例外地被明確歸為私書。除了家書外，前三類都是官場所用。但私書又顯然有別於公事往來的表奏、公文。私書內一首《上尊官問候賀謝大狀》有註曰：「舊云『謹錄狀上，牒件狀如前，謹牒』，狀末姓名下亦云『牒』；此蓋唐末屬僚上官長公牒，非私書之體。及元豐改式，士大夫亦相與改之。」《上尊官時候啟狀》下亦有說明云：「《裴書儀》僚屬典

56　（宋）司馬光：《書儀》卷一，第 462-463 頁，下同。

史起居官長啟狀止如此，無如公狀之式者。」「裴書儀」是唐代書儀，就是說公牒公狀與私書從形式到用語本來都應有區別。為什麼會如此呢？我們可以理解為所謂私書對象雖然是長官或其他官員，但它是公事之外用來說私話辦私事的，並非公文。司馬光《書儀》列入「私書」一項的除上述外，又有《與平交平狀》、《上書》、《啟事》、《上尊官手啟》、《別簡》、《上稍尊手啟》、《與平交手簡》、《與稍卑手簡》、《謁大官大狀》、《謁諸官平狀》、《平交手刺》、《名紙》等，從名稱就可以知道也是屬於官場往來，尤其是前揭《上尊官問候賀謝大狀》和《上尊官時候啟狀》，雖然中晚唐以來起居或賀謝長官是約定成俗的官儀，但是卻難免官場中拉攏關係和請託之嫌。這種在一定程度上體現私交或私下請託的書狀本來就是私的性質多於為公，稱之為私書固有道理。

　　所知是私書的說法至少漢代已有之，並且一直見於記載。《史記》卷一二二《酷吏·郅都傳》稱「都為人勇，有氣力，公廉，不發私書，問遺無所受，請寄無所聽」[57]。不發私書就是不接私人請託的書信。《漢書·昭帝記》記元鳳元年（前 80）冬十月詔曰：「燕王遣壽西長、孫縱之等賂遺長公主、丁外人、謁者杜延年、大將軍長史公孫遺等，交通私書，共謀令長公主置酒，伏兵殺大將軍光，徵立燕王為天子，大逆毋道」。同書《宣元六王傳》謂丞相御史劾准陽王欽與其舅（張）博「相遺私書，指意非諸侯王所宜」[58]。哀帝時河南太守陳遵曾「召善書吏十人于前，治私書謝京師故人。遵憑幾，口占書吏，且省官事，書數百封，親疏各有意，河南大驚」[59]；晉賈后令李肇焚楊駿家私書，乃因

57　《史記》卷一二二《酷吏·郅都傳》，中華書局 1959 年版，第 3133 頁。

58　《漢書》卷七《昭帝記》、卷八〇《宣元六王傳》，第 226-227、3318-3319 頁。

59　《漢書》卷九二《遊俠傳》，第 3711 頁。

「不欲令武帝顧命手詔聞于四海也」[60]。唐酷吏來俊臣誣奏蘇幹與琅邪王沖私書往復，遂致其死[61]。孔緯「居選曹，動循格令。權要有所托，私書盈幾，不之省」[62]。宦官楊復恭對皇帝不滿，《舊唐書‧宦官傳》記李茂貞收興元，「進（楊）復恭前後與守亮私書六十紙，內訴致仕之由云：『承天是隋家舊業，大侄但積粟訓兵，不要進奉。吾於荊榛中援立壽王，有如此負心門生天子，既得尊位，乃廢定策國老。』」[63]《唐摭言》卷一〇記歐陽澥薄有辭賦，於韋昭度門下「慶弔不虧」，為韋所知。後居漢南，黃巢亂韋隨駕西川，「以私書令襄帥劉巨容，俾澥計偕。巨容得書大喜，待以厚禮，首薦之外，資以千餘緡，復大燕于府幕」[64]。可見私書是將私人關係摻雜在公事間，而由於是私人往還，涉及各種內容，帶有個人感情色彩，所以有時才在官場傾軋中被人揭發而加以利用。

　　私書既然是私人往還，體例固然不能等同公文，照理不當有「謹錄狀上，牒件狀如前，謹牒」這樣的公式語。但是給皇帝的賀表起居表既屬公文，並且私書中也包括了謝賀狀啟、起居狀啟一類下屬按照章程必上長官，內容形式有一定之規的半公半私、亦公亦私的文牘，公文語言的摻雜對於習慣於程序的官員也就在所難免。司馬光所説這類公文與起居狀不分的現象我們在敦煌文書已有所見，如前揭《刺史書儀》中《申本道狀啟各一封》似乎已有這種情況。P.2996 書儀的幾首

60　《晉書》卷四〇《楊駿傳》，中華書局 1974 年版，第 1179 頁。

61　《舊唐書》卷八八《蘇瑰傳》附，中華書局 1975 年版，第 2883 頁。

62　《舊唐書》卷一七九《孔緯傳》，第 4649 頁。

63　《舊唐書》卷一八四《宦官傳》，第 4775 頁。

64　王定保撰，黃壽成點校：《唐摭言》卷一〇《海敘不遇》，三秦出版社 2011 年版，第 147-148 頁。

書狀，雖然無一不是客套問安，但結尾卻均道「伏惟照察，謹狀」[65]。
S.529《同光二年（924）定州開元寺僧歸文牒》是僧人歸文往西土取經
途中的書信，內一通問候路過的地方長官，稱「謹專詣衙，祗候起居
　　尚書，伏聽　處分，牒件狀如前，謹牒」；P.3553《宋太平興國三年
（978）四月都僧統鋼惠等上太保狀》也稱「謹奉狀賀聞　兼申起居，
謹錄狀上，牒件狀如前，謹牒」[66]，證明司馬光批評的是事實。這看起
來不倫不類，所以司馬光《書儀》強調有別於「公狀之式」的「私書
之體」，殊不知即使是這種復舊的私書之體也已顯得很官氣、很乏味
了。用官樣文章、固定程式來表達私人情誼和私交內容，應當是起居
諸儀自朝廷下行於官場後，官僚社會影響及於書信的大變化。

　　至於私書官牘化的過程，則歐陽修《與陳員外書》分析道：

　　古之書具，惟有鉛刀、竹木。而削札為刺，止于達名姓；寓書于
簡，止于舒心意、為問好。惟官府吏曹，凡公之事，上而下者則曰
符、曰檄；問訊列對，下而上者則曰狀；位等相以往來，曰移、曰
牒。非公之事，長吏或自以意曉其下，以戒以飭者，則曰教；下吏以
私自達于其屬長而有所候問請謝者，則曰箋記、書啟。故非有狀牒之
儀，施于非公之事。相參如今所行者，其源蓋出唐世大臣，或貴且
尊，或有權于時，縉紳湊其門以傳，向者謂舊禮不足為重，務稍增
之。然始于刺謁，有參候起居，因為之狀。及五代，始復以候問請謝
加狀牒之儀，如公之事，然止施于官之尊貴及吏之長者。其偽繆
（謬？）所從來既遠，世不根古，以為當然。

<hr>

65　《法藏》（20），2002年，第366頁。
66　《英藏》（2），1990年，第9頁；《法藏》25，2002年，第32頁。錄文見唐耕耦、陸
　　宏基：《真跡釋錄》（五），全國圖書館文獻縮微複製中心，1990年，第14、28 頁。

居今之世，無不如此而莫以易者，蓋常俗所為積習以（已）牢，而不得以更之也。（下略）[67]

歐陽修所說，正是唐五代之際將「狀牒之儀，施于非公之事」的過程。其中「然始于刺謁，有參候起居，因為之狀」的情況已見於上揭《資暇集》。但從敦煌書儀和一些文書的內容判斷，所謂「始復以候問請謝加狀牒之儀」的現像其實中晚唐已有之。宋人如司馬光只不過是將這種情況及其性質作了區分罷了。今天看來，這就是官僚社會中的官牘之體。過去的箋、記、書、啟，並不需要有特殊的官文用語，但官牘少不了的卻是千篇一律的格式套詞。它的出現，不過是將制度和人情、官與私混為一談，說明在朝廷禮儀向官場普及的同時，整個官僚生活已不可能脫離官儀的影響和支配。

起居儀在官場、民間長期普及的過程中，還有另一種變化，這就是起居本身的詞義已與原來不盡相同。如本文開始部分所釋，起居作為「動止」之意本來是名詞，故問安稱問起居或候起居，但是逐漸地問、候皆被取消。對此前揭周一良先生文中早有論述，他引《通典》卷五二上陵條「舊制每年四季之月，常遣使往諸陵起居」，及唐紹上疏「自天授以後，時有起居，因循至今，乃為常事」語並李匡乂《資暇集》起居條，以說明起居二字由「候起居」省去候字而直作動詞用由來已久。另外周先生還指出李涪《刊誤》下「今代謁見尊崇，皆〔云〕謹祗候起居……近者復云，謹祗候起居某官」，孫光憲《北夢瑣言》卷九「起居在前，某官在後」，以及司馬光《書儀》中謁諸官平狀中「右

67　李逸安點校：《歐陽修全集》卷六九《居士外集》卷一九，中華書局2001年版，第1008頁。

某祗候起居某位」的説法，認為是晚唐以來的一個通俗説法[68]。前揭
《新集書儀》「迎天使頓上送書」的「厶官起居厶官尊體萬福」之語就
與此十分一致，唯不言「祗候」二字而已。這説明詞義本身是什麼已
不重要，重要的是長期以來形成的習慣已變為官僚社會約定俗成的禮
儀禮規。

　　官牘的使用還使民間大眾受到習染，一方面書信儀體完全趨從官
品高下，與原來「起居」的意義適相違背。劉禹錫曾感嘆其謫官十年
後的世事之變，在《答道州薛郎中論書儀書》中説道：「前年祗召抵京
師，偶故人席夔談，因及是事，乃知與十年前大殊。至有同姓屬尊，
致書於屬卑而貴者，其紙尾言起居新婦，夔獨竊笑之而已，然猶不敢
顯言詆之。」[69]屬尊的長輩在書信中反給屬卑的小輩請安問起居，足見
世俗社會媚官之深。另一方面是平居書信亂用公式套語。根據開元時
代的吉凶書儀，一般給尊者或平懷以上的書信本來應當是用「謹言疏
不具」、「謹白疏不具」（凶書儀是「謹白疏鯁塞不次」、「謹言疏悲塞
不次」等）之類語加上「名再拜」、「名白」一類的署名結束。這與官
場酬應書狀中常見的「伏惟照察」、「謹奉狀起居不宣，謹狀，月日姓
名狀上」自然不同。但是到了後來，兩者有時不分，某些民間書信也
很可笑地模仿起官文體裁，弄得書信看起來都像官牘。例如在 P.4050
和 S.5613《晚唐河北的一種吉凶書儀》中，屬於「婦人書題」的「上翁
婆狀」，其末尾的話就是「伏惟　照察，拜覲末由，伏深戀結。謹因使
謹奉狀不宣。次第新婦再拜」[70] S.76v 有書狀一通，其狀末也用了「謹
因信次修狀起居陳謝，伏惟照察，不宣。從表弟潘夐（？）狀拜上

68　周一良：《敦煌寫本書儀考（之一）》，《唐五代書儀研究》，第 5S-59 頁。

69　《劉禹錫集》卷一〇，上海人民出版社 1975 年版，第 101 頁。

70　見 S.5613，英藏（8），1992 年，第 142 頁。

秀才十三兄^{閣下}_{謹空}」語[71]。安徽省博所藏，被研究者認為是宋代的敦煌《二娘子家書》文稱：「今因信次，謹奉狀起居不備，女二娘子狀上。」[72]甚至僧人致僧官及彼此往來也用這樣的書體，如 P.4005《後唐長興二年（931）六月智藏致周僧正等狀》：「伏惟周僧正和尚、李僧正和尚、法律、老宿、徒眾等尊體起居萬福……謹奉狀起居，咨射（謝？）以聞，伏惟照察，謹狀。」[73]歐陽修所説「施于官之尊貴及吏之長者」的私書官牘形式顯而易見已通用於普通百姓和僧俗之間，成為官風潛移默化的一個例證。

　　以上，本文探討了起居儀在中古社會的使用和發展。通過這一過程可以瞭解到，起居儀本來是因儒家提倡孝道的家禮而生，但是，隨著官僚社會的發展和朝儀的下僭，卻以朝廷的應用為榜樣，作為向長官貴臣頂禮膜拜的形式而普及官場，在晚唐五代的藩鎮社會以及官員之間得到了更大的發展空間。有著相同意義的書儀因之也大量出現在敦煌文獻中，反映了其時對於此種禮儀的需要及其存在的意義。特別是，起居書儀雖然針對不同層次有不同場合對象，但是在經過官場上下的習染之後，卻成為無論是官員還是百姓都競相使用、模仿的一種官牘，從而影響了世俗生活，改變了人們的習慣和思想，這個在唐宋社會變遷之際看起來非常微小的禮儀官僚化現象，無疑應當引起人們更多的關注和深思。

71　錄文見郝春文編著：《英藏敦煌社會歷史文獻釋錄》第 1 卷，第 69 頁。

72　轉引李正宇：《安徽省博物館藏敦煌遺書〈二娘子家書〉》，《敦煌研究》2001 年第 1 期。

73　《法藏》（30），第 335 頁。唐耕耦、陸宏基編：《真跡釋錄》（五），第 15 頁。

七　晚唐五代中央地方的禮儀交接
——以節度刺史的拜官中謝、上事為中心

　　中國傳統社會的禮儀，很大程度上是針對各種人際關係所制定的行為規範，在業已官僚化的唐朝社會，自然也會包括官員之禮。官員之禮包括了朝廷和皇帝對官員、官員對朝廷和皇帝以及官員上下級之間這樣不同的層次和對象。而後兩者在具體實行的層面上，又可以按照中央、地方或者一般所說朝廷內、外官來進行區分。這種禮儀的制定不僅完全以官員的等級身分為標準，用以顯示他們的地位和榮寵；並且有助於協調國家內部乃至不同級別官吏之間的關係，以確保朝廷統治的成功。而就內、外兩者而言，針對地方官員制定的禮儀更是協調溝通中央政府與地方機構關係的重要因素。因此，從外官禮儀的角度，不難透視到地方政體受中央支配及其長官在獨立運作方面微妙而敏感的變化。

　　唐前期地方實行州縣二級制。中央除不定期向地方派遣觀風俗、

---

*　本文原載盧向前主編：《唐宋變革論》，黃山書社 2006 年版，第 250-282 頁。

按察、巡撫等使外，與地方交流的一個重要途徑是通過實行朝集使制度。朝集使承隋而來，根據《唐六典》和玄宗初的詔敕，朝集使由諸州都督、刺史及上佐充當，於每年十月入京，應對地方官員的考課，匯報地方民情，管理內政，同時參加朝廷於元日舉行的朝會大典，觀摩貢舉人拜先師等京師的禮儀活動，以示對他們的重視[1]。《開元禮》五禮嘉禮中有「朝集使引見奉辭儀同」、「皇太子受朝集使參辭」、「朝集使于尚書省禮見」的記載，都是專門針對朝集使制定的禮條[2]。朝廷對地方的恩撫乃至政策意圖的貫徹，地方對於朝廷的服從和尊禮不少是通過朝集使實現的，體現了中央對地方的支配權。但唐後期藩鎮格局形成，在中央和州縣之間增加了節度觀察使一級，使此前實行的以州為單位、直接與朝廷對話的朝集使制度不能進行下去。在新的形勢下，中央與地方之間雖然仍然可以通過互派使者加強連繫，但是中央與節度使、節度使與州縣，彼此間形成的錯綜複雜政治關係卻成為一個很難解決和協調的問題。

正是由於這樣的新型關係和變化，節度、觀察、刺史等外官的派設，乃至入朝、拜官、上事、中謝等問題就日益受到朝廷重視，而開始成為影響中央與地方關係的大事。其間所涉及的禮儀問題也更加突出了。這些禮儀，與中央集權下的地方自治有關，作為一種象徵，既

---

1 關於朝集使設置，見《唐六典》卷三戶部郎中員外郎條，中華書局 1992 年版，第 79 頁；《唐會要》卷二四《諸侯入朝》先天二年十月敕，上海古籍出版社 1991 年版，第 536 頁。關於貢舉人拜先師見《唐會要》卷七六《緣舉雜錄》開元五年（717）九月詔，第 1638 頁。並參見渡邊信一郎：《天空の玉座・中國古代帝國の朝政と儀禮》第 II 章第三節《元會儀禮の展開──第三期・隋唐期》，柏書房，1996 年，第 163-193 頁；雷聞：《隋唐朝集制度研究──兼論其兩漢上計制之異同》，載《唐研究》第 7 卷，北京大學出版社 2001 年版，第 289-310 頁。

2 見《大唐開元禮》卷一〇九、卷一一三、卷一二六，洪氏公善堂本，民族出版社 2000 年版，第 510-511、533-534、600 頁。

反映了朝廷意欲加強對地方各級控制的努力，也反映了圍繞藩鎮節度
使所形成的地方政治又一核心，內容十分豐富，是中央與地方交往中
最不可缺少的部分。但是由於種種原因，相關課題在以往的研究中並
不突出。所幸敦煌《刺史書儀》等一批表狀箋啟書儀的出現，令人注
意到它們的存在。二十世紀八〇年代初周一良先生《敦煌寫本書儀考
（之一）》曾對《刺史書儀》中刺史拜官、上任、卸任的各種表狀公文
作出分析[3]，已初涉外官禮儀的問題。此後陳祚龍發表《看了周作〈敦
煌寫本書儀考（之一）〉以後》[4]，繼續就相關內容進行探討。其文除
了考訂文書時代在後唐長興中外，還採集迻錄《五代會要》多條史料
以說明與刺史相關的後唐典章制度、禮俗名物，但對於所涉內容尚缺
乏有針對性的說明。近年出版的陳戍國《中國禮制史·隋唐五代卷》
雖然對唐五代朝儀有所論列[5]，具體到以上問題也仍少涉及。本文將通
過對其中節度刺史授官後若干禮儀環節的舉證考瑣，進一步論述外官
禮儀在中央地方逐級關係中的作用及其在藩鎮體制下的變化。

（一）拜官中謝

　　唐前期對於地方官的選任，唐太宗貞觀中已提出並強調過「治人
之本，莫如刺史最重」和「縣令甚是親民要職」的原則[6]。在不斷通過
朝集使加強與地方連繫的同時，朝廷關於地方官上任之際的上事禮儀

3　原載《敦煌吐魯番文獻研究論集》第 1 輯，中華書局 1982 年版，第 17-62 頁。收入
　《唐五代書儀研究》，中國社會科學出版社 1995 年版，第 53-70 頁。

4　陳祚龍：《看了周作〈敦煌寫本書儀考（之一）〉以後》，載臺灣《敦煌學》第 6 輯，
　1983 年，第 31-68 頁。

5　陳戍國：《中國禮制史·隋唐五代卷》，湖南教育出版社 1998 年版。

6　《唐會要》卷六八《刺史》上貞觀三年條，第 1416 頁。

也專門作了規定。《大唐開元禮》卷一〇八《嘉禮‧朝堂冊命諸臣》，在太子三師直到六尚書、太子詹事、太常卿等中朝官之下，就有「都督及上州刺史在京者」。另外卷一二六《任官初上相見》，是朝廷官員任官初上與同事相見、接受卑官拜賀的禮儀，其中特別註明「諸州長史縣丞以下初上準此」，說明內外是一致的。同卷又有「京兆河南牧初上」條，註明「諸州刺史都督同初上禮附」，參加拜見的有長史、司馬、錄事參軍等主要的州官僚佐，與管內的「縣令及鄉望五品以上」（指得到朝廷授予五品官爵的鄉中父老）；還有「萬年長安河南洛陽令初上」條，註明「諸縣令初上準禮」，參加拜見者也有丞簿尉等縣官僚佐，以及勳官、博士助教和「鄉望文武官五品以上」等有品級名位的人物[7]。表明從京都長安、洛陽到地方諸州、縣長官都要在他的衙署內履行上事參見之儀，從而開始他的政務活動，這是給治民的地方父母官顯而易見的一種尊禮。

　　當然以上的上事過程只是內外官員都應享有的一種榮耀，並且對於外官的禮重尤突出了他們代表朝廷作為地方父母官治民的意義，但並不帶有特殊性。所知是後來朝廷授官不免還有重內輕外的傾向，中宗時竟出現了「刺史縣令，治人之首，近年已來，不存簡擇，京官有犯罪聲望下者，竟遣牧州；吏部選人，暮年無手筆者，方擬縣令」的現象[8]。所以，為了強調外官特別是刺史派設的重要，和增加皇帝對他們的瞭解，唐玄宗即位初就規定了刺史面見的「中謝」之儀。《唐會要‧都督刺史已下雜錄》先天二年（713）七月二十四日敕稱：「自今已後，都督刺史，每欲赴任，皆引面辭。朕當親與疇咨，用觀方略。」[9]

7　以上參見《大唐開元禮》卷一〇八、卷一二六，第 508、600-602 頁。

8　《唐會要》卷六八《刺史》上景龍二年韋嗣立上疏，第 1419 頁。

9　《唐會要》卷六九，第 1436 頁。

「皆引面辭」，就是都督、刺史一級的外官在除授之際除了上表謝恩，
還要面謝和辭見皇帝。同書卷二五《雜錄》開元十五年（727）十月敕
文規定「諸道遙授官，自非路便，即不須赴謝」[10]，說明人如在京城者
得官後還是要面見皇帝的。這一規定，無疑有益於朝廷和州刺史一級
官的直接接觸。

　　唐後期在節度使、刺史均由朝廷任命的情況下，外官上任前的中
謝禮儀受到進一步重視。《唐會要》同門載：

　　元和元年（806）三月，御史中丞武元衡奏：「中書、門下、御史
臺五品以上官，尚書省四品以上官，諸司正三品以上官，及從三品職
事官、東都留守，轉運、鹽鐵、節度觀察使，團練、防禦、招討、經
略等使，河南尹、同華州刺史、諸衛將軍三品以上官除授，皆入閣
謝，其餘官，許于宣政南班拜訖便退。從之。」

　　（開成）三年（838）二月，御史臺奏宣：「自今以後，遇延英開，
擬中謝官，委司臺立（先）一日，依官班具名列奏。」又敕新授方鎮，
延英開日，便令中謝（下略）。

　　在中謝的行列裡，在朝文武官之外，諸使和節鎮的位置十分明
顯。而這裡提到的謝官又有「入閣」謝及「宣政南班拜訖便退」兩種
形式，規定宰相以下的高級中朝官和節度觀察使等重要外官使職入閣
面辭中謝，一般官員卻只能於宣政殿隨班行禮點到而已。這個「宣政

_____

10　《唐會要》卷二五，第552-554頁，下引文同。

南班拜訖便退」又稱「正衙辭謝」[11]，説明中謝是有兩種規格。唐代的朝參本有正衙（宣正殿）朝見與「入閣」（紫宸殿便殿朝見）之分。唐初制度，朔望朝參御宣政殿見群臣，謂之大朝[12]；一般時日的朝見便是常朝。但唐後期如有大事如皇帝冊立、即位、上尊號、頒新制、試制舉人等多在宣政殿，也不侷限於朔望，而常朝（肅宗以後單日臨朝，雙日不坐）則多入閣[13]。此外又有宰相朝臣召對於延英殿，可以在朔望

11　見《唐會要》卷二五《雜錄》（太和）九年（835）八月御史臺奏，第554頁。

12　《唐會要》卷二四《朔望朝參》元和十年（815）三月壬申條，第546頁。

13　按據《資治通鑑》卷二八六天福十二年（947）三月丙戌朔「百官行入閣禮」條下（中華書局1956年版，第9347頁；並見《新五代史》卷五四《李琪傳》，中華書局1974年版，第617-618頁）胡註引歐陽修曰：「唐故事：天子日御殿見群臣，曰常參；朔望薦食諸陵寢，有思慕之心，不能御前殿，則御便殿見群臣，曰入閣。宣政，前殿也，謂之衙，衙有仗。紫宸，便殿也，謂之閣。其不御前殿而御紫宸也，乃自正衙喚仗由閣門而入。百官俟朝于衙者，因隨而入見，故謂之入閣。」然歐陽修所説有不確。程大昌《雍錄》卷三「古入閣説」條（黃永年點校，中華書局2002年版，第63-65頁）已指出其失，認為玄宗之前早有入閣。並曰唐「西內太極殿，即朔望受朝之所，蓋正殿也。太極之北有兩儀殿，即常日視朝之所也。太極殿兩廡已有東西二上閣，則是兩閣皆有門可人，入已又可轉北而入兩儀也，是太宗時已有入閣之制也」。至高宗以後，多居東內大明宮，上朝就換成了宣政殿和紫宸殿。所以，「歐、宋二公所指唐世之謂閣者，其在東內則為紫宸，其在西內則為太極，而往古之謂便殿者皆閣也」。又唐後期多於有大事時入宣政殿，德宗時且定五月一日御宣政殿受朝賀，是不受朔望之限。常朝外又有有事召宰臣或群臣入對延英之制，延英也是便殿。五代名稱含義有變。胡註復引歐陽修曰：「五代之時，群臣五日一入見中興殿，便殿也。此入閣之遺制，而謂之起居；朔望一出御文明殿，前殿也，反謂之入閣。」又引薛史（《舊五代史》）曰：「梁制，每月初入閣，望日延英聽政。後唐之制，朔望皆入閣。」是五代朝參基本延續唐制而來，但入正殿稱入閣，入便殿則稱起居。

或平日有需要時舉行[14]。延英殿是禁中便殿,節度刺史如果是在延英殿受到接見,也等同於原來意義上的入閣。

　　外官的中謝為什麼要定為兩種規格呢?宣政殿是皇帝正衙朝見處,由於是大朝,是見群臣,所以接見的人員眾多,規模也較大。而便殿常朝參加者應當是在京文武常參官,規模比較小,其正式的程度似乎也稍差一些。歐陽修所謂「衙,朝也,其禮尊;閣,宴見也,其事殺」[15]。《舊五代史·明宗紀》天成元年(926)六月詔關於蕃客的朝見就說到依舊儀,「大蕃須示于威容,即于正衙引對;小蕃但推于恩澤,仍于便殿撫懷」[16],說明正衙朝見比入閣儀式更大更可以顯示威

14　按:《資治通鑑》卷二二五(第7227頁)大曆九年(774)七月「辛丑,宴泚及將士于延英殿」條胡註引盧文紀曰:「上元以來,置延英殿,或天子欲有咨度,皆非時召見。」又引程大昌初有大明宮即有延英殿,但召對宰臣始於代宗的說法以正之(按盧說見《冊府元龜》卷三一四《宰輔部·謀猷》四載盧文紀清泰二年上疏,中華書局1960年版,第3709頁;程說見《雍錄》卷四《延英殿》,第66頁)。《通鑑》卷二四六(第7954-7955頁)會昌元年(841)「閏(九)月己亥,開延英,召宰相議之」條胡註又曰:「唐自德宗以後,群臣乞對延英,率于延英門請對。《會要》曰:元和十五年,詔于西上閣門西廂內開便門,以通宰臣自閣中赴延英路。宋申錫之得罪也,召諸宰相自中書人對延英。」按據《唐會要》卷二四又記元和十年三月壬申朔,御延英殿,召對宰臣事。松本保宣《唐宣宗朝の聽政》(載《東洋學報》83卷3號,2001年版,第257-287頁)認為,唐代憲宗以後,紫宸殿是常朝正殿,為宰相和常參官的對仗奏事和仗下奏事之所;而延英殿作為禁中便殿,是宰相議政、次對官轉對之所,中謝也在延英殿舉行。此看法亦可以解釋五代對入正殿稱入閣,入便殿稱起居的發展和來歷。

15　《新五代史》卷五四《李琪傳》,第618頁。

16　《舊五代史》卷三六,中華書局1976年版,第499-500頁。按詔原文曰:「四夷來王,歷代故事,前後各因強弱,撫制互有典儀。大蕃須示于威容,即于正衙引對;小蕃但推于恩澤,仍于便殿撫懷。憲府奏論,禮院詳酌,皆徵故實,咸有明文。正衙威容,未可全廢;內殿恩澤,且可常行。若遇大蕃入朝,即准舊儀,于正殿排比鋪陳立仗,百官排班,于正門引人對見。」按《舊史》並說明:「時百僚入閣班退後,卻引對朝貢蕃客,御史大夫李琪奏論之,下禮院檢討,而降是命焉。」並參《五代會要》卷三〇《雜錄》,上海古籍出版社1978年版,第480-481頁。

儀。但規模大並不等於對官員禮遇加等，且正因為朝見和宴見意義不同，所以宋人張洎總結説：「或夷蠻入貢，勳臣歸朝，亦特開紫宸殿引見。」[17]對勳臣和小蕃都是需要撫懷的，節度使入覲之際的接見便要在便殿舉行──至少重要節度使的朝見都是如此。例如大曆九年（774），幽州節度使朱泚至京師，就是「代宗御內殿引見」[18]。元和十四年（819），宣武韓弘「盡攜汴之牙校千餘人入覲，對于便殿」[19]。長慶二年（822），裴度從河東入覲，也是「見於閤內」[20]。可見對內而言便殿接見等級更高。當然對於特別重視者還有非常朝日開延英。如徐州張建封「（貞元）十三年（797）冬，入覲京師，德宗禮遇加等，特以雙日開延英召對」[21]；義武軍節度使張茂昭元和五年冬入朝，「故事，雙日不坐，其日特開延英殿對之」[22]。開延英的意義本是與宰相議事或朝臣入對，作為非常朝日的專門接見，其撫懷的意義就更突出了。

　　節度使的中謝也是本著入閤或延英辭的形式。這個範圍後來擴大到一般刺史，而且也多是在延英殿。例如武宗時，王起以同平章事充山南西道節度使。「赴鎮日，延英辭，帝謂之曰：『卿國之耆老，宰相無內外，朕有闕政，飛表以聞。』宴賜頗厚。」[23]李景儉元和末入朝，被出為澧州刺史，崔珙文宗時拜嶺南節度使，令狐綯自宰相出為河東

17　《宋史》卷二六七《張洎傳》，中華書局 1985 年版，第 9211 頁。

18　《舊唐書》卷二〇〇下《朱泚傳》，中華書局 1975 年版，第 5386 頁。

19　《舊唐書》卷一五六《韓弘傳》，第 4135 頁。

20　《冊府元龜》卷七六《帝王部・禮大臣》，第 871 頁。

21　《舊唐書》卷一四〇《張建封傳》，第 3830 頁。

22　《冊府元龜》卷三八五《將帥部・褒異》，第 4580 頁。

23　《舊唐書》卷一六四《王起傳》，第 4280 頁。

節度使，都是延英中謝或辭見[24]。

《冊府元龜》卷三三七《宰輔部・徇私》：

李吉甫憲宗初為相，元和三年二月敕，許新除官及刺史等，假〔內〕于宣政門外謝〔訖〕，便進狀辭。其授官于朝堂禮謝，並不須候假開。國朝舊制，凡命都督刺史，皆臨軒冊命，特示恩禮。近歲雖不冊拜，而牧守受命之後，皆便殿口對賜衣，蓋以親人之官，恩禮不可廢也。時吉甫之舅新除河南少尹裴復求速之任，適遇寒食假，吉甫特奏請，遂兼刺史，同有是命，非舊典也。[25]

按此條所說「牧守受命之後，便殿召對」也即入閣（實入延英），刺史上任應等到面見之後，看皇帝是否有問話或者指示，所以「假內于宣政門外謝訖進辭便赴任」僅屬特殊情況。宣政門外當然見不到皇帝，並且到朝堂禮謝「進辭」也只是走個形式，再通過閣門司報告（上狀）知會一下。《唐會要》卷二五記天寶十三載（754）七月敕，令「自今以後，應正衙引辭官，當日不發，委御史臺察訪聞奏」[26]；說明一般官員謝官當日就應當赴任。後來則是刺史謝官後，准敕例，「不計近遠，皆限十日內發」；為了使刺史及時到任，所以太和五年（831）五月御史臺奏，請求「量其遠近，次第限日」，「如限內遇延英不開，亦請准常例候進止，便發」；不許妄託事故逗留。這與元和規定相類，也

24　分見《舊唐書》卷一七一《李景儉傳》，卷一七七《崔珙傳》，卷一七二《令狐綯附子縞傳》，第 4455-4456、4588、4468 頁。按令狐綯在河東，上狀有「昨奉辭延英」語。

25　闕字據《唐會要》卷六八《刺史》上元和三年正月條補，但寒食節當依《冊府元龜》作二月是。

26　《唐會要》卷二五《雜錄》，第 552 頁。

是在禮儀上的從權。但是開成元年閏五月中書門下奏稱：「伏准舊例，刺史授官後，皆于限內待延英開日，候對奏發日。詳度朝旨，蓋重字人之官，……自今已後，除刺史並望延英對了，奏發日。地近限促，不遇坐日，亦望許于臺司通狀，待延英開日，辭了進發。」敕旨依奏，還是儘可能地強調延英對見[27]。至開成三年二月，堂帖又有「奉宣，新授刺史，於閤內及延英中謝，不必須候延英開」的規定[28]，則似乎是在面辭和發日有限的情況下，最後甚至決定可以隨時接見。唐代刺史（唐朝「舊制」，入閤申謝的對象甚至還包括京畿縣令[29]）遇到「連假三日」可以到宣政門外走個過場的事看來還是比較特殊的[30]，正常情況一般仍須面辭，說明節度刺史「中謝」本身是受到重視的。

　　無論是節度使入朝觀見抑或外官中謝面辭都少不了的是一套贊拜之儀。根據規定，他們要別立於「辭見班」中，向皇帝行「再拜」之

27　以上見《唐會要》卷六八《刺史》上，第1425-1426、1427頁。

28　《唐會要》卷二五《雜錄》，第554頁。

29　《舊唐書》卷一七八《鄭畋傳》記鄭畋自陳有「去冬蒙擢萬年，又得延英中謝」語，第4631頁。

30　按此規定又見下文引《唐會要》卷二五《雜錄》太和九年八月御史臺奏，節度使等「忽遇連假三日以上，近例便許于宣政門外見謝訖」，第554頁。

禮[31]。《刺史書儀》有「朝見記事」一首，記得替（卸任）回朝時見皇帝禮：「初拜，兩拜，拜後舞蹈，舞蹈後又三拜，拜後不出班。〔奏〕聖躬萬福，又兩拜出班。致詞：臣厶等得替歸闕，獲面天顏，臣無任瞻天荷聖激切屏營之至。致詞後又拜，三拜便出。」[32]其中所說的贊拜之節與《五代會要·開延英儀》記次對官御史中丞、三司使、京兆尹等奏所司公事，接到閤門使、宣徽使傳宣立定後，「贊兩拜，搢笏舞蹈，三呼『萬歲』，又三拜訖，奏『聖躬萬福』。又兩拜，奏所司公事訖，宣『賜酒食』。又兩拜，舞蹈謝訖，閤門使喝『好去』，南班揖殿出，于客省就食」的情況基本一致[33]；唯「致辭」與「奏所司公事」有別且不賜酒食爾。「致辭」當是準備好的套詞，這在中謝也是一樣。《刺史書儀》有「得官後謝辭散語」和「朝辭」語。散語稱「臣厶言：臣素乏功勤，叨承睿渥。方憂曠職，未報明恩。今者伏蒙聖慈，曲降絲綸，再分符竹。誓竭駑鈍（鈍）之效，將酬雨露之恩。臣無任感恩謝聖，激切屏營之至」。朝辭語稍簡，從內有「臣伏蒙　聖慈，除授厶刺

31　按據《資治通鑑》卷二〇九（中華書局 1988 年版，第 2042-2043 頁）中宗景龍二年（708），記中宗遣太子賓客武攸緒於嵩山，「攸緒趨立辭見班中，再拜如常儀。」胡三省註曰：「凡百官自中朝出為外官赴朝辭，自外官入朝覲者引入見，其辭見者不與百官序班，自為班立，謂之辭見班。杜佑曰：唐制：供奉官（左右散騎常侍，門下、中書侍郎，諫議大夫，給事中，中書舍人，左、右遺補，通事舍人在橫班），辭見者，各從兼官，班在正官之次。品式令，前官被召見，及赴朝參，致仕者在本品見任上，以理解官者在同品下。」（第 6628 頁）按據《通典》卷七五《天子朝位》載貞元二年九月敕「應文武百官朝謁班序」，若參賀辭見又有：「御史臺、留守、副元帥、都統、節度使、觀察使、都團練、都防禦使，並大都督大都護持節兼者，即入班，在正官之次。余官兼者，各從本官班序。諸使下無本官，唯授內供奉里行者，即入班，亦在正官之次。有本官兼者，各從本官班序。如本官不是常參官，並憲官是攝者，唯聽于御史班中辭見。」是辭見按品級入班各有次序，並且兼官充使要在「正官之次」。

32　P.3864，《法藏》（29），上海古籍出版社 2003 年版，第 24 頁。

33　《五代會要》卷六《開延英儀》，第 92 頁。

使，今赴本任，乍遠龍顏」之類的話[34]，知道兩者有別。前者為一般中謝語，後者則是謝官的當日辭了進發。兩種可根據情況選擇。

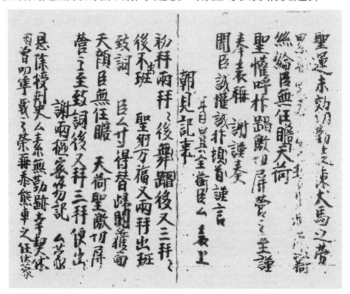

▲ 圖8　P.3864《刺史書儀》記載的中謝朝見禮

　　入閣或延英辭既是為著「撫懷」，則接見形式顯然與正衙有別。大朝會之際只能行禮。從史料記載看，一般都是典禮官按照既有的程序宣禮讚拜，沒有皇帝單獨問話的安排。但入閣不一樣。《唐會要》卷六八開成元年閏五月中書門下奏特別說明，入閣或入延英對見是「蓋重治人之官，欲陛下觀其去就，察其言語，亦所以杜塞宰相陳情」。而新除刺史卻為怕見皇帝察問，「並往往進狀便辭，蓋恐對奏之時，錯失乖誤」；由此奏中才強調要必須等待延英開面辭。同卷開成三年三月敕規定「新授刺史，如遇入闕（閣）申謝者，其日，各隨本班引人，候班退，刺史便接次對官立」。等次對官接見完畢，便由通事舍人引至橫街

34　P.3449，《法藏》（24），2002年，第249頁。

前，口奏云：「新授某州刺史某人等申謝。」申謝時，皇帝可以「喚近前」，「引上龍墀」問話；如皇帝不喚，即「各自奏發日訖」，由通事舍人宣謝，贊拜引出[35]。接見時，皇帝有時還有「賜紫」或「賜緋」之恩[36]，所行儀式就是依據上面所說「皆便殿口對賜衣，蓋以親人之官，恩禮不可廢也」。史料中有不少朝臣中謝時與皇帝對話的記載，其中也包括新授節度刺史。《舊唐書・崔珙傳》記太和七年（833）正月，珙拜廣州刺史、嶺南節度使。「延英中謝，帝問以撫理南海之宜，珙奏對明辯，帝深嘉之。」結果文宗以徐州承王智興之後兵驕難制，擇帥久難其才，改授崔珙為徐州刺史、武寧軍節度使[37]。而李景儉也是因「執政惡之，出為澧州刺史」，於延英對見時申訴委屈，才使「穆宗憐之，追詔拜倉部員外郎」[38]。日本學者松本保宣注意到，宣宗時刺史中謝制度對於皇帝排除宰相干擾，親自過問人事的意義。其時宣宗為了「面察

35　《唐會要》卷六八《刺史》上，第 1427-1428 頁。按：此可參見《冊府元龜》卷七六《帝王部・禮大臣》（第 871-872 頁）記長慶二年（822）四月裴度為河東節度使，覲見於閤內：「謝恩畢，趨至龍墀，伏奏河北討賊無功之狀，及蒙恩東都留守，又奉詔許至京師，循敘恩德，因嗚咽涕泗，伏而未起。通事舍人卻舉常令假宣止。度未及言，帝為動容，遽曰：『卿所謝知，且往延英待卿矣』。」又稱：「是時赴朝儀式，閤中群官未退，宰相不奏事。或遇稱賀之禮，則謁者承旨假辭宣答。及是，帝以元臣敷奏，特異常禮，百辟在列，咸聞聖言，近歲未之有也。」可知拜謝之際，皇帝一般不問，只是按慣例「謁者承旨假辭宣答」，行一套慣常的禮儀格式。奏事或單獨對話應在百官退後，或轉至延英殿召見，裴度行禮之後即直接奏事的做法是出格的。

36　按：如（唐）裴廷裕《東觀奏記》卷中（中華書局 1994 年版，第 109 頁）載牛蔚「自司勳員外為睦州刺史，中謝，上命至軒砌」，問話後，「上曰：『賜卿紫。』蔚退謝畢，前曰：『臣所衣緋衣，是刺史借服。不審陛下便賜紫，為復別有進止？』上遽曰：『且賜緋，且賜緋。』」是為一例。

37　《舊唐書》卷一七七《崔珙傳》，第 4588-4589 頁。

38　《舊唐書》卷一七一《李景儉傳》，第 4455-4456 頁。

其能否」，甚至刺史轉任之際也要召至京師朝見[39]。《新唐書·韋澳傳》記韋澳為翰林學士時，宣宗曾以「朕每遣方鎮刺史，欲各悉州郡風俗者」，要求其撰一書。「澳乃取十道四方志，手加紬次，題為《處分語》。後鄧州刺史薛弘宗中謝，帝敕戒州事，人人驚服。」[40]據《東觀奏記》卷下，宣宗當於延陵授建州刺史中謝時，竟以左右（身邊宦官）都是建州人，容易得知消息，「即朕三尺階前，便是萬里」相威脅，要其廉潔奉公，不得撓法。結果當於延陵「悸慄失序」時，又「撫而遣之」[41]。可見「中謝」對皇帝而言不但可以當面考察，且有著撫懷和震慄的雙重目的，確實不能認為是走過場。

五代制度大體蕭規曹隨。《五代會要》卷六《雜錄》：

（天成）三年十一月十一日，中書舍人劉贊奏：「往例，應諸道節度使及兩班大僚，凡對明庭，例合通喚，近日全廢此儀。伏乞特詔所司重定。向來格品若合通喚，准舊施行。中書帖四方館，令具事例分析申上。據狀稱，舊例節度使新除中謝，及罷任赴闕朝見，合得通喚。文班三品已上官，武班二品以上官，新除中謝及使回朝見，亦合得通喚。」從之。

這裡的「通喚」即傳喚，也就是使節度刺史和高級文武官能單獨召對，中謝（或還朝）面君。

39　《資治通鑑》卷二四九大中十二年（858）十月條，第 8073 頁。並參見松本保宣《唐宣宗朝の聽政》，《東洋學報》第 83 卷 3 號，2001 年版，第 269-274 頁，以下例同。

40　《新唐書》卷一六九《韋澳傳》，中華書局 1975 年版，第 5156 頁；並見《東觀奏記》卷中，第 110 頁。

41　《東觀奏記》卷下，第 129 頁。

　　同書同卷《開延英儀》在宰臣、兩省官和次對官御史中丞、三司使、京兆尹贊拜舞蹈及奏所司公事後，亦稱：

　　合赴延英中謝官，文武兩班三品，及御史中丞、左右丞、諸行侍郎、諫議、給事、中書舍人，並諸道節度觀察防禦團練使、刺史、兩縣令皆入謝，並通喚。文武四品以下，及諸道行軍司馬、節度副使、兩使判官、書記、支使、推巡令錄等，舊例並不對敭申謝，只于正衙朝謝。[42]

這條史料並未載明時間，但是規定的內外中謝官範圍基本同於唐朝（唯「兩縣令」前述史料不見，但唐朝長安、萬年縣令實亦如此，詳前註）。行軍司馬以下「並不對敭申謝，只于正衙朝謝」其實也就是不行入閣贊拜，只於「宣政南班拜訖便退」的唐朝「舊例」，因此這裡的「開延英儀」應當就是五代（很可能是後唐）因襲唐朝禮制。入閣或入延英之所以比正衙謝規格高，也是由於有「對敭申謝」的機會向皇帝面奏。

　　後唐時中謝範圍又有所擴大。《冊府元龜》卷六一記明宗天成四年（929）正月中書奏「凡外朝官此後並令中謝」，得到批准[43]。但是同書卷一〇八末帝清泰三年（936）三月庚子詔稱：

　　閣門陳：內外官吏對見，例應諸州差判官軍將貢奉到闕，無例朝見，以名御奏，放門見，賜酒食，得回詔，進牓子，放門辭；臣今後

42　以上見《五代會要》卷六《雜錄》、《開延英儀》，第98-99、92頁。

43　《冊府元龜》卷六一《帝王部・立制度》二，第684頁。

欲只令朝見，余依舊規。應除諸道兩使判官推巡，無例中謝，奏過放謝放辭，如得替歸京無例見；臣欲今後除兩使判官，許中謝門辭，其書記以下除替請依舊規。應文武朝官除受（授），文五品武四品已上並中謝，以下無例對謝。以天成四年正月敕，凡升朝官新授並中謝，欲以此例，諸道節度使差判官軍將進奉，到闕朝見，候得回話下牓子，奏過令門辭。應諸道都押牙馬步都虞候鎮將〔得〕替到京，無例見，或在京受任無例中謝，進牓子放謝放辭（下略）。[44]

這裡對於內外官吏的入見重新作了規定。可以知道「中謝門辭」（按：中謝即朝見，門辭應類似於原來的宣政門外拜辭）實已擴大到節度觀察兩使判官。並且詔中引述的閤門陳奏足見對於外官禮儀的周到細緻。即使是不夠中謝或人見資格的，也有一定的規矩和程序以達其禮。

外官在中謝面君之前，照規矩還有謝狀「取進止」。即上揭《唐會要》卷二五開成三年御史臺奏，請謝前一日，「依官班具名列奏」。《唐會要》卷六九《都督刺史已下雜錄》記開元元年十二月三十日敕曰：

都督刺史都護，每欲赴任，皆引面辭訖，側門取候進止。[45]

又《新唐書·百官志》三：

凡出，不逾四面關則不辭見。都督、刺史、都護既辭，候旨于側門。左右僕射、侍中、中書令初拜，以表讓。中書門下五品以上及諸

44　《冊府元龜》卷一〇八《帝王部·朝會》二，第1289頁。
45　《唐會要》卷二五、卷六九，第554、1436頁。

司長官，謝于正衙，復進狀謝于側門。[46]

　　《新唐書》所說都督刺史等「候旨於側門」，就是側門取進止。此制看來至少始於開元。側門據《唐兩京城坊考》卷一西京大明宮條、程大昌《雍錄》端門挾門條都說是在含元殿南的左右金吾仗院，即含元殿的東西廊上[47]。但據松本保宣考證，側門廣義上也泛指通達宮禁的宮殿旁門[48]，並指出唐朝「側門論事」有別於通過宰相中書機構的正門，可直接到達皇帝。《刺史書儀》（敦煌 P.3449+P.3864）有內容是「右厶蒙恩除受前件官，謹詣正衙祗候謝，伏聽處分」的正衙謝狀和「右臣蒙恩，除授前件官，謹詣東上閣門祗候謝，伏候敕旨」的謝恩牓子。又有「得替到京朝見牓子」，稱：「又臣得替到京，謹詣東上閣門祗候見，伏候敕旨。」[49]牓子和謝狀一稱於東上閣門，一稱於正衙；周先生也認為就是《新唐書·百官志》所說「中書門下五品以上及諸司長官，謝于正衙，復進狀謝于側門」[50]。閣門在宣政殿左右，可直達皇帝常朝的紫宸殿或延英殿。所以筆者認為，謝於閣門與側門論事相似，應與謝於正衙者意義有別。書儀的謝恩牓子稱臣，稱「伏候敕旨」，末尾是「具全銜某乙狀奏」；正衙謝狀卻是稱「厶（即名）」，稱「伏聽處分」，末尾是「牒件狀⋯⋯具銜厶牒」。按公文慣例前者對象是

46　《新唐書》卷四八《百官志》三《御史臺》，中華書局 1975 年版，第 1236 頁。

47　《雍錄》卷二《端門挾門》，第 28 頁。

48　〔日〕松本保宣：《唐代の側門論事について》，《東方學》第 86 輯，1993 年，第 36-52 頁。

49　《法藏》（24），第 238、248-249 頁。錄文並見趙和平：《敦煌表狀箋啟書儀輯校》，江蘇古籍出版社 1997 年版，第 166-203 頁，下同。

50　《敦煌寫本書儀考（之一）》，《唐五代書儀研究》，中國社會科學出版社 1995 年版，第 62-63 頁。

皇帝，後者是有司。這似乎也反映了「入閣」與「正衙朝謝」兩種等級不同的情況[51]。

　　總之，對於節度觀察使和刺史所規定的「入閣（或入延英）」中謝反映了他們在朝廷禮儀方面的特殊地位，其來源正在中央對地方的極端重視和中央力圖加強其統治權威的願望。特別是朝廷對於刺史「中謝」的要求，尤宜理解為是中央越過節度使，而對州級官員施加的直接影響和「關照」之一。因為通過閣內「通喚」，畢竟方便皇帝與藩臣和地方長官直接接觸，瞭解庶事，掌握全局，同時示以關懷垂詢和囑託要求。由此不但較正衙朝見走過場顯得親切，也可以使中央地方上下之情得通，這不能不說是便殿宴見的意義所在。

（二）禮錢、臺參和上事諸儀

　　節度刺史拜官後的禮儀，並非僅有「中謝」一節。陳祚龍前揭文由《刺史書儀》對宮城各門的「俵錢去處」，進而聯想到「至少後唐諸道、藩垣的文武大員進京公幹，前往京中某些重要官署辦事時，還得分別花散一筆『入門費』」的問題[52]。但陳文提到史料中的「光省禮錢」和「光臺錢」事實是官員新拜官後按制度必須交納的禮錢，不是進京辦事公幹的入門費，兩者不能混為一談。例如《舊五代史》卷三六天成元年（926）七月辛巳條記中書門下奏「條制，檢校官各納尚書省禮

51　按書儀中還有「著蒙恩者一本具銜」，內稱「臣」，並有「謹詣東上閣門祗候　辭」字樣；及「新授具銜厶」，內稱「厶」，並有「謹詣正衙祗候　辭」的正衙辭狀兩紙（《法藏》（24），第239頁），也是對象及所在有別。則似乎「謝」和「辭」可分為兩次進行，並且同是兩種規格。

52　陳祚龍：《看了周作〈敦煌寫本書儀考（之一）〉以後》，第44頁。

錢」，自太師太尉至員外郎中，數量由原來四十千至一十千減為二十千至三千四百不等；與此同時詔曰：

> 會府華資，皇朝寵秩，凡霑新命，各（合？）納禮錢。爰自近年，多隳舊制，遂致紀綱之地，遽成廢墮之司。況累條流，就從減省，方當提舉，宜振規繩。但緣其間，翊衛勳庸，藩宣將佐，自軍功而遷陟，示恩澤以獎酬，須議從權，不在其例。其餘自不帶平章事節度使及防禦、團練、刺史、使府副使、行軍已下，三司職掌監務官，州縣官，凡關此例，並可徵納。其檢校官自員外郎至僕射，只初轉一任納錢，若不改呼，不在徵納。仍委尚書省部司專切檢舉，置歷逐月具數申中書門下。[53]

　　這一條同被記載在《五代會要》卷一四《尚書省》，唯行文略有差異。又《五代會要》卷一三《門下省》同年九月二十五日門下中書兩省狀根據以上規定也提出「准舊例，檢校官合納光省禮錢」、「伏緣省司舊例，別無錢物，只徵禮錢，以充公廨破使」，要求像尚書省那樣徵光省錢，「所冀朝廷故事，免失於根源；省閣（閤？）舊儀，長存於規制」。其納錢者依次排列，一等為防禦、團練、刺史、諸道郎官、三司職掌、檢校左右散騎常侍，二等為兩府及次府少尹、左右司馬、別駕、長史，三等為都押衙至大將軍，四等為都頭、都指揮使以下，五等為進奏官；只不過納錢數也是較「舊例」略減，分別從一十五千至五千減為五千至二千不等。敕批「宜令門下中書兩省准此，逐月具數申中書門下」[54]。

53　《舊五代史》卷三六《明宗紀》，第 503 頁。
54　《五代會要》卷一三《門下省》，第 218-219 頁。

　　採取類似制度的又有御史臺。後唐同光二年（924）三月三十日御史臺奏「所除諸道節度觀察防禦經略等使、刺史、縣令及諸道幕府，兼諸司帶憲銜兼官，合納光臺錢」，自兼御史大夫至兼監察御史，也較原來納錢減半，從十五千至六千六百五十不等；要求「應有諸道節度觀察使、刺史、經略防禦等使及諸道幕府上佐官，並諸司班行新受兼官者，併合送納前件光臺憲銜禮錢」；並説明只有「送納光臺禮錢畢」才可以得到告身[55]。可見光臺錢是「帶憲銜」內外官所必交。由於外官基本都有憲銜，所以光臺錢的交納就幾乎包括了所有節度使以下的官員。此外，後周顯德五年（958）閏七月一日御史臺申現行事件有「應新除節度、防禦、團練、刺史、賓幕、州縣官兼帶五院憲銜，合徵光臺禮錢，如是已曾納過，准舊例不徵」，也説明對外官光臺錢的徵求五代一直有之[56]。

　　按以上關於禮錢的徵納張國剛《唐代的光署錢與五代的光臺錢和光省錢》一文已有詳細論證[57]。其文根據《唐會要》卷五七《翰林院》乾寧三年（896）七月因翰林學士承旨陸扆拜相而言及「故事，三署除拜，有光署錢，以宴舊僚，內署即無此例。扆入相之日，送學士光院錢五百貫，特舉新例，內署榮之。仍定例，將相各二百千，使相五百千，觀察使三百千，度支三百千，鹽鐵二百千，戶部一百千」的史料

55　《五代會要》卷一七《御史臺》，第283頁；並參《冊府元龜》卷五一七《憲官部・振舉》二，第6175頁。

56　《五代會要》卷一七《御史臺》，第283頁。按據《冊府元龜》卷六一《立制度》二（第682頁）同光三年（924）正月戊戌敕稱「兵吏部以臺省禮錢為名，所司妄有流滯。在京者遽難應付，外來者固是淹延」，要求減少禮錢的徵收，可以説明禮錢索要已成為官員上任的障礙。

57　張國剛：《唐代政治制度研究論集》，文津出版社1994年版，第261-266頁。按日前張國剛、管俊偉又有《唐代的光署錢問題探略》一文，載《魏晉南北朝隋唐史資料》第30輯，2014年，第23-30頁。

考證指出，三署就是尚書、中書門下和御史臺，「五代的臺省禮錢即光臺錢和光省錢，其制當始於唐代，並且很可能濫觴於光署錢並由之發展而來。它由從三署超資得官例須納錢本署，發展到凡帶憲銜、檢校官銜者皆須納錢臺省，因而其納錢對象便大大擴增了」[58]。不過筆者認為五代和唐代的區別，更在於拜官禮錢從使職擴大到使下職掌，而且帶憲銜、檢校官銜者實際是普遍地針對外官，所以顯示了藩鎮格局下的禮儀特色。

晚唐五代外官禮錢的實用性很強，已不是所謂「宴舊僚」的性質。《文獻通考》指出：「按五代弊法，凡官府公使錢多令居官者自出其費。宰相則有光省錢，御史則有光臺錢，至於監生亦令其出光學錢。」[59]這裡馬端臨對於光省錢、光臺錢的理解顯然有誤。因為五代省、臺錢顯然並不完全出自身居省臺要職的中朝官而是重在外官。但他所說用於「公使」則完全不錯。張文已指出禮錢的「公廨破使」問題。自唐後期始，屬於外官錢的部分愈來愈不歸中央政府掌握，五代地方軍閥權力更不受約束。這樣的做法無疑可以很合法並且使藩鎮官員們心甘情願地拿出事實上是屬於他們從地方得來的錢，不能不説是搜刮的妙法，而中央機構的某些雜費開支也就有了著落。這使得中央對外官的任免更像是一種交易，此也即張文已論之「中央政府一種變態的賣官鬻爵」。

58　按：光署錢在李錦繡《唐代財政史稿》下卷第六章《其他收支》第二節三《諸司、使的其他收入》中也有論述。指出光署錢是三署官拜宰相、節帥、三司使等官以後付省司的慶賀禮錢，以作為宴設費，自貞元中已出現。光署錢不但存在於三省及御史臺，並「應存在於一切諸省寺監臺等中央機構」（北京大學出版社 2001 年版，第 1168-1169 頁）。筆者認為這與五代以各個等級的藩鎮員僚為對象還是有很大不同。

59　《文獻通考》卷四一《學校考》二，萬有文庫十通本，中華書局 1986 年版，第 394頁。

　　不過，外官禮錢的交納意義尚不止於錢本身。因為禮錢的交納對象三署——中書門下、尚書省和御史臺是朝廷的代表與核心。對這三個機構納禮錢，不但是外官對朝廷應盡的義務，也是外官尊奉朝廷的一種象徵。特別是光臺錢，是突出御史臺權威的表現。因為與此相應，官員除納禮錢外，還有除拜之際的臺參之禮。《唐會要》卷二五：

　　（太和）九年八月，御史臺奏：「應文武朝參官新除授，及諸道節度、觀察、經略、防禦等使及入朝赴鎮，併合取初朝謝日，先就廊下參見臺官，然後赴正衙辭謝。或有于除官之日，及朝觀到城，忽遇連假三日以上，近例便許于宣政門外見謝訖。至假開，亦須特到廊下參臺官者。請自今以後，如遇連假已見謝訖，至假開，亦須特到廊下參臺官。」依奏。[60]

　　又《五代會要·御史臺》記天成元年十二月十一日御史臺奏，也提出「應諸道節度、觀察、防禦、經略、團練使及諸州刺史，新除赴任，及郎幕上佐官等得替，及准宣進奉到闕及歸本道，併合廊參，正衙謝見辭。如遇大夫、中丞入臺，併合臺參」。認為是「偽朝（按指梁）已來，全隳往制，罕成倫理，頗失規繩」，請求「特降明敕指揮，免令墜紊」，得到批准[61]。原來，藩鎮官員及刺史等入臺參見御史大夫、中丞稱之為「臺參」，在正殿外「廊下」見臺官就稱之為「廊參」。臺參或廊參是節度觀察刺史等新除赴任或得替入朝時參拜御史臺長官的必行禮節。御史臺是對內對外的監察機構，負有舉彈之責。唐朝後期度

60　《唐會要》卷二五《雜錄》，第554頁。
61　《五代會要》卷一七《御史臺》，第284頁。

支鹽鐵三司巡院和出使郎官御史兼帶「憲銜」者作為御史臺派出機構人員被稱之為外臺，可以監督藩鎮。所以藩鎮官員對御史臺長官的參拜，應看作是尊奉朝廷接受監督和遵紀守法的一種表示。

節度觀察刺史的臺參、廊參沒有言及儀式如何，大約比較簡單。相比之下，節度觀察使行前還有更莊嚴的一道禮節是辭見兵部。《新唐書·百官志》四下曰：

> 節度使掌總軍旅，顓誅殺。初授，具帑抹兵仗詣兵部辭見，觀察使亦如之。辭日，賜雙旌雙節。[62]

《唐六典》兵部尚書侍郎之職：「掌天下軍衛武官選授之政令。凡軍師卒戍之籍，山川要害之圖，廐牧甲仗之數，悉以咨之。」[63]武官名義上皆由尚書省兵部選授，由兵部領導，兵部長官理論上與地方軍事長官有上下級關係，這裡「具帑抹兵仗」是節度使對其行屬吏參見長官之禮（詳下）。唐朝省臺官吏上事日應拜見部門長官，節度使拜兵部之日始獲真正代表其武職權力的雙旌雙節，所以我推測詣兵部即代表了節度使上事見長官之儀。節度之權由兵部授給，同樣代表了中央領導地方、以中央為權力中心的意圖。

晚唐之際節度使職權不斷擴大，但一般情況下地位都不超過宰相。這一點也表現在加兼平章事銜的「使相」上事之儀。《舊唐書》卷一七九《孔緯傳》記：

62　《新唐書》卷四九下《百官志》四下，第1309頁。

63　陳仲夫點校：《唐六典》卷五，中華書局1992年版，第150-151頁。

　　緯家尚節義，挺然不屈。雖權勢熏灼，未嘗假以恩禮。大順初，天武都頭李順節恃恩頗橫，不期年領浙西節度使，俄加平章事。謝日，臺吏申中書，稱天武相公衙謝，准例班見百僚。緯判曰：「不用立班。」順節粗暴小人，不閑朝法，盛飾趨中書，既見無班，心甚怏怏。他日因會，順節微言之，緯曰：「必知公慊也。夫百辟卿士，天子庭臣也，比來班見，宰相以輔臣居班列之首，奉長之義也。公握天武健兒，而於政事廳受百僚班見，意自安乎？必若須此儀，俟去『都頭』二字可也。」順節不敢復言。其秉禮不回，多此類也。[64]

　　按「都頭」者，《資治通鑑》胡註解釋說：「唐之中世，以諸軍總帥為都頭。至其後也，一部之軍謂之一都，其部帥呼為都頭。」[65]這裡稱李順節為都頭，是指他為天武軍（唐末五十四都之一）軍頭和節度使。唐宰相禮絕百僚，所以上事日有班見百官之儀，但使相班見卻只是所謂「准例」而無明確規定。李順節想在拜使相日於中書上事而禮同宰相，卻不料孔以其身居武職來拒絕，使之無話可說。觀孔緯之言很可以說明唐末無論藩鎮怎樣坐大，節度使藩臣的身分還是不能變，事朝廷禮還是不可廢，加銜的武人使相畢竟與主持政事的真宰相有別，而制度尊宰相即為尊朝廷之意。

　　李順節事發生在昭宗大順初，如果說彼時使相登堂入室還有些名不正言不順，那麼到了五代，一切卻都順理成章。《五代會要·中書省》：

64　《舊唐書》卷一七九《孔緯傳》，第 4652 頁。
65　《資治通鑑》卷二五四僖宗中和元年（881）七月丙寅條，第 8254 頁。

　　後唐天成元年十二月二十三日，中書奏：「伏准故事，應諸道節度使凡帶平章事，宜于中書都堂上事，禮絕百僚，等威無異，刊石紀壁以列姓名，事系殊恩，慶垂後裔。舊例，赴鎮後合納禮錢一千貫（按《舊五代史》卷三七《明宗紀三》作「三千貫」），充中書及兩省公使。伏自近來，全隳往例。今皇綱再整，墜典咸修，合舉成規，冀將集事。臣等商量，今請諸道藩鎮帶平章事處，各納禮錢五百千，中書建立石亭子一所，鐫紀宰臣使相爵位姓名，授上年月。其所餘錢，請充中書修建公署，及添置都堂內鋪陳什物。」敕從之。[66]

　節度使加平章事的使相武人「于中書都堂上事，禮絕百僚，等威無異」正是李順節等想做而未做到的事，卻不料在後唐已成「故事」。這個「故事」說明至少此禮在明宗以前即已逐漸形成制度。並且中書上事與使相赴任後應納禮錢結合，還給了刻石記名的殊榮。不僅如此，同卷天成四年四月二十一日敕稱「諸道節度使帶平章事、兼侍中、中書令，在京則中書差直省一員引接，及赴鎮擬合追還。緣使相在京，百官請謁，須差直省引接，兼街衢出入，或恐朝列誤衝。及到本道，自有客司通引官引接」，由此可見，一旦拜為使相，在京城也有百官請謁，甚至朝廷也差官為之引接，真可謂威風八面，全不輸於在朝的真宰相。這固然是唐末藩鎮地方勢力發展的結果，但由此也可見出五代政權的藩鎮性質，它在禮儀上的表現就是節度使的身分地位職權更高，以致中央地方之等級性和差別某些時候便被抹殺了。

　　當節度使結束了在京城的活動後，便要赴任上道了。《新唐書·百官志》四下在節度觀察使「賜雙旌雙節」下有「行則建節、樹六纛，

66　《五代會要》卷一三《中書省》，第220頁，下同。

中官祖送，次一驛輒上聞」一套儀式，而據《通典》卷三二也説節度使「得以軍事專殺，行則建節，府樹六纛，外任之重莫比焉」[67]，跟著權力來的便應當是出行的儀仗。《舊唐書》載安祿山反，以潁王璬為蜀郡大都督、劍南節度大使。「璬初奉命之藩，卒遽不遑受節，綿州司馬史賁進説曰：『王，帝子也，且為節度大使。今之藩而不持節，單騎徑進，人何所瞻？請建大纛，蒙之油囊，為旌節狀，先驅道路，足以威眾。』璬笑曰：『但為真王，何用假旌節乎？』」[68]假旌節是戰時權宜，平時則是真旌節。《舊唐書·呂元膺傳》記其代權德輿為東都留守，「舊例，留守賜旗甲，與方鎮同」。説明留守和藩鎮節度使上任之際都要賜予出行甲仗。雖然由於憲宗的堅持，「留守不賜旗甲，自元膺始」，但節鎮的甲仗卻未見取消[69]。由於唐朝還規定節度使可以自選一定數量的幕僚，所以節度使和他的幕僚及文武職吏們應當是旗甲鮮明、高舉著朝廷頒給的旌節浩浩蕩蕩去藩鎮的。如《百官志》所説是「入境，州縣築節樓，迎以鼓角，衙仗居前，旌幢居中，大將鳴珂，金鉦鼓角居後，州縣齎印迎于道左」。

到真正上任之時，還有一番講究：「視事之日，設禮案，高尺有二寸，方八尺，判三案，節度使判宰相，觀察使判節度使，團練使判觀察使。三日洗印，視其刓缺。」[70]

以上討論的主要是節度使在京城受命的情況，節度使如果原在藩鎮，就會由朝廷遣使送去旌節官告。《冊府元龜》卷二一三載「梁太祖乾化元年十二月，命大理卿王鄑使于安南，左散騎常侍吳藹使于朗

67　《通典》卷三二《職官》一四《都督》，中華書局 1988 年版，第 895 頁。

68　《舊唐書》卷一〇七《玄宗諸子·潁王璬傳》，第 3263-3264 頁。

69　《舊唐書》卷一五四《呂元膺傳》，第 4104-4105 頁。

70　以上並見《新唐書》卷四九下《百官志》四下，第 1309-1310 頁。

州，皆以旌節官誥錫之也。又命將作少監姜宏道為朗州旌節官告使副」[71]。《五代會要·諸使雜錄》同條於「王鄯為安南送旌節官告使」下註曰：「舊制：巡撫、黜陟、冊命、振恤、弔贈、入番等使，選朝臣為之。其宣慰、加官、送旌節，即以中官為之。今以三品送旌節，新例也。」[72]此條應為唐制，送旌節官告使多由宦官充當，而當其到達時，也會有一套隆重的儀式。P.3773v《節度使新授旌節儀》記載如下：

凡節度使新授旌節儀：天使押節到界，節度使出，先引五方旗，後鼓角、六纛，但有旗、幡，不得欠少弓箭。衙官三十，銀刀官三十，已上六十人，並須衣服鮮淨錦絡縫褶子。盧帕頭五十，大將引馬，主兵十將，並須袴帉、襪額、玲瓏、纓拂、金鞍鐙，鮮淨門槍、豹尾、彭排、戟架。馬騎、射鹿子人，悉須帉襪、纓拂、玲瓏、珂佩。州府伎樂隊舞，臨時隨州府現有，排比一切，像出軍迎候。其六纛，從城臥擎，見旌〔節〕後，扶立。前引旗幡隊遙見旌節，並須避道臥擎，走馬過節後，一齊扶立，不得人馬旗纛，當頭偓著旌節。使出不過三十里，□十五。見天使之時，先問來日聖人萬福，後序（敘）寒冷（溫）。便抵邑，並馬作樂入城，在路不得下馬、旌節斷。入城門中門，交頭相覆。到毬場，宣付之時，三交三捧，不得交錯。左旌右節，宣付了，相識天使，便令軍將參天使，一時參賀序（敘）答。便抵邑，天使上亭子。排比……就毬場斷一……（下殘）。

這件《節度使新授旌節儀》在暨遠志《張議潮出行圖研究——兼

71　《冊府元龜》卷二一三《閏位部·命使》，第2556頁。

72　《五代會要》卷二四《諸使雜錄》，第389頁。

論唐代節度使旌節制度》一文已有介紹[73]。文章考證其中的儀仗器物服飾官職等，並將之與張議潮出行圖加以比照，本節無須重複。但相關授旌節儀還有幾點需要補充。第一是儀式極具規模，不僅打出節度使的全副執事，「臨時隨州府現有，排比一切，像出軍迎候」一樣隆重，並且「見天使之時，先問來日聖人萬福」，即所謂「問起居」。敘寒溫後，入城進「到毬場，宣付之時，三交三捧，不得交錯」，用極其鄭重謙卑的禮節，表示獲得旌節的榮譽和對天子至高無上的崇敬。第二是儀式具有象徵意義。「授旌節儀」規定藩鎮事先準備好的六纛要從臥擎到見旌節後扶立，前引旗旛隊也從遙見旌節時將旗旛「避道臥擎」到旌節走馬過後「一齊扶立」；喻示只有受節後才能樹六纛立儀仗，由此也顯示了節度使的威儀和軍事專殺之權。第三是雖然在藩鎮，但見到「天使」和旌節同於在朝廷見到皇帝。是在外等同在內，對朝廷禮數基本如一。

　　節度使見到「天使」送來的旌節官告後，應有謝表。令狐楚《為太原鄭尚書謝賜旌節等表》稱：「臣某言：今月七日，中使尹偕至。伏奉敕書手詔，慰喻將士參佐等，並賜臣官告旌節。寵命並臨，榮光疊至，欽承捧受，感惕難勝。臣某中謝。」[74]可知表是代替朝謝的。敦煌 P.4065 中有「臣某言：旌節官告。國信使副某至，奉宣聖旨，賜臣手詔一封，贈臣亡父官告一道，告第一通，焚黃一道；故兄贈太保官告一通，告第一道，焚黃一道者。澤降丹霄，恩及下土」云云的一道表狀就是曹元深得到後晉王朝送來旌節官告的謝表或謝狀[75]。這也是常見之

73　《法藏》28，2004 年，第 9 頁。錄文並參暨遠志文，《敦煌研究》1991 年第 3 期，第 29-39 頁。

74　《全唐文》卷五四〇，中華書局 1983 年版，第 5482 頁。

75　《法藏》（31），2005 年，第 69 頁。

禮儀。

　　刺史如與節度使相比，其受職上任自然不會有很大的排場。但從書儀所見，五代刺史拜官中謝後有見宰相之禮。《刺史書儀》有得官後「謝諸相公」，內稱：「厶伏蒙聖慈，除受（授）厶〔州〕刺史。盡蓋（蓋盡？）相公曲垂陶鑄，致此僥榮。唯竭忠勤，上答臺造。下情無任感恩榮懼。」又有「辭諸相公」，稱：「厶蒙恩，除授厶〔州〕刺史，今赴本任，乇別聖慈，委分符竹。實知僥忝，但積兢榮。此皆　太傅迴賜薦揚，曲垂恩煦。誓將兵檗，上答生成，下情無任感恩榮懼。」這兩件分別是新授時謝宰相和赴任時辭宰相的致辭，說明授職赴任是要見宰相的。此外又有「謝兩樞密笏記」，笏記是記到笏板上的話，內容也是授官謝語[76]。五代樞密使職同宰相，故拜官後也須參拜樞密使。五代刺史謝宰相很可能是延續唐代。劉禹錫有《謝門下武相公啟》、《謝中書張相公啟》，是元和十年從朗州司馬量移連州刺史後給宰相武元衡、張弘靖的謝啟[77]。時禹錫不在京城，其給武相啟稱：「某即以今月十一日到州上訖。拘于印綬，巾韝詣謝，有志莫從。」大概也是代替當面參謝的。李商隱有《為濮陽公（王茂元）官後上中書門下狀》、《為中丞榮陽公（鄭亞）桂州上後上中書門下狀》、《為弘農公（楊敬之）上號州後上中書狀》、《為弘農公上號州後上三相公狀》、《為懷州刺史（李璟）上後上門下狀》[78]，都是節度（或觀察）刺史的上任加官謝。節

76　以上見 P.3449，《法藏》（24），2002 年，第 249 頁；P.3864，《法藏》（29），2003 年，第 24-25 頁。並參趙和平：《敦煌表狀箋啟書儀輯校》，第 195-196 頁。

77　《劉禹錫集》卷一八，上海人民出版社 1975 年版，157-158 頁。並參卞孝萱：《劉禹錫年譜》，中華書局 1963 年版，第 80-84 頁。按卞書指出武元衡是劉之政敵，張弘靖也與劉沒有關係，因此謝啟只是人不在京城時的禮節。

78　分見李商隱：《樊南文集·補編》卷二、三、五，收入《李商隱全集》，上海古籍出版社 1999 年版，第 230、235、253-254 頁。

度、刺史謝宰相未見規定，但晚唐五代顯然已是不成文的制度。

刺史一旦離京，與地方的連繫和應酬便多起來。觀刺史上任與《新唐書·百官志》下規定節度使途路上「次一驛輒上聞」，頗有相似之處。不過刺史的「上聞」主要是聞於節度觀察使而不是皇帝和朝廷。這一「上聞」從受任伊始，直到上任之前。《刺史書儀》有《申本道狀啟各一封》、《申狀謝本道節度使與前狀同》、《行軍副使啟頭書》、《謝行軍副使書》是受職後向節度使和藩鎮主要官員通報致意。以下《申離京啟狀》、《中路已更申一狀》、《到界首申一狀》是從出發至到達界首期間申節度使狀。內《中路已更申一狀》道「右厶去今月日已到〔厶〕州厶處安下。拜碧幢而在近，增喜躍以先深（申？）」，正是路途中到達某處的所謂「次一驛輒上聞」。當然出於禮貌，刺史一路上還有《經過州郡節度啟狀》、《謝所經過州送生料書誨狀》、《謝生料及熟飯等》，對經過的道州長官致意，並對其關照和送物表達感謝[79]。

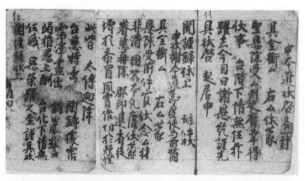

▲ 圖9　P.3449 刺史獲任命後向本道節度使申報並表示感謝

79　參見趙和平：《敦煌表狀箋啟書儀輯校》，第 174-179 頁。

　　根據前揭《大唐開元禮》的規定，刺史和縣令初上都有於任所廳事備儀仗接見屬下之禮。但是唐後期五代刺史到達任所所在道後，不是徑去上任而是要先去參拜節度（觀察）長官。在這方面《刺史書儀》有《到本道參謝後上馬狀》、《謝本道節度使還答狀》、《謝生料筵設狀》、《辭本道節度使狀》、《辭了一兩程再申感謝狀》、《辭與副使行軍諸廳判書》、《送土宜物色〔與〕本道官員〔書〕》等[80]。將這些書範合而觀之，可以總結過程如下：刺史參見節度使並獻上表達「芹菲之誠」的馬，接受節度使反饋的「頒賜」物品，參加節度使為其組織的歡迎宴會，向節度使告辭，並在「辭了一兩程」後再三表示感謝，與此同時也要向藩鎮其他官員告辭致意並送土產。當然上任後還有《到本任後謝上表一道》、《謝本道〔節〕度使已到任後狀》、《與本道官員謝上書》等分別向皇帝、本道節度使和高官再申感謝。其中《與本道官員謝上書》稱「厶今月日已到本任，禮上訖，不任感慶」，將自己的上任稱為「禮上」，可見是將上任視為一個禮儀實行的過程。

　　刺史上任過程中的表狀說明刺史面對的是朝廷和本道節度使的雙層領導。而其參見節度使之儀絲毫也不輸於節度使的見朝廷長官。上述狀文中一再提到「右厶叨除屬郡，獲拜臺庭」、「右厶昨者獲參臺旗」、「右厶獲趨臺階」，對於「臺庭」、「臺旗」、「臺階」三者之前都空格缺字也即用平闕示敬，而所謂「獲拜臺庭」、「獲趨臺階」也可以稱為廷（庭）參或牙（衙）參。刺史的廷參節度使是軍府重儀，這一點正與下面要談的橐鞬之服有關。

80　參見趙和平：《敦煌表狀箋啟書儀輯校》，第179-186頁，下同。

（三）關於「櫜鞬三仗」和「廷參」的一點補充

在敦煌的節度使新授旌節儀中，未說節度使身著何服，但迎接的大將和主兵十將都是穿戴「袴褶、襪額」，則節度使恐怕也是如此。這一點可以與前揭節度使於兵部上事時強調的「具帢抹兵仗」相比照。《唐會要》卷七九太和九年條記曰：

> 其年十二月，左僕射合諸道奏：「諸節使新授，具巾抹，帶器仗，省中參辭兵部尚書侍郎者。伏以軍國異容，古今定制，苟不由舊，務祈改常。未聞省閤之門，忽入弓刀之器。伏請停罷，如須參謝，任具公服，到本州縣後交割兵馬，詣實申奏。」從之。[81]

按此事據《舊唐書》卷一七二《令狐楚傳》得知此中左僕射乃令狐楚。所奏「具巾抹，帶器仗」或「具帢抹兵仗」，實即身著袴褶、腳登靴、頭帶紅抹額、左握刀、右屬弓矢的一種「櫜鞬服」。其中抹額亦作襪額。馬縞撰《中華古今注》卷上釋「軍容襪額」曰即「以紅絹襪其首額」，「此襪額蓋武士首服，皆佩刀以為衛從」[82]。這種紅襪額在章懷太子李賢墓墓道東壁的儀衛圖中就可以見到[83]。同卷又釋「櫜鞬三仗」曰：

> 起自周武王之制也。武王伐紂，散鹿臺之財，發巨橋之粟；歸馬于華山之陽，放牛于桃林之野；鑄劍戟以為農器，示天下不復用兵。

81　《唐會要》卷七九《諸使》下《諸使雜錄》下，第 1711 頁。

82　（五代）馬縞：《中華古今注》，商務印書館《叢書集成本·總類》，第 0279 冊，1937 年，第 9 頁。下引文同。

83　見張鴻修：《中國唐墓壁畫集》，嶺南美術出版社 1995 年版，第 105 頁。

武王以安必防危，理必防亂，故韣弓匣劍以軍儀，示不忘武也。舊儀，軒轅三仗，首襪額紅，謂之櫜鞬三仗。

說櫜鞬三仗起自周武王，恐怕是杜撰。但櫜鞬是戎服，不同於一般文武大臣所著的公服。身著櫜鞬服行禮是軍禮，對長官行軍禮是表示在軍事上接受指揮，同時也是一種屬吏（或下屬）敬上之禮。關於櫜鞬服的內容及穿著行軍禮的意義在黃正建《唐代戎服「櫜鞬服」與地方行政長官的軍事色彩》一文已有詳細論述[84]。

如黃文已指出，節度刺史的櫜鞬軍儀可以分為兩個層次。一個層次是節度觀察使對朝廷使節和宰相。當朝廷使臣或宰相來到或路經藩鎮時，節度使為表尊重，往往具櫜鞬服郊迎。如貞元末李藩作為告哀使前往幽州，節度使劉濟「紅袜首，靴袴，握刀左，右雜佩，弓韣服，矢插房，俯立迎道左」[85]；元和中裴度到蔡州，李「愬具櫜鞬候度馬首」；會昌中李回「奉使河朔，魏博何弘敬、鎮冀王元逵皆具櫜鞬郊迎」，甚至牛僧儒罷相鎮江夏，山南東道節度使柳公綽為表藩鎮敬宰相之意，也是「具戎容，于郵舍候之」[86]。

---

84 載《中國史研究》，2002 年第 4 期，第 55-59 頁。按黃文認為，櫜鞬服有胡族因素，是「胡化服飾隨軍人隨戰爭發展成為軍事禮儀的一個顯例。甚至後來，這一軍禮更發展成為節度使得官後向尚書省辭謝時的『國禮』」；「櫜鞬服在唐代是一種戎服，是刺史謁見觀察使、兵馬使謁見節度使、低級節度使謁見高級節度使，以及節度使謁見宰相或朝廷使臣時穿的禮服。穿上它，不僅表示對上級對宰相對朝廷的尊敬，同時也表示願意從軍事上接受指揮。櫜鞬服基本屬於地方禮儀中的軍禮，同時依對象不同，又分別屬於『刺史禮』、『廉使之禮』和『宰相禮』等範疇。但筆者認為，櫜鞬服體現更多的還是以節度使為中心的藩鎮屬吏禮。

85 （唐）韓愈：《韓昌黎集》卷二〇《送幽州李端公序》，《國學基本叢書》第 5 冊，商務印書館 1958 年版，第 25 頁。

86 見《舊唐書》卷一三三《李愬傳》、卷一七三《李回傳》、卷一六五《柳公綽傳》，中華書局 1975 年版，第 3681、4502、4303 頁；並參黃正建文。

這裡還可補充《北夢瑣言》卷三的一例：

> 唐鄭愚尚書，廣州人，雄才奧學。擢進士第，歷歷清顯，聲稱烜然。而性本好華，以錦為半臂。崔魏公鉉鎮荊南，滎陽（按指鄭愚）除廣南節制，經過，魏公以常禮延遇。滎陽舉進士時，未嘗以文章及魏公門。此日于客次換麻衣，先贄所業。魏公覽其卷首，尋已，賞嘆至三四，不覺曰：「真銷得錦半臂也。」又以魏公故相，合具軍儀廷參。不得已而受之。魏公曰：「文武之道，備見之矣。」其欽服形于辭色也（下略）。[87]

　　本條所言崔鉉和鄭愚都是節度觀察使，本是平級。但鄭愚因崔鉉是「故相」也即曾任真宰相（不是因其現居使相）特表尊敬，先以文士對崔鉉獻文執門生弟子禮，再行節度使見宰相的「具軍儀廷參」，所以崔鉉贊其文武之道俱備。「廷參」也稱廷禮或「庭參」，具軍儀就是橐鞬服參拜，是宰相甚至是帶平章事的使相經過藩鎮（或節度使在外見宰相）之際節度使必行之禮。

　　節度使對宰相或使相必行「軍儀」始自何時？錢易《南部新書》丙部敘李愬「具軍容」拜裴度，以為「自後帶宰相出鎮凡經州郡皆具橐鞬迎于道左，自此始也」[88]。李涪《刊誤》捲上「宰相不合受節度防禦團練等使橐鞬拜禮」條針對「今代節度使帶平章者凡經藩鎮，節察使必具橐鞬迎于道左，未知禮出何代」的問題指出：「景云以後，《六典》、《會要》並無節度使觀察使戎服迎拜使相之禮。若宜有之，則節

87　（五代）孫光憲撰，賈二強點校：《北夢瑣言》卷三《鄭愚尚書錦半臂》，中華書局2002年版，第53頁。

88　（五代）錢易傳，黃壽成點校：《南部新書》，中華書局2002年版，第35頁。

度使降麻、防禦使制下之日便合具軍容詣中書謁謝。在城既無此禮，外府何為行之。宰相位雖崇重，猶與九品抗禮。今則俱是將相，豈可倨受戎容！」其分析原因，也認為與（李）愬拜裴度有關。事由唐安史亂後軍鎮出征常設元帥都統，「愬以度兼宣慰處置使，宰相專征不異都統之重，故具戎服以申拜敬，且以禮示蔡民也。爾後為藩鎮兼平章事者不謂我非元帥都統，唯以宰相合當節度防禦等使橐鞬拜禮，舛誤相承，所宜改正。」[89]此條史料行文語氣似出自唐人，它可證節度使除授本無戎服拜宰相禮。但節度使戎服拜朝廷使者如上所述德宗時已有先例，而宰相在外受節度使橐鞬廷禮如果真是始於裴度，則看來也是符合元和削藩的形勢，與朝廷強化中央集權的努力一致，不過後來就難免流於形式。

　　橐鞬軍儀或稱廷參的另一個層次是節度觀察使權力所及或其軍府之內。其中很重要的一節是刺史參拜節度觀察使。《舊唐書·令狐峘傳》最說明問題：

　　久之，授吉州刺史。齊映廉察江西，行部過吉州。故事，刺史始見觀察使，皆戎服趨庭致禮。映雖為宰相，然驟達後進，峘自恃前輩，有以過映，不欲以戎服謁。入告其妻韋氏，恥抹首趨庭。謂峘曰：「卿自視何如人，白頭走小生前，卿如不以此禮見映，雖黜死，我亦無恨。」峘曰「諾。」即以客禮謁之。映雖不言，深以為憾。映至州，奏峘糾前政過失，鞫之無狀，不宜按部臨人，貶衢州別駕。[90]

89　（唐）李涪：《刊誤》，《景印文淵閣四庫全書》第 850 冊，上海古籍出版社 1987 年版，第 170 頁。並參《說郛》卷一三下，《景印文淵閣四庫全書》第 856 冊，第 659 頁。

90　《舊唐書》卷一四九《令狐峘傳》，第 4014 頁。

按此例甚為典型，前揭黃正建文已論證這裡「戎服趨庭致禮」就是穿著櫜鞬服向觀察使行禮，認為是屬刺史禮，表示在軍事上接受指揮。但是這件事是因觀察使始換而非刺史上任，對刺史上任還可以另舉一例補充。《北夢瑣言》卷四：

> 唐柳大夫玭，直清重德，中外憚之。謫授瀘州郡守。先詣東川庭參，具櫜鞬，元戎顧相彥朗堅卻之。亞臺曰：「朝廷本用見責，此乃軍府舊儀。」顧公不得已而受之。[91]

從這裡知道刺史始到任即須「具櫜鞬」庭參「元戎」（即節度使），此乃「軍府舊儀」。所謂軍府舊儀除了軍事意味之外，事實上還表示刺史對節度觀察使行屬下參拜長官禮。《舊唐書·李巨傳》記劍南東川兵馬使段子璋反，路經隋州，刺史嗣虢王「巨倉黃（皇）修屬郡禮迎之，為子璋所殺」[92]；《資治通鑑》記貞元二年（786）十一月韓滉入朝過汴，節度使「（劉）玄佐重其才望，以屬吏禮謁之」[93]，說的應當就是這種禮。同書言「錢鏐奉周寶歸杭州，屬櫜鞬，具部將禮，郊迎之」[94]，記述得更加清楚。櫜鞬是節度屬下之服，不僅管內刺史初見服之，副使以下也都要服。《桂林風土記》「米蘭美績」一則言李渤自給事中除桂林（觀察使），請吳武陵為倅（副）。「故事，副使上任具櫜鞬。」但吳武陵竟於宴會中致辭，以「紅帛系首」為恥，結果不但為李

91　《北夢瑣言》卷四《柳玭大夫賞牟麞》，第89頁。

92　《舊唐書》卷一一二《李巨傳》，第3347頁。

93　《資治通鑑》卷二三二，第7474頁。

94　《資治通鑑》卷二五七，第8363頁。

所辱，更幾乎被殺[95]。相反的例子是崔沂。《舊五代史・崔沂傳》記其「貞明中，帶本官充西京副留守。時張全義留守、天下兵馬副元帥、河南尹、判六軍諸衛事、守太尉、中書令、魏王，名位之重，冠絕中外。沂至府，客將白以副留守合行廷禮，沂曰：『張公官位至重，然尚帶府尹之名，不知副留守見尹之儀何如？』全義知之，遽引見沂，勞曰：『彼此有禮，俱老矣，勿相勞煩。』」[96]崔沂以「副留守見尹之儀」（尹職在留守下）為狡辯，拒絕行廷禮，雖得到張全義諒解，卻不合制度。

橐鞬服作為使府屬吏之服甚至不限文武。劉禹錫《寄毗陵楊給事三首》之一：「揮毫起制來東省，躡足修名謁外臺。好著橐鞬莫惆悵，出文入武是全才。」[97]白居易《戲和微之答竇七行軍之作》：「旄鉞從橐鞬，賓僚禮數全。」[98]符載《保安鎮陣圖記》：「載忝賓介，廁橐鞬之末。」[99]以上詩文中主人公都不是武職，但作為「賓僚」或「賓介」的禮數卻是要戎服橐鞬。又清人《春明夢餘錄》卷三〇《封拜考》說道：

> 然（唐）中興以後王公之格益輕，至有佩橐鞬、捧酒炙而趨走于節度之庭者。[100]

95　（唐）莫休符：《桂林風土記》，商務印書館《叢書集成初編》第3118冊，1937年，第11頁。

96　《舊五代史》卷六八《崔沂傳》，第901頁。

97　《劉禹錫集》卷三八（原《劉賓客外集》卷八），上海人民出版社1975年版，第372頁。

98　《白居易集》卷二八，中華書局1979年版，第637頁。

99　《文苑英華》卷八三二，中華書局1966年版，第4391頁。

100　（清）孫承澤：《春明夢餘錄》，北京古籍出版社1992年版，第456頁。

此條不知來源，但說安史之亂以後王公身分不值錢，以致甘為藩鎮屬吏，應當不是沒有依據。所以刺史行櫜鞬廷禮是刺史向節度使行屬吏禮。

從上揭史料可以看出，屬吏禮除了佩櫜鞬一大特點外，還有到衙時的趨走之儀。《舊唐書·高仙芝傳》記天寶六載六月（按當作十二月）「制授仙芝鴻臚卿、攝御史中丞，代夫蒙靈詧為四鎮節度使，徵靈詧入朝。靈詧大懼，仙芝每日見之，趨走如故，靈詧愈不自安」[101]。仙芝「趨走如故」正是不改屬吏的本分。同書《王鍔傳》：「時淮南節度使杜佑屢請代，乃以鍔檢校兵部尚書，充淮南副節度使。鍔始見佑，以趨拜悅佑，退坐司馬廳事。數日，詔杜佑以鍔代之。」[102]王鍔是準備去取代杜佑的，本可平起平坐，卻「以趨拜悅佑」，又坐屬吏廳事。這裡「趨拜」也是以卑事尊，是表示謹守副使本分，結果卻取代了杜佑。趨拜也即《令狐峘傳》所說「白頭走小生前」之「走」（按此處「走」同「趨」），以白頭為後進者屬吏，這在令狐峘認為是屈辱，故寧冒「黜死」之險也不願拜。史料傳說李德裕與白居易關係很壞，有一個說法也是因白居易任蘇州刺史時，迫不得已對年輩晚於自己的上司、浙西節度使李德裕行軍禮參見，故始終耿耿於懷[103]。《舊唐書·李景略傳》

101　《舊唐書》卷一〇四《高仙芝傳》，第 3205 頁。

102　《舊唐書》卷一五一《王鍔傳》，第 4080 頁。

103　見（清）汪立名：《白香山詩集·年譜舊本》收陳振孫《白文公年譜》，《四部備要》本，中華書局 1936 年版。按陳譜辨白居易作李德裕貶崖州詩「樂天曾任蘇州日，要勒須教用禮儀，從此結成千萬恨，這回果中白家詩」，以李德裕貶時白已死，及詩風「幸災快憤」、「刻核太甚」，認為是偽作。同時引《漁隱叢話》稱關於「居易年長於德裕，視德裕為晚進，德裕為浙西觀察使，居易刺蘇州，德裕以使職自居，不少假借，居易不得已以軍禮見，及其貶也，故為詩云」的說法是出自《元和錄》，但不取。筆者也認為李德裕與白居易政治上分屬兩黨，矛盾不止於禮節之事，但由軍禮構怨，仍不能輕易否定，姑存疑。

言其曾為豐州刺史，在回紇中有威名。後回紇使梅錄將軍入朝，梅錄「識景略語音，疾趨前拜曰：『非豐州李端公耶？不拜麾下久矣，何其瘠也。』又拜，遂命之居次坐。」[104]此處所說雖非屬吏見長官，但「疾趨前拜……又拜」很可以作為「趨庭致禮」的參考。這種趨拜之禮與在皇帝面前相比，也只有場合大小之分。《資治通鑑》記昭宗乾寧三年（896）武安節度使劉建鋒被部下所殺，迎行軍司馬張佶為留後，張佶又力主奉馬殷為主：

馬殷至長沙，張佶肩輿入府，坐受殷拜謁。已，乃命殷升廳事，以留後讓之，即趨下，帥將吏拜賀。復為行軍司馬，代殷將兵攻邵州。[105]

此處胡三省註曰：「坐受拜謁，留後受將校牙參之禮；帥將吏拜賀，行軍司馬賀新留後之禮。」牙參是屬吏禮，也就是軍禮。張佶用先受「牙參」再「趨下」拜賀的方式使兵權的轉讓顯得有禮且肅。《隆平集》卷一六載藥元福事曰：「慕容彥超盜據兗、海，周祖命曹英為帥，向訓副之，以元福為行營都虞候。謂曰：『已喻英、訓，勿以軍禮見汝。』及元福至，英、訓皆父事之。」據《舊五代史・周太祖紀》三，時在後周廣順二年（952），藥元福軍銜只是馬步都虞候[106]。推測是因其資格老，周太祖才免其用軍禮參見統帥，所以不用軍禮在這裡是優待。當然如就刺史（朝廷派遣而非節度使直接任命的）參節度使而言，所謂「具橐鞬」之類的軍儀只是始見行之，此後再見，則不一定要如

---

104 《舊唐書》卷一五二《李景略傳》，第4074頁。

105 《資治通鑑》卷二六〇，第8485-8486頁。

106 《舊五代史》卷一一二《周太祖紀第三》註引《舊五代史考異》，第1479頁。

此了。

　　櫜鞬之儀既是節度使府下的屬吏或下屬禮，由此也就不奇怪，為什麼前揭李涪《刊誤》認為宰相受此禮是「倨受戎容」，而且從其中以卑事尊無條件服從的內涵，也完全可以瞭解節度使將此禮行於宰相所表達的藩鎮尊朝廷之意。

　　與軍禮或屬吏禮相對的是客禮。客禮（也稱賓禮）不計尊卑分庭抗禮，在這個意義上它又與臣禮相對，所以古有「天子無客禮」之說[107]。一直以來，它代表著一種平等待士的原則，不但可以用於朝廷處理蕃國和少數民族的關係，也可以用於達官貴士、割據諸侯招攜才俊[108]；漢魏以降不改其名，唐朝沿之。唐代客禮的形式怎樣並不十分清楚，但不行趨拜是明顯的。李華《元魯山墓碣銘並序》：「受署魯山令，以痼疾不能趨拜，故後長吏僉以客禮待之。」[109]此禮後來也常見於藩鎮使主對某些人士。《舊唐書‧李愬傳》稱李愬平淮西，吳元濟大將董重質「單騎而歸愬，白衣泥首，愬以客禮待之」；同書《董重質傳》說他「慨然以單騎歸愬，白衣叩伏；愬降登階，以賓禮與之食」[110]。降階相迎也是客禮要求，是李愬以此表示尊重，並未將其作俘虜或下屬對

107　見《禮記.郊特牲第十一》（《禮記正義》卷二五），《十三經註疏》，中華書局 1980 年版，第 1447 頁。

108　按此可以數例明之。如《漢書》卷八《孝宣紀八》記宣帝因呼韓邪單於來朝詔稱「今匈奴單于稱北藩臣，朝正月，朕之不逮，德不能弘覆。其以客禮待之，位在諸侯王上」（中華書局 1962 年版，第 270 頁），正為前者。而《史記》卷八○《樂毅列傳第二十》記樂毅為魏昭王使於燕，「燕王以客禮待之。樂毅辭讓，遂委質為臣，燕昭王以為亞卿，久之」（中華書局 1959 年版，第 2427 頁）；以及《三國志》卷一○《魏書.賈詡傳》裴註《《傅子》曰：』詡南見劉表，表以客禮待之。」同書卷三五《蜀書‧諸葛亮傳》裴註引《魏略》：「備從其計，故眾遂強。備由此知亮有英略，乃以上客禮之」（分見中華書局 1959 年版，第 330、913 頁），則為後者。

109　（唐）李華：《李遐叔文集》卷三，《景印文淵閣四庫全書》第 1072 冊，第 413 頁。

110　《舊唐書》卷一三三《李愬傳》，卷一六一《董重質傳》；第 3681、4227 頁。

待。張齊賢《洛陽縉紳舊聞記》記後唐時桑維翰將應舉，其父拱為河南府客將，以事告河南尹張全義，全義令見：「桑相之父趨下〔再〕拜。既歸，令子侵早投書啟，獻文字數軸。王令請桑秀才，父教之趨階，王曰：『不可，即應舉便是貢士，可歸客司。』謂魏公父曰：『他道路不同，莫管他。』終以客禮見。」[111]這裡桑維翰父由於是張全義手下的客將，故行「趨下再拜」的屬吏禮，而桑維翰因「貢士」身分受到優待，以客禮見而不用「趨階」，是當時藩鎮武人對文人舉子常持的禮敬之儀。

正因客禮無統屬性，所以《資治通鑑》卷二三四德宗貞元九年（793）載陸贄上奏論邊備六失說：「自頃分朔方之地，建牙擁節者凡三使焉，其餘鎮軍，數且四十，皆承特詔委寄，各降中貴監臨，人得抗衡，莫相稟屬。每俟邊書告急，方令計會用兵，既無兵法下臨，唯以客禮相待。」是節度使間既不相隸屬，便只能以「客禮相待」。《五代會要·元帥》又載下面一條，也可說明軍禮與客禮的區別：

後唐長興四年八月，以秦王從榮為天下兵馬大元帥。其年九月，中書門下奏：「秦王加天下兵馬大元帥，自歷朝以來，無天下兵馬大元帥公事儀注。或專一面之權，或總諸道之司，其儀注規程、公式條目，載詳故實，未見明文。臣等謹沿近事，伏見招討使總管，兼受副使以下纍鞬庭禮。今望令諸道節度使已下，凡帶兵權者，見元帥階下具軍禮，參見皆申公狀。其帶使相者，初相見亦以軍禮，一度以後，客禮相見。應天下諸軍務公事，元帥府行帖指揮。其判六軍諸衛事，

111　（宋）張齊賢：《洛陽縉紳舊聞記》卷二《齊王張令公外傳》，《五代史書彙編》乙編，杭州出版社 2004 年版，第 2401 頁。

則行公牒往來。其元帥府所置官屬，補授軍職，則委元帥奏請。」從之。[112]

　　唐明宗時因命秦王從榮為元帥而特製節度使見元帥禮，實即刺史見節度使禮的翻版。內中規定地位高於一般節度使的使相初見元帥也要行「橐鞬庭禮」，此後才以客禮相見，説明屬下參見長官的軍禮與顯示兩者地位身分平等的客禮正是兩種意味不同的官場禮節。客禮在正式的場合更多是行於同級或差不多級別的官吏之間，這已不是尊者對卑者的客氣、優待，而是一種帶有等級性的規定[113]。兩種禮儀針對不同關係缺一不可，所以後來也延續至於宋代[114]。

　　橐鞬庭（廷）禮和客禮作為兩種不同的禮節在晚唐五代制度中的出現，説明圍繞節度觀察使府的藩鎮禮儀已經形成和固定化。與此相應，上述刺史當上任之初對節度使「戎服趨庭致禮」，也可以認為就是刺史的上事之儀。對比節度使在兵部上事也要以同樣的服飾儀節行辭見之禮，則其中的儀注是完全相同的。並且刺史「事長如事尊」，對節度使的軍儀庭見也相當於節度使見宰相或迎接朝廷來使，形成節度使禮敬朝廷、刺史禮敬節度使的關係。當然刺史之下也有他的勢力範圍，這樣每級地方長官都可以面向他的僚屬稱王稱霸，而節度使尤是權力核心。《因話錄》卷五曾評論此種現象道：「《記》曰：『天子無客

---

112 《五代會要》卷二四《元帥》，第 381-382 頁。

113 （宋）洪邁：《容齋隨筆・續筆》卷一一「百官見宰相」條（上海古籍出版社 1978 年版，第 353 頁）記天聖編敕文武百官見宰相儀，內客省使至閤門使「見參知政事、樞密副使、宣徽使，客禮展拜」，即為一例。

114 （宋）李心傳：《建炎以來朝野雜記》甲集卷八「節度以軍禮見宣撫」條，及乙集卷一一「刺史以上無階級法」條所言「太祖階級法：禁軍將校有帶遙郡者，許以客禮見，自餘一階一級全歸服事之義」等。中華書局 2000 年版，第 160、681 頁。

禮，莫敢為主焉。故君適其臣，升自阼階，不敢有其室也。」註云：『明饗君非禮也。』今之方鎮刺史入本部，于令長以下，禮絕賓主，猶近君臣。至于藩鎮，經管內支郡，則俱是古南面諸侯。但以使職監臨，如臺省之官，至外地耳，既通燕饗，則異君臣。而用古天子升阼階之儀，昧于禮經，遂同僭擬，是不講貫所致。又小人姑息訛謬相承，亦可笑且可嘆也。」[115]內所説「禮絕賓主，猶近君臣」，「昧于禮經，遂同僭擬」，正是作為「古南面諸侯」般的節度使的突出寫照。也就是説，在中央的大朝廷之外，還有節度使統治下的藩鎮地方小朝廷，它的一切制度均參照中央執行，而節度使在地方對下的權力、儀制也與以皇帝為中心的中央大朝廷沒有兩樣。由此可知，唐後期五代這種禮儀的層次性和多元化、雷同化是幾乎無處不在的。地方禮儀既是對中央禮儀形式的模仿，也就形成了以節度使府為中心的藩鎮特色。

應當指出，唐後期五代朝廷在將禮儀愈來愈多地針對和面向地方官員時，本來是很強調地方官員對於朝廷的禮敬的。例如通過前述官員拜官上事的諸種禮儀，就不但可以起到疏通、協調和擺正與地方關係的作用，一定程度上也能夠達到尊崇朝廷威權的目的。在中央政權能夠控制局面之際，應當説是起了作用的。但是朝廷對地方官員禮儀的強調，本身就有著格外重視地方的因素。加之朝廷對在藩鎮體制下，刺史行政上從屬於節度使以及節度使支配刺史的權力又是完全承認的，這就使得刺史向節度使行屬吏禮理所當然。這一點，與唐代後期開始的「制敕不下支郡，刺史不專奏事」十分符合[116]，卻與朝廷要求刺史中謝的煩瑣之儀和皇帝宴見的初衷形成反差。它們所反映的事實

---

115 （唐）趙璘：《因話錄》，古典文學出版社 1957 年版，第 107 頁。
116 語出《新五代史》卷二六《孔謙傳》，第 280 頁。

上是中央集權下地方分權制的矛盾。所以雖然晚唐五代朝廷在禮儀方面不斷試圖施加對地方的影響，卻並不能避免地方官吏在象徵性應對的同時，更實際地將禮儀重心移於藩鎮。當然與此同時，藩鎮也通過對宰相對兵部行「軍儀」影響朝廷。這樣，從州到府，從地方到中央，整個國家內部從官場政治到禮儀上的藩鎮化便是毋庸置疑的了。

地域文化研究叢書・敦煌文化研究叢刊　A0204009

禮俗之間——敦煌書儀散論　上冊

作　　　者　吳麗娛

版權策畫　李煥芹

責任編輯　曾湘綾

發 行 人　陳滿銘

總 經 理　梁錦興

總 編 輯　陳滿銘

副總編輯　張晏瑞

編 輯 所　萬卷樓圖書股份有限公司

排　　版　菩薩蠻數位文化有限公司

印　　刷　維中科技有限公司

封面設計　菩薩蠻數位文化有限公司

出　　版　昌明文化有限公司

桃園市龜山區中原街 32 號

電話 (02)23216565

發　　行　萬卷樓圖書股份有限公司

臺北市羅斯福路二段 41 號 6 樓之 3

電話 (02)23216565

傳真 (02)23218698

電郵 SERVICE@WANJUAN.COM.TW

大陸經銷

廈門外圖臺灣書店有限公司

　　電郵 JKB188@188.COM

ISBN 978-986-496-417-8

2019 年 3 月初版

定價：新臺幣 360 元

如何購買本書：

1. 轉帳購書，請透過以下帳戶

　　合作金庫銀行　古亭分行

　　戶名：萬卷樓圖書股份有限公司

　　帳號：0877717092596

2. 網路購書，請透過萬卷樓網站

　　網址 WWW.WANJUAN.COM.TW

大量購書，請直接聯繫我們，將有專人為您

服務。客服：(02)23216565　分機 610

如有缺頁、破損或裝訂錯誤，請寄回更換

國家圖書館出版品預行編目資料

禮俗之間 ----- 敦煌書儀散論 上冊 / 吳麗娛
著. -- 初版. -- 桃園市 ：昌明文化出版；臺北
市 ：萬卷樓發行, 2019.03

　　冊 ；　公分

ISBN 978-986-496-417-8(上冊 ：平裝).

1.敦煌學

797.9　　　　　　　　　　　108002989

本著作物經廈門墨客知識產權代理有限公司代理，由浙江大學出版社有限責任公司授權萬卷
樓圖書股份有限公司發行中文繁體字版版權。

本書為輔仁大學產學合作成果。　　　　　　　校對：林彥汝／圖書資訊學系四年級